2019年4月22日,中铁三局承建商合杭铁路世界最大跨度无砟轨道高铁大桥顺利合龙。商合杭铁路裕溪河特大桥主桥全长686米,主塔采用"H"型索塔,塔高123米。在我国时速350公里高速铁路大跨度斜拉桥建设中,首次使用钢箱桁梁结构形式,首次在300米以上跨度桥梁中采用无砟轨道结构形式,大桥主跨跨度达324米,是目前世界最大跨度的无砟轨道高速铁路桥梁。

　　中国土木工程学会2020年学术年会暨第十七届中国土木工程詹天佑奖颁奖大会上,中国中铁共有14项工程获奖,占获奖工程总数(31项)的45%,为获奖建筑央企首位。其中,中铁电气化局参建的郑州至徐州铁路客运专线荣获表彰。郑徐客专由河南省郑州市至江苏省徐州市,是"四纵四横"客运专线网中徐兰客专的重要组成部分,其设计时速目标值为350公里,正线全长为361.93公里。中铁电气化局主要承担线路通信、信号、电力和牵引供电的"四电"专业集成等工程的施工任务。

　　由中铁十一局承建的国家天文台 500 米口径球面射电望远镜工程是国家科教领导小组审议确定的九大科技基础设施之一，又称 FAST。500 米口径球面射电望远镜是具有我国自主知识产权、世界最大单口径、最灵敏的射电望远镜。"天眼"的建成，标志着我国综合实力、国家科技的进步，对我国在科学前沿实现重大原创突破、加快创新驱动发展具有重要意义。项目位于贵州省平塘县克度镇大窝凼，具有喀斯特洼地的独特地形条件，作为 FAST 项目建设中的一支重要力量，中铁十一局先后参与了 FAST 项目的进场道路、台址开挖、引水隧洞、科研综合楼等土建工程。

　　中铁十四局集团承建的扬州市瘦西湖隧道工程是扬州城建史上建设难度最大、技术含量最高的单体工程，是世界上已建成最大开挖断面单管双层盾构隧道。该工程是现代高科技与 5A 级景区的首次融合，上下通道总长 5 589 米，其中盾构隧道长 1 275 米，采用一台 14.93 米泥水盾构机施工。项目首次研创了大曲率曲线段大直径盾构精准接收和地层零沉降微沉降控制技术等三项技术达到了国际领先水平。该工程先后获 2017 年度国际咨询工程师联合会菲迪克（FIDIC）优秀工程项目奖、2016~2017 年度中国建筑业协会中国建设工程鲁班奖、2020 年度中国土木工程詹天佑奖等多个奖项。

  港珠澳大桥跨越珠江口伶仃洋海域，是连接香港特别行政区、广东省珠海市、澳门特别行政区的世界级跨海通道，是国家高速公路路网规划中珠江三角洲地区环线的组成部分和跨越伶仃洋海域的关键性工程。中国铁建电气化局承建的交通工程 CA02 合同段是目前国内高速公路机电安装项目规模最大、技术最复杂、施工难度最大的项目，港珠澳大桥交通工程在建设过程中应用了诸多新材料、新技术，多项课题填补了国内空白，申报专利数十项。在中华全国总工会"十二五"时期劳动和技能竞赛中，港珠澳大桥交通工程联合设计小组被评为"全国工人先锋号"，项目经理被授予"全国五一劳动奖章"。

  白鹤滩水电站由中国电力建设集团有限公司承建，其坝址位于四川省宁南县和云南省巧家县境内。该电站代表着目前世界水电的最高水平，其装机容量达 16 000 兆瓦，多年平均发电量为 624.43 亿千瓦/时，是我国"西电东送"的骨干电源。该电站取得了六项世界第一：单机容量 100 万千瓦居世界第一、圆筒式尾水调压开规模世界第一、地下洞室群规模世界第一、300 米级高坝抗震参数世界第一、首次在 300 米级特高拱坝全坝使用低热水泥混凝土，以及无压泄洪洞群规模世界第一，标志着中国水电实现了从跟跑者到并跑者、领跑者的跃进，真正将核心技术牢牢掌握在自己手里。

中冶集团所属上海宝冶承建了2022年北京冬奥会国家雪车雪橇中心项目。雪车雪橇是冬奥会中速度最快的项目，又称为"雪上F1"。2022年北京冬奥会国家雪车雪橇中心的赛道最高设计时速达134.4公里，是全球第一条360°回旋弯道、我国首条雪车雪橇赛道，在赛道施工专用喷射料制备及质量控制等核心技术方面填补了国内多项技术空白，实现了多个"中国首创"。2022年北京冬奥会期间，这里将承担雪车、钢架雪车、雪橇三个项目的全部比赛内容，共产生10枚金牌。

福清核电3号、4号机组工程，是国家"十二五"重点工程项目，也是中核集团首批实行完整意义EPC工程总承包模式的百万千瓦核电机组项目，由中国核工业建设股份有限公司承建。该工程秉承"追求卓越、铸就经典"的建设理念，坚持自主创新的发展战略，形成了安全绿色、创新发展、公众沟通、企地共融的核电样本，实现了打造技术最优、质量最高、效益最好的标杆电厂的建设目标。工程项目在建设过程中，先后创造了同类型机组建设总工期行业领先，机组单价比投资行业最低，主给水系统、主蒸汽系统焊缝焊接质量行业最高等多项优异成绩，为我国三代核电"华龙一号"示范工程建设积累了丰富的管理及技术经验。

　　中国国际工程咨询有限公司承建的亚吉铁路,是中国、埃塞俄比亚、吉布提三国合作的旗舰项目,为东非地区首条跨国电气化铁路,线路从埃塞俄比亚首都亚的斯亚贝巴附近的瑟贝塔至吉布提港的新建标准轨铁路,横跨埃塞俄比亚和吉布提两国,全长759公里,参照中国电气化铁路二级标准设计与建设,设计时速为120公里,项目采用EPC模式,是非洲首条电气化铁路项目。

天扬君合财税服务集团
TianYangJunHe Finance And Taxation Service Group

企业简介
Introduction

天扬君合财税服务集团总部位于北京，旗下现拥有多家分支机构，已在山西、天津、陕西、四川、湖北、山东、广西设立分支机构，服务辐射全国31个省市。

集团旗下天扬君合税务师事务所是中国注册税务师协会认定的4A级全国百强所，2008年开始以建筑行业作为主攻行业，深入研究，创新涉税服务产品，天扬的财税咨询服务在建筑行业名列前茅，并长期为中国中铁、中国铁建、中国建筑、中国核建、中冶科工等大型央企提供税务咨询服务。旗下天扬君合教育科技有限公司是国家级高新技术企业，专注服务于大型集团企业的实务类教育，涉及人才选拔、人才培养、资质考试，运营的天扬网络学习平台用户现已突破12万人。

20 年不断探索与创新

2000 公司成立

2009 北京天扬君合成立

2012 山西所被认定为AAA级税务师事务所
公司成立党支部、工会、团支部

2014 天扬建筑业财税网校成立
入围中税协百强税务师事务所名单

2016 中税协授予AAAA级税务师事务所资质
天扬君合教育科技公司荣获高新技术企业资质

2017 成功举办"天扬杯"
2017年全国建筑业财税知识竞赛

2018 继天津、陕西后，新增四川、湖北办公室

2019 广西天扬君合成立

2020 集团规范化发展，天津所、四川所、陕西所、湖北所、山东所先后完成行政登记

NOW......

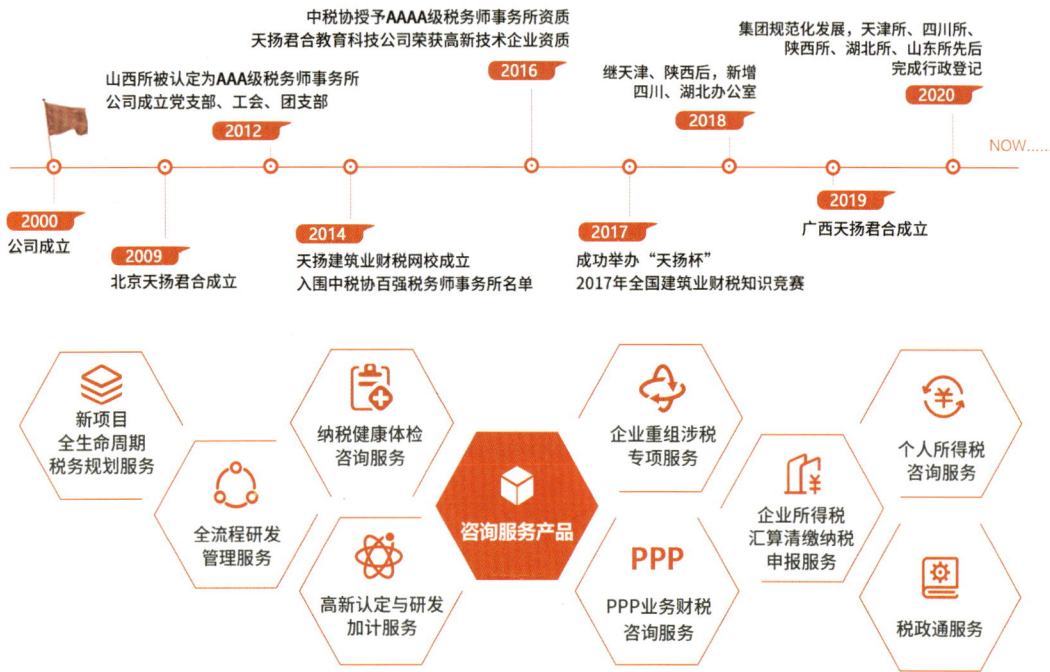

咨询服务产品：
- 新项目全生命周期税务规划服务
- 纳税健康体检咨询服务
- 企业重组涉税专项服务
- 个人所得税咨询服务
- 全流程研发管理服务
- 高新认定与研发加计服务
- PPP业务财税咨询服务
- 企业所得税汇算清缴纳税申报服务
- 税政通服务

教育服务产品

中级会计职称学习管理服务　　人才测评与选拔服务　　企业青蓝学习营

企业邮箱 ｜ zkb@tianyangtax.net　　school@tianyangtax.net　　咨询热线 ｜ 400-133-5880

建筑企业税务管理操作指南

盖 地 主编

中国财经出版传媒集团
中国财政经济出版社

图书在版编目（CIP）数据

建筑企业税务管理操作指南 / 盖地主编． ――北京：中国财政经济出版社，2020.12

ISBN 978－7－5223－0179－2

Ⅰ．①建… Ⅱ．①盖… Ⅲ．①建筑企业－税收管理－中国－指南 Ⅳ．①F812.423－62

中国版本图书馆 CIP 数据核字（2020）第 230519 号

责任编辑：吕小军　谷兴华	责任校对：张　凡
封面设计：思梵星尚	责任印制：党　辉

中国财政经济出版社 出版

URL：http：//www.cfeph.cn

E－mail：cfeph@cfeph.cn

（版权所有　翻印必究）

社址：北京市海淀区阜成路甲 28 号　邮政编码：100142

营销中心电话：010－88191522

天猫网店：中国财政经济出版社旗舰店

网址：https：//zgczjjcbs.tmall.com

北京富生印刷厂印刷　各地新华书店经销

成品尺寸：185mm×260mm　16 开　12.75 印张　243 000 字

2020 年 12 月第 1 版　2020 年 12 月北京第 1 次印刷

定价：60.00 元

ISBN 978－7－5223－0179－2

（图书出现印装问题，本社负责调换，电话：010－88190548）

本社质量投诉电话：010－88190744

打击盗版举报热线：010－88191661　QQ：2242791300

《建筑企业税务管理操作指南》

编委会名单

主　　编：盖　地

副 主 编：戴德宏　丁淑英　范万柱　方永利　郭双来　韩　斌
　　　　　姜淑兰　李　静　邵宗恩　王丽静　熊　晖　杨现庆
　　　　　赵　丽　张明欣

编委成员：安忠元　卜士波　柴海金　陈剑武　陈　磊　陈　晓
　　　　　陈永康　崔佳涛　崔雪梅　董振东　段鹏飞　樊兆峰
　　　　　郭　丽　郭　云　郭在征　解彦雷　景　倩　李西青
　　　　　李　欣　刘　静　刘　鹏　刘旭光　栾　爽　马婷婷
　　　　　钱忠坡　石　跃　孙锋先　孙晓妮　唐　波　万　利
　　　　　汪明崇　王慧君　王贤俊　王亚峰　王　震　魏勇明
　　　　　邬世平　吴姗姗　武　强　徐晓明　薛晓荣　杨晋平
　　　　　杨　军　姚建荣　袁　美　赵珍珍　朱晨辉

建筑企业涉税"百科全书"
（代序）

在经济和贸易全球化的环境下，随着贸易摩擦加剧，加上疫情的影响，国内经济增速明显减缓。国家为此推出一系列重大减税降费政策，以降低企业和个人的税负水平，提高企业竞争力，促进其发展。建筑企业作为国民经济重要支撑部分，如何在这种大环境下保证企业产值的同时提高企业的效益，面临重大挑战。天扬君合税务师事务所审时度势，集中所内精英力量，联合多家大型建筑央企财税专家，共同努力撰写《建筑企业税务管理操作指南》一书，我受邀作序，原因有三：

其一，专业。天扬君合税务师事务所成立之初就围绕建筑企业开展业务，一路伴随建筑企业税收政策变更。相继出版了《建筑施工企业纳税与筹划操作指南》《建筑业"营改增"操作实务解析》《建筑业增值税会计核算与管理操作指南》《PPP项目会计与税收实务》等书籍，我有幸为其中部分书籍作序，见证了建筑业税收政策的改革变化，也见证了天扬君合税务师事务所在建筑企业涉税业务的"领军"地位。此书更是站在专业的角度，结合最新的建筑业财税政策，对建筑企业涉税风险进行归纳总结，并提出专业的应对措施。

其二，创新。本书结合国家减税降费政策，按照减税降费优惠类别、优惠地区进行归纳总结，针对性提出合理的管理建议。如，区域性税收优惠章节中海南自贸港鼓励类产业及高端人才税收优惠，横琴、平潭、前海鼓励类产业税收优惠，宁夏、广西、西藏企业所得税地方分享部分税收优惠等。除了对国家政策的解读及策划，还新加入了各大建筑央企的税务管理案例分享。如，投融资税务管理章节中应收账款保理、资产证券化的税务管理、永续债的税务管理等。将企业实战案例与税收政策运用紧密结合，既有务实更有创新。

其三，全面。此书堪称建筑业涉税"百科全书"，一是此书立足建筑企业施工全流程，包括经营模式选择、投标报价、合同签订、物资采购、工程结算等施工过程中的相关税务管理策划。二是涵盖建筑企业税务管理全税种，包括企业所得税、增值税、印花税、城市维护建设税、资源税等，结合最新的税收政策及详细案例，对有关涉税问题进行详细全面的管理策划。三是适用对象广泛，下至普通财税工作者，上至企业高级管理者，乃至同行税务师事务所，对于研究建筑业税务管理业务，都是很不错的学习素材。

减税降费政策不断升华，财税制度改革持续深化，企业向管理要效益已成趋势。此书应运而生，既承接以往税收管理政策，又为企业未来税务管理打开思路，相信此书会促进建筑业税务管理水平的提升。

中国施工企业管理协会会长 曹玉书

2020 年 11 月

前言

随着我国经济的高速发展以及建筑行业的不断改革创新，建筑企业对国民经济的拉动作用愈加显著。"十二五"以来，建筑业以加快发展方式转变和产业结构调整为主线，以继续深化体制机制改革为动力，出台了多项深化改革的政策措施，涉及全国市场统一、工程质量治理、部分资质取消、PPP模式推行、招投标方式改革、生产方式改革、承包模式变革、管理工具变革和市场信用管理等，为建筑业由"粗放式"向"精细化"转型，追求服务高水平、产品高品质和发展高效益提供了有利条件。

2019年，我国出台并实施了近年来力度最大的减税降费政策，建筑业和交通运输业等行业税负有所降低，同时，建筑企业随着工程业务不断增加，发生的涉税事项也随之增多。由于建筑施工项目施工周期长、资金投入大、项目运营模式种类繁多，给建筑施工企业税收管理带来极大困难，并使企业面临税务风险。

建筑企业的活动内容主要包括三个方面：一是在建筑市场上与流通领域密切相关的经营活动；二是在企业内部以施工项目为对象的生产活动；三是着眼于企业未来发展的战略管理。为助力建筑企业更稳健发展，引导企业系统性掌握税务管理实务，本书应用现代企业管理的基本原理和思想，系统地介绍了在减税降费大的背景下，建筑企业全业务流程的税务管理，旨在帮助建筑企业了解减税降费新政，从各业务环节做好税务管理工作，享受政策红利，提升企业经济效益，本书具有如下特点：

全面性。在建筑企业税务管理背景与减税降费政策实施下，本书全面介绍了建筑业的概念、行业特点、生产经营流程以及财务核算模式和内容，并对企业区域经营、融资税务管理进行详细介绍，详细阐述大量实例，帮助企业了解在各经营环节的各类税务问题，提高自身税收风险意识，防范风险。

针对性。本书主体是建筑企业，全书系统地阐述了建筑企业生产经营中面临的税务问题以及相互衔接的实务问题，对建筑企业进行规范性引导，有助于建筑企业做好税务管理的"业税一体化"。

实用性。本书内容涵盖了建筑企业经营过程中各环节的税务管理问题，既解读了税收政策，又融合了案例，深入分析案例，指导企业加强税务管理，防控税收风险。

全书共分10章，主要内容包括：

建筑企业概述及建筑企业税务管理背景与减税降费政策。介绍了建筑企业基本情况、特点以及建筑企业税务管理背景、建筑企业减税降费政策详解，为后续建筑企业生产经营环节的税收管理奠定了理论基础，提供了行业背景。

生产经营流程中各环节的税务管理。在概述建筑企业基本情况、建筑企业税务管理背景与减税降费政策的基础上，充分结合我国建筑业管理体制改革内容，以市场化和项目管理的观点全面、系统地介绍了建筑企业经营模式、投标报价、合同价款、建筑分包、物资设备、施工组织、工程结算等方面税务管理的内容和方法，内容新颖，重点突出。

建筑企业区域经营、融资税务管理的有关内容。主要介绍了跨区域经营税务管理政策及税收优惠、应收账款保理、资产证券化、永续债、关联方借款利息的税务管理，使复杂的经营业务富有实际操作性和可行性。

本书的编写力求做到内容全面、充实，理论与实践相结合，符合当前建筑业管理体制改革和管理创新的要求。充分结合我国建筑业管理体制改革内容，对建筑施工企业税务管理中存在的不足进行了分析，提出了改进措施，希望能够帮助建筑企业完善税务管理，推动其健康发展。

本书具体撰写人包括（按章节先后顺序）：第1章由中国电力建设集团有限公司刘静、徐晓明、钱忠坡、袁美和山西天扬君合税务师事务所有限责任公司段鹏飞撰写；第2章由中国有色工程有限公司姜淑兰、栾爽，中冶京诚工程技术有限公司陈永康、郜世平、张明欣和山西天扬君合税务师事务所有限责任公司段鹏飞撰写；第3章由中铁三局集团有限公司王亚峰、柴海金、朱晨辉、安忠元、唐波、解彦雷和山西天扬君合税务师事务所有限责任公司郭丽、崔佳

涛撰写；第 4 章由山西天扬君合税务师事务所有限责任公司卜士波、郭丽、崔佳涛撰写；第 5 章由中铁十一局集团有限公司王贤俊、崔雪梅和山西天扬君合税务师事务所有限责任公司武强、陈磊撰写；第 6 章由中铁电气化局集团有限公司石跃、刘旭光和山西天扬君合税务师事务所有限责任公司景倩、陈剑武撰写；第 7 章由山西天扬君合税务师事务所有限责任公司景倩、陈剑武撰写；第 8 章由中铁十四局集团有限公司樊兆峰、李西青、王震、孙锋先、马婷婷、孙晓妮、杨军、郭在征和山西天扬君合税务师事务所有限责任公司陈剑武、吴姗姗撰写；第 9 章由中国铁建电气化局集团有限公司薛晓荣、董振东和山西天扬君合税务师事务所有限责任公司赵珍珍、李欣撰写；第 10 章由中国国际工程咨询有限公司汪明崇和山西天扬君合税务师事务所有限责任公司赵珍珍、李欣撰写。

感谢中国电力建设集团有限公司、中国中铁股份有限公司、中国铁建股份有限公司、中国冶金科工股份有限公司、中国国际工程咨询有限公司对本书编写工作的重视及大力支持！

感谢中国财政经济出版社为本书的出版所付出的辛勤劳动！

由于作者的学术水平及实践经验所限，书中缺点在所难免，敬请各位读者批评指正，不胜感激。我们期待与您的交流，电子邮箱：kei@tianyangtax.net，联系电话：010-82605331。

编写组

2020 年 9 月

目录

第1章 总论 (1)

1.1 建筑企业概述 (1)
- 1.1.1 建筑企业基本情况 (1)
- 1.1.2 建筑企业行业特点 (6)

1.2 建筑企业税务管理背景及减税降费政策 (7)
- 1.2.1 建筑企业税务管理背景 (7)
- 1.2.2 建筑企业减税降费政策 (10)

第2章 建筑企业经营模式的税务管理 (24)

2.1 EPC总承包模式及其税务管理 (24)
- 2.1.1 EPC总承包模式概述及其特征 (24)
- 2.1.2 EPC总承包工程模式的分类及其衍生 (27)
- 2.1.3 EPC总承包模式的优势及问题 (30)
- 2.1.4 EPC总承包模式税务规划 (31)

2.2 内部资质共享及其税务管理 (33)
- 2.2.1 内部资质共享的背景及模式 (33)
- 2.2.2 内部资质共享的税务管理 (37)

第3章 建筑企业投标报价的税务管理 (39)

3.1 投标报价规则与计算 (39)
- 3.1.1 投标报价费用构成 (39)
- 3.1.2 投标报价计算规则 (43)

3.2 计价规则与计税方法协同管理 (44)
- 3.2.1 计价规则与计税方法匹配 (44)

3.2.2 "甲供工程"计价与计税协同管理 …………………………（46）
3.2.3 "清包工工程"计价与计税协同管理 ……………………（50）

第4章 建筑企业合同价款的税务管理 ……………………………（52）

4.1 "合同价款"税率变动税务管理 ……………………………（52）
 4.1.1 "合同价款"税率变动的影响 …………………………（52）
 4.1.2 "合同价款"税率变动的应对 …………………………（59）
4.2 "合同价款"混合及兼营税务管理 …………………………（60）
 4.2.1 外购材料设备并安装的税务管理 ……………………（60）
 4.2.2 自产材料设备并安装的税务管理 ……………………（62）
4.3 "合同价款"印花税税务管理 ………………………………（64）
 4.3.1 印花税涉税风险分析 …………………………………（64）
 4.3.2 印花税的税务管理 ……………………………………（65）

第5章 建筑分包的税务管理 ………………………………………（67）

5.1 建筑分包概念及分类 …………………………………………（67）
 5.1.1 建筑分包的概念 ………………………………………（67）
 5.1.2 建筑分包的分类 ………………………………………（69）
5.2 建筑分包用工模式税务管理 …………………………………（70）
 5.2.1 劳动合同模式税务管理 ………………………………（70）
 5.2.2 劳务分包模式税务管理 ………………………………（72）
 5.2.3 劳务派遣模式税务管理 ………………………………（72）
 5.2.4 劳务班组模式税务管理 ………………………………（74）
5.3 分包差额扣除管理 ……………………………………………（79）
 5.3.1 分包差额扣除政策解析 ………………………………（79）
 5.3.2 分包差额扣除税务管理 ………………………………（81）
 5.3.3 分包差额扣除案例解析 ………………………………（81）

第6章 建筑企业物资设备的税务管理 ……………………………（85）

6.1 供应商的选择 …………………………………………………（85）
 6.1.1 供应商的选择原则 ……………………………………（85）
 6.1.2 供应商的比价优选 ……………………………………（86）
6.2 视同销售增值税与所得税管理 ………………………………（89）
 6.2.1 视同销售增值税管理 …………………………………（89）
 6.2.2 视同销售所得税管理 …………………………………（91）

6.3 设备租赁的管理 …………………………………………………（91）
　　6.3.1 纯设备租赁的税务管理 ……………………………………（92）
　　6.3.2 配备操作人员的税务管理 …………………………………（92）
6.4 设备抵免的基本规定与案例实操 ………………………………（94）
　　6.4.1 设备抵免基本规定 …………………………………………（94）
　　6.4.2 设备抵免案例实操 …………………………………………（95）
6.5 砂石料的资源税管理 ……………………………………………（97）
　　6.5.1 资源税的政策变化 …………………………………………（97）
　　6.5.2 自产和外购砂石料管理 ……………………………………（101）

第7章 建筑企业项目组织的税务管理 ……………………………（102）

7.1 临建与驻地购建的税务管理 ……………………………………（102）
　　7.1.1 临时设施购建的税务管理 …………………………………（102）
　　7.1.2 项目驻地租赁的税务管理 …………………………………（103）
　　7.1.3 施工临时占地的税务管理 …………………………………（109）
7.2 间接费用的税务管理 ……………………………………………（119）
　　7.2.1 差旅费、过路费、劳保费的税务管理 ……………………（119）
　　7.2.2 津贴、补贴的税务管理 ……………………………………（123）
　　7.2.3 财产保险费的税务处理 ……………………………………（124）
　　7.2.4 跨法人人员调派的税务管理 ………………………………（124）
7.3 研发费的税务管理 ………………………………………………（125）
　　7.3.1 高新技术企业研发费管理 …………………………………（125）
　　7.3.2 研发费加计扣除税务管理 …………………………………（128）
7.4 共同费用的税务管理 ……………………………………………（134）
　　7.4.1 共同费用抵扣的风险点 ……………………………………（135）
　　7.4.2 共同费用抵扣风险管理 ……………………………………（136）

第8章 建筑企业工程结算的税务管理 ……………………………（138）

8.1 预收款税务管理 …………………………………………………（138）
　　8.1.1 预收款增值税管理 …………………………………………（138）
　　8.1.2 预缴增值税管理 ……………………………………………（141）
8.2 质量保证金税务处理 ……………………………………………（143）
　　8.2.1 政策依据 ……………………………………………………（143）
　　8.2.2 增值税纳税义务时间 ………………………………………（144）
　　8.2.3 质保金的会计核算 …………………………………………（144）

8.3 延期收付款利息税务管理 …………………………………… (145)
8.4 工程进度款税务管理 ………………………………………… (147)
　　8.4.1 增值税纳税义务时间 ………………………………… (147)
　　8.4.2 业主支付和未支付工程款的发票开具技巧 ………… (147)
8.5 增值税留抵退税的管理 ……………………………………… (150)
　　8.5.1 增值税留抵退税政策概述 …………………………… (150)
　　8.5.2 留抵退税难点解析 …………………………………… (151)

第9章　建筑企业区域经营的税务管理 …………………………… (153)

9.1 跨区域经营税务管理 ………………………………………… (153)
　　9.1.1 跨区域涉税事项报验 ………………………………… (153)
　　9.1.2 跨区域增值税风险管理 ……………………………… (154)
　　9.1.3 跨区域所得税风险管理 ……………………………… (156)
9.2 区域性税收优惠管理 ………………………………………… (158)
　　9.2.1 西部大开发税收优惠 ………………………………… (158)
　　9.2.2 经济特区和上海浦东新区新设立高新技术企业税收优惠 …… (160)
　　9.2.3 宁夏、广西、西藏企业所得税地方分享部分税收优惠 …… (160)
　　9.2.4 新疆困难地区税收优惠 ……………………………… (170)
　　9.2.5 横琴、平潭、前海鼓励类产业税收优惠 …………… (171)
　　9.2.6 海南自由贸易港鼓励类产业及高端人才税收优惠 …… (172)
　　9.2.7 中国（上海）自贸试验区临港新片区鼓励类产业税收优惠 …… (174)

第10章　建筑企业融资的税务管理 ………………………………… (176)

10.1 应收账款保理、资产证券化的税务管理 …………………… (176)
　　10.1.1 保理、证券化业务概述 …………………………… (176)
　　10.1.2 保理、证券化税务管理 …………………………… (178)
10.2 永续债的税务管理 …………………………………………… (180)
　　10.2.1 永续债的概念、特征及监管 ……………………… (180)
　　10.2.2 永续债发行方税务管理 …………………………… (182)
　　10.2.3 永续债投资方税务管理 …………………………… (183)
10.3 关联方借款利息的税务管理 ………………………………… (184)
　　10.3.1 收取利息税务管理 ………………………………… (185)
　　10.3.2 不收利息税务管理 ………………………………… (187)

第1章 总 论

1.1 建筑企业概述

1.1.1 建筑企业基本情况

建筑施工企业是从事土木工程、建筑工程、线路管道和设备安装工程及装修工程的新建、扩建、改建和拆除等有关活动的企业。改革开放以来，我国建筑业得到了持续快速的发展，在国民经济中的支柱产业地位不断加强，对国民经济的拉动作用更加显著。

1.1.1.1 地位作用

建筑行业在国民经济各行业中所占比重仅次于工业与农业，对我国经济的发展有举足轻重的作用，同时，作为劳动密集型行业，建筑行业提供了大量的就业机会，吸纳了大量农村劳动力，带动了大量关联产业发展，对经济社会发展、城乡建设和民生改善做出了重要贡献。

1.1.1.2 发展历程

（1）解放思想，初步放权让利阶段（1978～1985年）。党的十一届三中全会重新确立了解放思想、实事求是的思想路线，做出了把党和国家的工作重心转移到社会主义现代化建设上来和实行改革开放的战略决策，提出了"计划经济为主、市场调节为辅"的理论和政策，决定对经济体制进行全面改革。1978年7月，国务院下发了《关于扩大国营企业经营管理自主权的若干规定》等五个扩权文件，从多个方面下放建筑企业自主权。1980年，改全额利润留成为基数利润留成加增长利润留成的办法，使建筑企业获得更多的留利，刺激了企业的生产积极性；出台了允许价格浮动和禁止封锁建筑市场的政策。1981年，建筑企业开始试行合同工、临时工制度；颁布了《中华人民共和国经济合同法》（以下简称《经济合同法》），建筑企业的交易行为纳入法制化轨道。

党的十二届三中全会首次提出实现政企分开的要求，从而把国企改革导入"利改税"阶段。1983年，国务院颁布了《关于国营企业利改税试行办法》。1984年，政府推行了第二步"利改税"，将第一步"利改税"实行的税后留利改为调节税。"利改税"促进了建筑企业政企分开，提高了企业经营效益，有利于创造公平竞争的市场环境。另外，国家对企业的支持与投资也开始采用"拨改贷"新方式，确立企业的独立利益，推动企业逐步建立自负盈亏的经营机制。

（2）加快改革，推行经营承包阶段（1986~1991年）。1986年年底，国务院下发了《关于深化企业改革增强企业活力的若干规定》，在全国部分范围推行企业承包经营责任制，同时也推行了租赁制、资产经营责任制、股份制等多种经营形式（企业制度）。1987年，建筑业开始推行"鲁布革"工程管理经验，以"管理层与劳务层分离"为标志，以"项目法施工"为突破口，推动了我国建筑业生产方式变革和建设工程管理体制的深层次改革。与此同时，建筑市场价格体制改革，出台了允许价格浮动和禁止封锁建筑市场等政策。

这一阶段的承包制等改革，在思想上较易为各方面接受，"市场"已在建筑业经济活动中占有相当的比重，一定程度上激发了企业的活力。但此阶段的改革仍然是一种过渡性的改革，在总体上没有真正突破计划经济与商品经济的对立，需要有新的制度设计和改革。

（3）全面创新，推进市场经济阶段（1992~2000年）。1992年春，邓小平南方谈话冲破了关于市场和计划争论的框框，为当年10月党的十四大提出建立社会主义市场经济体制奠定了理论基础。建立社会主义市场经济体制的目标，要求完善市场环境，转换建筑企业的经营机制，使建筑企业成为真正以市场为导向的资源配置主体。1993年11月，党的十四届三中全会通过了《中共中央关于建立社会主义市场经济体制若干问题的决定》，确立了社会主义市场经济体制的基本框架。1994年7月开始实施的《中华人民共和国公司法》（以下简称《公司法》），标志着在制度层面上实现了国有企业制度的全面创新。党的十五大提出"公有制为主体、多种所有制共同发展，是我国社会主义初级阶段的一项基本经济制度"。1998年3月开始实施的《中华人民共和国建筑法》（以下简称《建筑法》），为加强建筑活动的监督管理，维护建筑市场秩序提供了法律保护。

社会主义市场经济体制、基本经济制度及相关法律法规的逐步建立和完善，推动了整个国民经济的高速发展、健康发展，也为建筑业带来了全新的发展机遇和广阔的发展空间。同时，建筑业经济类型也发生了深刻变化，国有、集体、有限责任、股份制、联营、私营等类型的建筑企业从弱到强，竞相发展，整个建筑业得到全面快速发展，经济效益进一步好转。至"九五"末，建筑业总产值已达到12 497亿元，比"八五"期末的5 793亿元增长2.15倍。

（4）转型升级，保持快速增长阶段（2001~2010年）。中国于2001年12月正式加入世界贸易组织（WTO），标志着中国的产业对外开放进入了一个全新的阶段，这对国内建筑市场和建筑企业，对我国建筑业进入国际建筑市场产生了深远影响。2001~2005年，我国建筑业按照"立足科学发展，着力自主创新，完善机制体制，促进社会和谐"的总体要求，努力推进结构调整和产业升级，产值规模不断扩大，支柱地位日益凸显。现代企业制度建设、结构调整取得明显进展，大中型企业以股权多元化、中小型企业以民营化为特征的产权制度改革已全面展开。改制过程中一些民营企业参股、控股、完全收购国有企业，彻底改变了原国有企业的体制和机制。产业结构进一步优化，集中度不断提高，综合承包、施工总承包、专业化承包、劳务分包的企业组织结构逐步形成，各类企业之间的市场化联系纽带基本形成。"十五"期间，建筑业增加值累计达到3.86万亿元，占全国国内生产总值（GDP）比重最高达到7%，在国民经济各部门中居第4位。

2006~2010年，建筑业管理体制改革、企业改革改制得到继续推进，监管机制逐步健全，企业综合实力明显提高，全国建筑业增加值年均增长20.6%（2010年增加值达到26 451亿元），对外承包工程营业额年均增长30%以上（2010年营业额达到922亿美元），产业规模创历史新高，在国民经济的支柱地位不断加强。

这一阶段，建筑业产值规模虽然保持了快速发展的趋势，年平均增长率达到22.5%，但可持续发展能力仍然不足，建筑业很大程度上依赖于高速增长的固定资产投资规模，发展模式粗放，发展质量不高，工业化、信息化、标准化水平偏低，管理手段落后；建造资源耗费量大，碳排放量突出；市场主体行为不规范，政府监管有待加强，诚实守信的行业自律机制尚未形成。

（5）深化改革，迈向高质量发展阶段（2011年至今）。"十二五"以来，建筑业以加快发展方式转变和产业结构调整为主线，以继续深化体制机制改革为动力，出台了多项深化改革的政策措施，涉及全国市场统一、工程质量治理、部分资质取消、营改增实施、PPP模式推行、招投标方式改革、生产方式改革、承包模式变革、管理工具变革和市场信用管理等，为建筑业由"粗放式"向"精细化"转型，追求服务高水平、产品高品质和发展高效益提供了有利条件。

党的十九大提出了新时代中国特色社会主义思想，做出了我国经济已由高速增长阶段转向高质量发展阶段的重要判断，为建筑业改革转型提供了路径指导。国务院时隔33年再次为建筑业改革出台顶层设计文件《关于促进建筑业持续健康发展的意见》（国办发〔2017〕19号），提出"中国建造"这一理念，引导建筑业按照"实用、经济、绿色、美观"的要求，进一步改革转型、向高质量发展。

近几年，从产值规模增长的情况来看，建筑业经历了从高速到缓慢再到平稳的发展过程，建筑业数量型、速度型发展态势有所弱化；从发展质量提升的情况来看，建筑业在工业化、绿色化、信息化等方面取得了一定成效，向高标准、高品质、高效益发展迈出了一大步；从境外业务拓展的情况来看，"一带一路"倡议的提出，引导建筑业企业"走出去"，实现了境外业务的快速增长。

改革开放40多年，建筑业走过了不断改革创新、规模持续快速增长的发展历程，为促进城乡建设、扩大劳动就业、增加地方财政收入等做出了巨大贡献，也为新时代进一步全面深化建筑业改革、推动建筑业高质量发展打下了坚实基础。

1.1.1.3 发展前景

（1）工程建设组织模式更加完善。

①政府加快推行工程总承包。政府投资工程完善建设管理模式，带头推行工程总承包，形成了完善的工程总承包相关的招标投标、施工许可、竣工验收等制度规定。按照总承包负总责的原则，工程总承包单位在工程质量安全、进度控制、成本管理等方面的责任得到落实。

②全过程工程咨询服务更加健全。投资咨询、勘察、设计、监理、招标代理、造价等企业采取联合经营、并购重组等方式发展全过程工程咨询，发展了一批具有国际水平的全过程工程咨询企业，制定出全过程工程咨询服务技术标准和合同范本。政府投资工程带头推行全过程工程咨询，非政府投资工程委托全过程工程咨询服务。在民用建筑项目中，建筑师发挥主导作用，接受全过程工程咨询服务。

（2）注重工程质量安全管理，严格落实工程质量责任管理。全面落实各方主体的工程质量责任，强化建设单位的首要责任和勘察、设计、施工单位的主体责任。严格执行工程质量终身责任制，在建筑物明显部位设置永久性标牌，公示质量责任主体和主要责任人。对违反有关规定、造成工程质量事故的，依法给予责任单位停业整顿、降低资质等级、吊销资质证书等行政处罚，并通过国家企业信用信息公示系统予以公示，给予注册执业人员暂停执业、吊销资格证书、一定时间或终身不得进入行业等处罚。对发生工程质量事故造成损失的，要依法追究经济赔偿责任，情节严重的要追究有关单位和人员的法律责任。

（3）建筑市场环境得到优化。打破区域市场准入壁垒，取消各地区、各行业在法律、行政法规和国务院规定外对建筑企业设置的不合理准入条件；严禁擅自设立或变相设立审批、备案事项，为建筑企业提供公平的市场环境。完善全国建筑市场监管公共服务平台，加快实现与全国信用信息共享平台和国家企业信用信息公示系统的数据共享交换。建立建筑市场主体黑名单制度，依法依规全面公开企业和个人信用记录，接受社会监督。

（4）从业人员素质全面提高。通过校企合作，培养既有国际视野又有民族自信的建筑师队伍，培养熟悉国际规则的建筑业高级管理人才。通过实施建筑业技术工人职业技能鉴定制度，鼓励设立建筑工人技能鉴定机构，开展建筑工人技能评价。大力弘扬工匠精神，培养高素质建筑工人，力争到 2020 年建筑业中级工技能水平以上的建筑工人数量达到 300 万人，2025 年达到 1 000 万人。建立全国建筑工人管理服务信息平台，开展建筑工人实名制管理，记录建筑工人的身份信息、培训情况、职业技能、从业记录等信息，逐步实现全国建筑工人相关信息全覆盖。建立健全与建筑业相适应的社会保险参保缴费方式，大力推进建筑施工单位参加工伤保险。施工单位应履行社会责任，不断改善建筑工人的工作环境，提升建筑工人职业健康水平，促进建筑工人稳定就业。

（5）建筑产业逐步实现现代化。坚持标准化设计、工厂化生产、装配化施工、一体化装修、信息化管理、智能化应用，推动建造方式创新，大力发展装配式混凝土和钢结构建筑，在具备条件的地方倡导发展现代木结构建筑，不断提高装配式建筑在新建建筑中的比例。加快先进建造设备、智能设备的研发、制造和推广应用，提升各类施工机具的性能和效率，提高机械化施工程度。限制和淘汰落后、危险工艺工法，保障生产施工安全。积极支持建筑业科研工作，大幅提高技术创新对产业发展的贡献率。加快推进建筑信息模型（BIM）技术在规划、勘察、设计、施工和运营维护全过程的集成应用，实现工程建设项目全生命周期数据共享和信息化管理，为项目方案优化和科学决策提供依据，促进建筑业提质增效。

（6）建筑企业实现"走出去"。积极开展中外标准对比研究，适应国际通行的标准内容结构、要素指标和相关术语，缩小中国标准与国外标准的技术差距。加大中国标准外文版翻译和宣传推广力度，以"一带一路"倡议为引领，优先在对外投资、技术输出和援建工程项目中推广应用。积极参加国际标准认证、交流等活动，开展工程技术标准的双边合作。统筹协调建筑业"走出去"，充分发挥我国建筑业企业在高铁、公路、电力、港口、机场、油气长输管道、高层建筑等工程建设方面的比较优势，有目标、有重点、有组织地对外承包工程，参与"一带一路"建设。到 2025 年，工程建设国家标准实现全部有外文版。与大部分"一带一路"沿线国家和地区签订双边工程建设合作备忘录，同时，争取在双边自贸协定中纳入相关内容，推进建设领域执业资格国际互认。

（7）建筑企业拥抱以信息基础设施为特征的新基建，主动求变，借助科技创新走上高质量发展道路。"新基建"概念的提出，是信息数字化的基础设施建设，包括5G基站、特高压、城际高速铁路和城市轨道交通、新能源汽车充电桩、大数据中心、人工智能和工业互联网的建设，这些新技术将给建筑业产业升级带来更大空间，推动形成新的产品服务、新的生产体系和新的商业模式。当前，传统建筑业与大数据、云计算、人工智能相融合，智慧建筑收获无数赞叹；与节能环保新理念、新材料、新技术相融合，绿色建筑走入大众视野；与BIM、3D打印、装配式技术相融合，工业化生产雏形显现。借助新技术，建筑业生产方式、管理模式、商业模式正在改变。老基建解决了物和人的连接，公路、机场的修建，给区域带来商业的繁荣；新基建则解决了数据的连接、交互和处理。简而言之，老基建为新基建的发展提供了巨大的市场，而新基建则为老基建的升级提供了强大的技术支撑。

建筑业高质量发展的着力点在科技创新。当前，社会经济发展倒逼建筑业向产业现代化转型，建筑业实现核心竞争力重构的高质量发展愿景，必然蕴藏在与现代科学技术的深度融合之中。建筑业企业必须拥抱技术变革，将新技术与传统建筑技术结合，向高新技术领域拓展，提升技术和业务水平；将新产业与现有体系融合，推进新业态、新模式的发展；运用新思维，推动企业发展方式的变革，激发新动能，释放高质量发展潜力。建筑业企业应当树立高质量发展信心，以创新驱动为引擎，驶向持续健康发展的未来。

1.1.2　建筑企业行业特点

与其他类型企业相比，建筑企业主要有以下特征：

1.1.2.1　生产的流动性

建筑企业（包括人员和机具设备）随建筑物或构筑物坐落位置的变化而整体发生转移，从而形成建筑业管理环境多变、人员流动性较大等特点。

1.1.2.2　产品的单件性

每个建筑物或构筑物的结构、构造、造型不一，所需的工种与技术、材料品种、施工方法、机械设备、劳力组织、生产要素等不一，因而其计价具有组合性的特点；对应不同的阶段需要多次进行分步分项计价，如概算造价、修正概算造价、预算造价、合同价、结算价、决算价等；建筑产品的单件性特点决定了每项工程都必须单独计算造价。

1.1.2.3　生产的周期长

较大的工程施工年限长达若干年，所需人员和工种众多，材料和设备种类繁杂，交叉作业相互影响，彼此协调配合工作要求高；露天和高空作业多，受自然气候影响，需要采取的技术措施复杂，安全生产要求高。

1.1.2.4　应税的分散性

建筑企业施工地点分散，较大的工程施工可能会横跨不同的省、市、县，各地的税收政策也会有差异，要求建筑企业了解不同省、市、区税务机关的具体要求，减少税务风险。

1.2 建筑企业税务管理背景及减税降费政策

1.2.1 建筑企业税务管理背景

在经济和贸易全球化的环境下，减税成了各个国家税制改革的重点。近些年来，各国推行众多减税降费的政策，以降低企业和个人的税负水平。近年来，我国推行了各类减税降费政策，以此来提高企业竞争力，促进其发展，同时扩大人们的就业机会，提升居民的消费能力。特别是2019年，2万亿元的"史上最大规模减税降费"更让每位纳税人缴费人感受到政策红利。

1.2.1.1 推行供给侧结构性改革

2014年5月，习近平总书记在河南省考察时首次提出经济新常态概念。2016年1月18日，习近平总书记进一步强调，"'十三'五时期，我国经济发展的显著特征就是进入新常态"。党的十九大报告总结指出，"我国已经由高速增长阶段转向高质量增长阶段，正处在转变发展方式、优化经济结构、转换增长动力的攻关期，建设现代化经济体系是跨越关口的迫切要求和我国发展的战略目标"。经济新常态是以习近平同志为核心的党中央综合分析世界经济形势和我国经济发展阶段特征对当前经济运行状况做出的科学判断，是准确把握我国经济形势、破解发展矛盾、深化市场经济体制改革的"指南针"。经济新常态作为我国经济发展过程中出现的一种客观状态，是由经济发展规律决定的，要充分认识它的客观性，发挥我们的主动性去化解经济新常态带来的挑战、把握它带来的机遇。

经济新常态下的主要矛盾。"当前和今后一个时期，我国经济发展面临的问题，供给侧和需求侧都有，但矛盾主要方面在供给侧。这些问题的主要矛盾不是周期性的，而是结构性的，供给结构错配问题严重。"长期以来，我们注重从需求侧入手，主要采取调整财政政策和货币政策等短期调控手段对市场需求进行刺激或抑制，推动经济健康增长。随着经济新常态的到来，经济运行面临着"稳增长、调结构、促转型"等方面的压力，其中供给侧结构性矛盾尤为突出。主要表现为：低效、落后产业产能过剩，供给量大而需求量少；企业的杠杆率和成本过高、自主创新能力不足，产品的供给无法满足需求；关系居民生计的生活消费品和公共产品供给低效。解决这些问题，必须深化供给侧结构性改革，有效化解产能过剩，为企业"减负"，降低运营成本，增加和提高公共产品供给和服务供给的数量和水平,增加新兴产业的创新元素,从整体上减少低效供给,扩大高效供给,不断满足需求侧的变动。

对供给侧结构性改革的新要求。社会发展赋予了社会主要矛盾新内涵,党的十九大报告指出,"以供给侧结构性改革为主线","把发展经济的着力点放在振兴实体经济上,把提高供给体系质量作为主攻方向,显著增强我国的经济质量优势"。这一论述为改革明确了总体方向。因此,在实践中要遵循市场经济发展规律,提高产品供给的质量和效率,更好地满足人民的实际需要。

1.2.1.2 推进财税体制改革

财税体制改革的主要方向是减轻企业税负。首先,减税会增强市场主体扩大投资能力。减轻企业税负,企业可拥有实实在在的获得感。降税率为实体经济的发展形成了上下游双向互补激励机制,减轻企业进项税额占压资金压力,使企业在未取得销项税情况下即可收回成本投入占压资金,对自有资金高度短缺的企业来说可谓雪中送炭。其次,减轻消费者购买负担,为消费扩张和消费升级创造了条件。增强实际购买力是消费扩张的基本支撑因素。此次增值税改革降低税率相应也减轻了消费者购买货物和劳务的税收负担,从而增强了居民收入实际购买力。从供需两侧为中国经济注入了活力,增加了市场主体和个人的可支配货币收入,为经济发展转型升级创造了资金条件。

税制改革不仅能够释放短期红利,也能为我国经济实现高质量发展提供制度保障。推动经济结构持续优化,长远来看更有利于调整优化经济结构。在2018年3月28日国务院常务会议上,李克强总理说,"改革的实践证明,营改增不仅有利于减轻企业税负和税制公平,更有利于调结构、促进经济的长远健康发展"。

不仅经济结构在优化,产业发展质量也在提高。李克强总理提到,要调整国民收入分配结构,应该给实体经济、给企业让利,让它们在国民收入分配"蛋糕"中所占比例更大,这样能更多带动就业,增加就业人群收入。给企业让利、为企业减负,正是增值税改革的直接效果。

2018年年初,中央提出了"稳就业、稳金融、稳外贸、稳外资、稳投资、稳预期"的经济工作方向,并明确提出"研究大规模减税降费",以稳定市场预期和市场信心。习近平总书记在民营企业座谈会、中央经济工作会、新年贺词中多次对落实"减税降费"政策提出明确要求,减轻企业税费负担,抓好供给侧结构性改革、降成本等各项工作,推进增值税等实质性减税,对小微企业、科技型初创企业可以实施普惠性税收免除。

大力推进减税降费除了拉动经济增长,对促进消费升级、刺激投资需求和增加劳动就业等也将产生重要影响。促进消费升级。增值税改革带来的减税红利,既会在生产制造端降低生产制造企业的税收成本,增加其利润,也会在居民消费端减少居民的价格支付,起到拉动消费的积极作用。在拉动经济增长的投资、消费、出口三大需求中,中国正面临出口转向内需、投资转向消费的战略转型,所以通过减税扩大消费内需具有深远意义。拉动就业创业。促进就业、创业,企业是主体。通过减税降费把市场主体活力激发出来,促进产业结构调整,吸纳劳动力就业,提高就业质量和水平。从这个角度看,降低制造业等实体经济税负,不仅能有效增加居民收入和改善收入分配结构,而且能顶住下行压力,保持经济社会持续健康发展。就业扩大,收入增多,社会预期稳定,消费与投资也能跟进,从而可实现经济与社会的良性循环。

1.2.1.3 实施大规模减税降费

(1)减税降费总体成效。2019年以来,在党中央、国务院关于实施更大规模减税降费的决策部署下,财政、税务等部门迅速出台了5个方面的减税降费具体政策措施,包括深化增值税改革、小微企业普惠性税收减免、个人所得税专项附加扣除、降低行政事业性收费和政府性基金等政策,并积极推动各项政策措施切实落实到位,国家减税降费政策效应不断释放、纳税便利化水平持续提高。从各方面反映的情况看,减税降费实施效果良好,社会普遍反映2019年实施的综合性、一揽子减税降费政策是最直接、最有效也是最公平的惠企措施。各项减税降费措施落实有力,效果正在逐步显现。

根据世界银行发布的《全球营商环境报告2020》,中国的纳税指标排名正处于一个稳步上升的通道,已由2016年的全球第131位上升至2019年的第105位。报告中还引用了大段篇幅,高度肯定了中国在压缩纳税次数、耗时,降低小型微利企业所得税率等方面推出的一系列改革政策。中国减税降费得到国际社会的高度认可,这正是减税降费效果最直接的体现。

2020年1月6日,全国税务工作会议在北京召开。国家税务总局局长王军表示,2019年减税降费成效好于预期,全年累计新增减税降费超过2万亿元,占GDP比重超过2%,拉动全年GDP增长约0.8个百分点,所有行业税负均不同程度下降,有效激发了市场主体活力,增强经济发展信心。会议指出,2020年要着力统筹做好减税降费和组织税费收入工作,积极促进"六稳"和高质量发展。王军表示:"减税降费要重在巩固和拓展成效上下功夫,坚持主动服务、简化手续、算好铁账,要及时解决政策执行中出现的新问题,确保执行到位。努力实现税费收入量的平稳增长和质的稳步提升,发挥税收职能作用,营造更好环境支持民营企业发展壮大。"

2020年1月14日,人力资源和社会保障部举行2019年第四季度新闻发布会。数据显示,2019年企业职工基本养老保险、失业保险、工伤保险减费4 252亿元,超额完成年初预计3 100亿元的目标。与此同时,社保待遇水平稳步提高。截至2019年年底,基本养老、失业、工伤保险三项社会保险基金总支出5.41万亿元。人力资源和社会保障部养老保险司司长聂明隽指出,2015年职工五项社会保险总费率是41%,经过6次下调,2019年是下调幅度最大的一次,五项社会保险费率总水平降至33.95%,

其中单位费率降至 23.45%，6 次降费共降低 7.05 个百分点。2019 年企业职工基本养老保险、失业保险、工伤保险三个险种全年减费 4 252 亿元，超额完成年初预计 3 100 亿元的目标。前面 5 次降费共减费 5 500 亿元，加上 2019 年的减费总额，2015 年以来社会保险减费近万亿元，减费规模超过预期。

（2）建筑行业减税降费成效。

①自 2018 年 5 月 1 日起，建筑企业的上游供应行业钢铁、水泥等增值税税率从 17% 降至 16%，建筑企业增值税税率从 11% 降至 10%，考虑到建筑企业处于产业链中游，除业主不含税价不变、供应商含税价不变情况外，此次减税使建筑企业的应交增值税及附加税费均有下降，不含税收入的增加大于不含税成本的增加，项目毛利率上升，同时附加税费下降，因此项目税前利润和净利润上升，增加了企业现金流。经过一年时间的运行，建筑企业享受到了国家政策的红利。

②自 2019 年 4 月 1 日起，建筑企业的上游行业钢铁、水泥等增值税率从 16% 降至 13%，建筑企业增值税税率从 10% 降至 9%。从测算数据可知，建筑企业总体税负会上升，不含税成本的增加大于不含税收入的增加，项目毛利润下降，同时附加税费上升，因此项目税前利润和净利润均会有所下降，但受建筑企业工程项目成本结构和业主供应材料方式等不同而存在较大差异。

③新增留抵税额可以退税，减少了资金成本。对建筑企业来说，增值税进项税额留抵是企业已经负担的支出，即使企业由于增值税当期有充足的进项税留抵额而不用缴税，但这些留抵额已占用了企业资金，将其调整为允许符合条件的增值税期末留抵退税后，将减少占用企业的资金成本，增加利润，减少现金流出。

④全面"降费"促进建筑行业可持续发展。在国内外经济形势复杂多变的情况下，各种降费政策充分发挥了逆周期调节作用，更直接、更有效地惠及广大企业，稳定了经济发展预期。降费政策对企业生产经营活动产生了积极影响，提振了市场主体信心。尤其在劳动力密集的建筑行业，社会保险费缴费比例的降低对企业影响最大，能增加企业利润和现金流，促进建筑行业可持续发展。

（3）减税降费持续推进。在 2019 年 2.36 万亿元大规模减税降费的基础上，2020 年我国继续实施更大规模的减税降费政策。2020 年《政府工作报告》提出，预计全年为企业新增减负超过 2.5 万亿元。6 月 17 日，国务院常务会议强调加快降费政策落地见效，为市场主体减负。此前召开的几次国务院常务会议也对切实兑现减税降费做出系列具体部署。

由此可见，实施更大规模的"减税降费"改革政策，将减轻企业负担，激发市场主体活力，加快促进经济触底回暖，有效应对复杂的国际环境。

1.2.2　建筑企业减税降费政策

2019 年，我国出台实施了近年来力度最大的减税降费政策。2019 年 10 月 16 日，国务院常务会议指出,要确保制造业等主要行业税负明显降低,建筑业和交通运输业等行业税负有所降低,其他行业税负只减不增。

2019年,全年累计新增减税降费超过2万亿元,全国一般公共预算收入同比增长3.8%,全国税收收入同比增长1%,财政收入和税收收入增幅均保持低位,涉及减税降费的主要税种收入下降或增幅明显回落,其中:

①国内增值税增长1.3%,增幅比上年回落7.8个百分点;

②进口货物增值税、消费税下降6.3%,主要受降低进口环节增值税税率影响;

③个人所得税下降25.1%,主要受提高基本减除费用标准和实施6项专项附加扣除政策影响;

④企业所得税增长5.6%,增幅比上年回落4.4个百分点,主要受提高研发费用税前加计扣除和工业企业利润下降影响。

如何合法合规地充分享受国家减税降费带来的改革红利,已是一个不容忽视的问题。

建筑业减税降费政策主要体现在5个方面:一是深化增值税改革;二是企业所得税税收优惠;三是降低社会保险费率;四是个人所得税改革;五是其他税种及费率优惠。

1.2.2.1 深化增值税改革

(1) 税率逐步降低。

①《财政部 税务总局关于简并增值税税率有关政策的通知》(财税〔2017〕37号)规定,自2017年7月1日起,简并增值税税率结构,取消13%的增值税税率。

②《财政部 税务总局关于调整增值税税率的通知》(财税〔2018〕32号)规定,自2018年5月1日起,纳税人发生增值税应税销售行为或者进口货物,原适用17%和11%税率的,税率分别调整为16%、10%。

③《财政部 税务总局 海关总署关于深化增值税改革有关政策的公告》(财政部 税务总局 海关总署公告2019年第39号)规定,增值税一般纳税人发生增值税应税销售行为或者进口货物,原适用16%税率的,税率调整为13%;原适用10%税率的,税率调整为9%。通过调整,建筑业增值税税率由11%下降至10%,现在是9%。

(2) 进项抵扣充分度增加。《财政部 税务总局关于简并增值税税率有关政策的通知》(财税〔2017〕37号)规定:

①纳税人取得不动产或者不动产在建工程的进项税额不再分2年抵扣。自2019年4月1日起,纳税人取得不动产或者不动产在建工程的进项税额不再分2年抵扣。此前按照上述规定尚未抵扣完毕的待抵扣进项税额,可自2019年4月税款所属期起从销项税额中抵扣。

②纳税人购进国内旅客运输服务,其进项税额允许从销项税额中抵扣。

（3）增值税进项税额留抵退税。《财政部 税务总局关于简并增值税税率有关政策的通知》（财税〔2017〕37号）规定，自2019年4月1日起，试行增值税期末留抵税额退税制度。

1.2.2.2 企业所得税税收优惠

（1）扶贫捐赠企业所得税税前扣除。《财政部 税务总局 国务院扶贫办关于企业扶贫捐赠所得税税前扣除政策的公告》（财政部 税务总局 国务院扶贫办公告2019年第49号）规定：

①自2019年1月1日至2022年12月31日，企业通过公益性社会组织或者县级（含县级）以上人民政府及其组成部门和直属机构，用于目标脱贫地区的扶贫捐赠支出，准予在计算企业所得税应纳税所得额时据实扣除。在政策执行期限内，目标脱贫地区实现脱贫的，可继续适用上述政策。

②企业同时发生扶贫捐赠支出和其他公益性捐赠支出，在计算公益性捐赠支出年度扣除限额时，符合上述条件的扶贫捐赠支出不计算在内。

③企业在2015年1月1日至2018年12月31日期间已发生的符合上述条件的扶贫捐赠支出，尚未在计算企业所得税应纳税所得额时扣除的部分，可执行上述企业所得税政策。

（2）设备、器具扣除有关的企业所得税政策。《财政部 税务总局关于设备 器具扣除有关企业所得税政策的通知》（财税〔2018〕54号）规定：企业在2018年1月1日至2020年12月31日期间新购进的设备、器具，单位价值不超过500万元的，允许一次性计入当期成本费用在计算应纳税所得额时扣除，不再分年度计算折旧。

通知所称设备、器具，是指除房屋、建筑物以外的固定资产。

（3）研究开发费用加计扣除有关的企业所得税政策。

①《财政部 税务总局 科技部关于提高研究开发费用税前加计扣除比例的通知》（财税〔2018〕99号）规定：企业开展研发活动中实际发生的研发费用，未形成无形资产计入当期损益的，在按规定据实扣除的基础上，在2018年1月1日至2020年12月31日期间，再按照实际发生额的75%在税前加计扣除；形成无形资产的，在上述期间按照无形资产成本的175%在税前摊销。

②《财政部 税务总局 科技部关于企业委托境外研究开发费用税前加计扣除有关政策问题的通知》（财税〔2018〕64号）规定：委托境外进行研发活动所发生的费用，按照费用实际发生额的80%计入委托方的委托境外研发费用。委托境外研发费用不超过境内符合条件的研发费用三分之二的部分，可以按规定在企业所得税前加计扣除。

委托境外进行研发活动应签订技术开发合同，并由委托方到科技行政主管部门进行登记。相关事项按技术合同认定登记管理办法及技术合同认定规则执行。

（4）固定资产加速折旧政策。《财政部 税务总局关于扩大固定资产加速折旧优惠政策适用范围的公告》(财政部　税务总局公告 2019 年第 66 号)规定：

①自 2019 年 1 月 1 日起，适用《财政部　国家税务总局关于完善固定资产加速折旧企业所得税政策的通知》(财税〔2014〕75 号) 和《财政部　国家税务总局关于进一步完善固定资产加速折旧企业所得税政策的通知》(财税〔2015〕106 号) 规定固定资产加速折旧优惠的行业范围，扩大至全部制造业领域。

②该公告发布前，制造业企业未享受固定资产加速折旧优惠的，可自公告发布后在月(季)度预缴申报时享受优惠或在 2019 年度汇算清缴时享受优惠。

(5) 高新技术企业税收优惠政策。《中华人民共和国企业所得税法》(以下简称《企业所得税法》)第二十八条第二款规定：国家需要重点扶持的高新技术企业，减按 15% 的税率征收企业所得税。

(6) 西部大开发税收优惠政策。《财政部　税务总局　国家发展改革委关于延续西部大开发企业所得税政策的公告》(财政部公告 2020 年第 23 号) 规定：自 2021 年 1 月 1 日至 2030 年 12 月 31 日，对设在西部地区的鼓励类产业企业减按 15% 的税率征收企业所得税。

(7) 铁路债券利息收入所得税政策。《财政部　税务总局关于铁路债券利息收入所得税政策的公告》(财政部　税务总局公告 2019 年第 57 号) 规定：

①对企业投资者持有 2019—2023 年发行的铁路债券取得的利息收入，减半征收企业所得税。

②对个人投资者持有 2019—2023 年发行的铁路债券取得的利息收入，减按 50% 计入应纳税所得额计算征收个人所得税。税款由兑付机构在向个人投资者兑付利息时代扣代缴。

③铁路债券是指以中国铁路总公司为发行和偿还主体的债券，包括中国铁路建设债券、中期票据、短期融资券等债务融资工具。

1.2.2.3　降低社会保险费率

降低社会保险费率是党中央、国务院做出的重大决策部署，是实施更大规模减税降费措施的重要内容，是应对经济下行压力的重要举措，对于减轻企业负担、激发微观主体活力、促进经济增长具有重要作用，事关改革发展稳定全局，《降低社会保险费率综合方案》中，主要涉及了以下内容：

(1) 降低城镇职工基本养老保险单位缴费比例。高于 16% 的省份，可降至 16%。

(2) 继续阶段性降低失业保险。现行的阶段性降费率政策到期后再延长一年至 2020 年 4 月 30 日。

(3) 继续阶段性降低工伤保险。现行的阶段性降费率政策到期后再延长一年至 2020 年 4 月 30 日。

(4) 调整社保缴费基数。将城镇非私营单位和城镇私营单位就业人员平均工资加权计算的全口径城镇单位就业人员平均工资作为核定职工缴费基数上下限的指标,个体工商户和灵活就业人员可在一定范围内自愿选择适当的缴费基数。

(5) 关于完善个体工商户和灵活就业人员缴费基数政策。个体工商户和灵活就业人员参加企业职工基本养老保险,按照调整计算口径后的本地全口径城镇单位就业人员平均工资,核定社保个人缴费基数上下限,允许缴费人在60%～300%之间选择适当的缴费基数,以减轻其缴费负担、促进参保缴费。

(6) 关于加快推进企业职工基本养老保险省级统筹。各地要逐步统一养老保险政策,完善省级统筹制度,为全国统筹打好基础。2020年年底前实现企业职工基本养老保险基金省级统收统支。人力资源和社会保障部、财政部将印发关于推进省级统筹的具体指导意见。

(7) 关于提高企业职工基本养老保险基金中央调剂比例。为进一步均衡各省份之间养老保险基金负担,逐步提高企业职工基本养老保险基金中央调剂比例,确保企业离退休人员基本养老金按时足额发放,2019年基金中央调剂比例提高至3.5%。具体工作由人力资源和社会保障部、财政部另行部署。

(8) 关于稳步推进社保费征收体制改革。企业职工基本养老保险和企业职工其他险种缴费,原则上暂按现行征收体制继续征收,稳定缴费方式,"成熟一省、移交一省";机关事业单位社保费和城乡居民社保费征管职责如期划转。人力资源和社会保障、税务、财政、医保部门要抓紧推进信息共享平台建设等各项工作,切实加强信息共享,确保征收工作有序衔接。各地要按照要求,合理调整2019年社会保险基金收入预算。妥善处理好企业历史欠费问题,在征收体制改革过程中不得自行对企业历史欠费进行集中清缴,不得采取任何增加小微企业实际缴费负担的做法,避免造成企业生产经营困难,务必使企业特别是小微企业社保缴费负担有实质性下降。

《人力资源和社会保障部 财政部 税务总局关于阶段性减免企业社会保险费的通知》(人社部发〔2020〕11号)、《国家税务总局关于贯彻落实阶段性减免企业社会保险费政策的通知》(税总函〔2020〕33号)、《人力资源和社会保障部 财政部 税务总局关于延长阶段性减免企业社会保险费政策实施期限等问题的通知》(人社部发〔2020〕49号)规定,自2020年2月1日至2020年6月30日,各省(除湖北省外)对大型企业等其他参保单位(不含机关事业单位)三项社会保险单位缴费部分减半征收;自2020年2月1日至2020年6月30日,湖北省免征大型企业等其他参保单位(不含机关事业单位)三项社会保险单位缴费部分。

受疫情影响生产经营出现严重困难的企业,可申请缓缴社会保险费至2020年12月底,缓缴期间免收滞纳金。

各省(自治区、直辖市)根据工业和信息化部、统计局、发展改革委、财政部《关于印发中小企业划型标准规定的通知》(工信部联企业〔2011〕300号)等有关规定,结合本省(自治区、直辖市)实际确定减免企业对象,并加强部门间信息共享,不增加企业事务性负担。

《国家医保局 财政部 税务总局关于阶段性减征职工基本医疗保险费的指导意见》(医保发〔2020〕6号)、《国家税务总局关于贯彻落实阶段性减免企业社会保险费政策的通知》(税总函〔2020〕33号)规定:自2020年2月起,各省、自治区、直辖市及新疆生产建设兵团(以下统称省)可指导统筹地区根据基金运行情况和实际工作需要,在确保基金收支中长期平衡的前提下,对职工医保单位缴费部分实行减半征收,减征期限不超过5个月。

原则上,统筹基金累计结存可支付月数大于6个月的统筹地区,可实施减征;可支付月数小于6个月但确有必要减征的统筹地区,由各省指导统筹考虑安排。缓缴政策可继续执行,缓缴期限原则上不超过6个月,缓缴期间免收滞纳金。

各省税务局要对2020年2月已经征收的社保费进行分类,确定应退(抵)的企业和金额。要按照税务总局、国家医保局共同明确的处理原则,优化流程,提高效率,及时为应该退费的参保单位依职权办理退费,切实缓解企业特别是中小微企业经营困难。对采取以2月已缴费款冲抵以后月份应缴费款的参保单位,要明确冲抵流程和操作办法,有序办理费款冲抵业务。

各级税务机关要会同有关部门落实好缓缴社保费政策,结合本地实际,进一步优化业务流程,从快办理缓缴相关业务。要严格落实缓缴期限原则上不超过6个月、缓缴期间免收滞纳金等政策要求,确保缴费人应享尽享政策红利。

《人力资源和社会保障部 财政部 税务总局关于延长阶段性减免企业社会保险费政策实施期限等问题的通知》(人社部发〔2020〕49号)规定,各省2020年度社会保险个人缴费基数下限可继续执行2019年度个人缴费基数下限标准,个人缴费基数上限按规定正常调整。

1.2.2.4 个人所得税改革

根据2018年8月31日第十三届全国人民代表大会常务委员会第五次会议《关于修改〈中华人民共和国个人所得税法〉的决定》,第七次修正了《中华人民共和国个人所得税法》(以下简称《个人所得税法》),修改的主要内容有:

(1)简并所得项目,确定综合所得范围。将原个人工资、薪金所得,个体工商户的生产、经营所得,对企事业单位的承包经营、承租经营所得,劳务报酬所得,稿酬所得,特许权使用费所得,利息、股息、红利所得,财产租赁所得,财产转让所得,偶然所得,经国务院财政部门确定征税的其他所得共计11项所得简并为6项个人所得,分别是综合所得(包括工资、薪金所得,劳务报酬所得,稿酬所得,特许权使用费所得),经营所得,利息、股息、红利所得,财产租赁所得,财产转让所得,偶然所得,取消了经国务院财政部门确定征税的其他所得项目。

（2）缩短居民个人时间判定标准，新增反避税措施。改变无住所个人（通常指外籍人员和港澳台居民）是否在中国境内居住满1年作为判定居民个人与非居民个人的标准，将判定时间标准缩短为累计满183天。同时将国际个税"五年例外规则"惯例拓宽到6年，中国境内无住所的个人在中国境内居住累计满183天的年度连续不满6年的，其来源于境外所得免纳个人所得税。

新增反避税条款，对个人与其关联方之间的业务往来，不符合独立交易原则且无正当理由；对居民个人控制或共同控制的设立在实际税负明显偏低的国家（地区）的企业，无合理经营需要，对应当归属于居民个人的利润不作分配或者减少分配；个人实施其他不具有合理商业目的安排而获取不当税收利益的可以进行纳税调整，维护国家税收权益。

（3）调整税率结构，发挥税收调节作用。将工资、薪金所得适用的7级3%~45%税率转变为综合所得适用税率，拉长3%、10%、20%税率级距，缩小25%税率级距，维持30%、35%、45%级距不变。原《个人所得税法》中劳务报酬所得、稿酬所得、特许权使用费所得均是适用20%税率，现作为综合所得征税，对部分涉及此3个项目所得的纳税人影响明显。

①综合所得，适用3%~45%的超额累进税率，如表1.1所示。

表1.1　　　　　　　个人所得税税率表一（综合所得适用）

级数	全年应纳税所得额	税率（%）
1	不超过36 000元的	3
2	超过36 000元至144 000元的部分	10
3	超过144 000元至300 000元的部分	20
4	超过300 000元至420 000元的部分	25
5	超过420 000元至660 000元的部分	30
6	超过660 000元至960 000元的部分	35
7	超过960 000元的部分	45

②经营所得，适用5%~35%的超额累进税率，如表1.2所示。

表1.2　　　　　　　个人所得税税率表二（经营所得适用）

级数	全年应纳税所得额	税率（%）
1	不超过30 000元的	5
2	超过30 000元至90 000元的部分	10
3	超过90 000元至300 000元的部分	20
4	超过300 000元至500 000元的部分	30
5	超过500 000元的部分	35

③利息、股息、红利所得，财产租赁所得，财产转让所得和偶然所得，适用比例税率，税率为20%。

（4）完善扣除模式，减轻个人税收负担。对居民个人的综合所得，以每一纳税年度的收入额减除费用6万元以及专项扣除、专项附加扣除和依法确定的其他扣除后的余额为应纳税所得额。即将基本减除费用从3 500元/月提高到5 000元/月；将原《个人所得税法》可扣除的个人按照国家规定的范围和标准缴纳的基本养老保险、基本医疗保险、失业保险等社会保险费和住房公积金等作为专项扣除项目；将个人缴付符合国家规定的企业年金、职业年金，个人购买符合国家规定的商业健康保险、税收递延型商业养老保险的支出，以及国务院规定可以扣除的其他项目作为依法确定的其他扣除项目；新增专项附加扣除项目。专项附加扣除项目包括子女教育、继续教育、大病医疗、住房贷款利息或者住房租金、赡养老人等支出。

①居民个人的综合所得，以每一纳税年度的收入额减除费用6万元以及专项扣除、专项附加扣除和依法确定的其他扣除后的余额，为应纳税所得额。

②非居民个人的工资、薪金所得，以每月收入额减除费用5 000元后的余额为应纳税所得额；劳务报酬所得、稿酬所得、特许权使用费所得，以每次收入额为应纳税所得额。

③经营所得，以每一纳税年度的收入总额减除成本、费用以及损失后的余额，为应纳税所得额。

④财产租赁所得，每次收入不超过4 000元的，减除费用800元；4 000元以上的，减除20%的费用，其余额为应纳税所得额。

⑤财产转让所得，以转让财产的收入额减除财产原值和合理费用后的余额，为应纳税所得额。

⑥利息、股息、红利所得和偶然所得，以每次收入额为应纳税所得额。

⑦劳务报酬所得、稿酬所得、特许权使用费所得以收入减除20%的费用后的余额为收入额。稿酬所得的收入额减按70%计算。

⑧个人将其所得对教育、扶贫、济困等公益慈善事业进行捐赠，捐赠额未超过纳税人申报的应纳税所得额30%的部分，可以从其应纳税所得额中扣除；国务院规定对公益慈善事业捐赠实行全额税前扣除的，从其规定。

⑨专项扣除，包括居民个人按照国家规定的范围和标准缴纳的基本养老保险、基本医疗保险、失业保险等社会保险费和住房公积金等；专项附加扣除，包括子女教育、继续教育、大病医疗、住房贷款利息或者住房租金、赡养老人等支出，具体范围、标准和实施步骤由国务院确定，并报全国人民代表大会常务委员会备案。

⑩新增专项附加扣除。根据《国务院关于印发个人所得税专项附加扣除暂行办法的通知》（国发〔2018〕41号），专项附加扣除具体内容如下：

● 纳税人的子女接受全日制学历教育的相关支出，按照每个子女每月1 000元的标准定额扣除。

学历教育包括义务教育（小学、初中教育）、高中阶段教育（普通高中、中等职业、技工教育）、高等教育（大学专科、大学本科、硕士研究生、博士研究生教育）。年满3岁至小学入学前处于学前教育阶段的子女，按规定执行。

父母可以选择由其中一方按扣除标准的100%扣除，也可以选择由双方分别按扣除标准的50%扣除，具体扣除方式在一个纳税年度内不能变更。

纳税人子女在中国境外接受教育的，纳税人应当留存境外学校录取通知书、留学签证等相关教育的证明资料备查。

● 大病医疗专项附加扣除。在一个纳税年度内，纳税人发生的与基本医保相关的医药费用支出，扣除医保报销后个人负担（指医保目录范围内的自付部分）累计超过15 000元的部分，由纳税人在办理年度汇算清缴时，在80 000元限额内据实扣除。

纳税人发生的医药费用支出可以选择由本人或者其配偶扣除；未成年子女发生的医药费用支出可以选择由其父母一方扣除。

纳税人及其配偶、未成年子女发生的医药费用支出，按《国务院关于印发个人所得税专项附加扣除暂行办法的通知》（国发〔2018〕41号）第十一条规定分别计算扣除额。

纳税人应当留存医药服务收费及医保报销相关票据原件（或者复印件）等资料备查。医疗保障部门应当向患者提供在医疗保障信息系统记录的本人年度医药费用信息查询服务。

● 住房贷款利息专项附加扣除。纳税人本人或者配偶单独或者共同使用商业银行或者住房公积金个人住房贷款为本人或者其配偶购买中国境内住房，发生的首套住房贷款利息支出，在实际发生贷款利息的年度，按照每月1 000元的标准定额扣除，扣除期限最长不超过240个月。纳税人只能享受一次首套住房贷款的利息扣除。

首套住房贷款是指购买住房享受首套住房贷款利率的住房贷款。

经夫妻双方约定，可以选择由其中一方扣除，具体扣除方式在一个纳税年度内不能变更。

夫妻双方婚前分别购买住房发生的首套住房贷款，其贷款利息支出，婚后可以选择其中一套购买的住房，由购买方按扣除标准的100%扣除，也可以由夫妻双方对各自购买的住房分别按扣除标准的50%扣除，具体扣除方式在一个纳税年度内不能变更。

纳税人应当留存住房贷款合同、贷款还款支出凭证备查。

● 住房租金专项附加扣除。纳税人在主要工作城市没有自有住房而发生的住房租金支出，可以按照以下标准定额扣除：

直辖市、省会（首府）城市、计划单列市以及国务院确定的其他城市，扣除标准为每月1 500元。

除第一项所列城市以外，市辖区户籍人口超过100万人的城市，扣除标准为每月1 100元；市辖区户籍人口不超过100万人的城市，扣除标准为每月800元。

纳税人的配偶在纳税人的主要工作城市有自有住房的，视同纳税人在主要工作城市有自有住房。

市辖区户籍人口，以国家统计局公布的数据为准。

主要工作城市是指纳税人任职受雇的直辖市、计划单列市、副省级城市、地级市（地区、州、盟）全部行政区域范围；纳税人无任职受雇单位的，为受理其综合所得汇算清缴的税务机关所在城市。

夫妻双方主要工作城市相同的，只能由一方扣除住房租金支出。

住房租金支出由签订租赁住房合同的承租人扣除。

纳税人及其配偶在一个纳税年度内不能同时分别享受住房贷款利息和住房租金专项附加扣除。

纳税人应当留存住房租赁合同、协议等有关资料备查。

- 赡养老人专项附加扣除。纳税人赡养一位及以上被赡养人的赡养支出，统一按照以下标准定额扣除：

纳税人为独生子女的，按照每月2 000元的标准定额扣除。

纳税人为非独生子女的，由其与兄弟姐妹分摊每月2 000元的扣除额度，每人分摊的额度不能超过每月1 000元。可以由赡养人均摊或者约定分摊，也可以由被赡养人指定分摊。约定或者指定分摊的须签订书面分摊协议，指定分摊优先于约定分摊。具体分摊方式和额度在一个纳税年度内不能变更。

被赡养人是指年满60岁的父母，以及子女均已去世的年满60岁的祖父母、外祖父母。

- 继续教育专项附加扣除。纳税人在中国境内接受学历（学位）继续教育的支出，在学历（学位）教育期间按照每月400元定额扣除。同一学历（学位）继续教育的扣除期限不能超过48个月。纳税人接受技能人员职业资格继续教育、专业技术人员职业资格继续教育的支出，在取得相关证书的当年，按照3 600元定额扣除。

个人接受本科及以下学历（学位）继续教育，符合规定扣除条件的，可以选择由其父母扣除，也可以选择由本人扣除。

纳税人接受技能人员职业资格继续教育、专业技术人员职业资格继续教育的，应当留存相关证书等资料备查。

（5）明确境外所得的抵免。居民个人从中国境外取得的所得，可以从其应纳税额中抵免已在境外缴纳的个人所得税税额，但抵免额不得超过该纳税人境外所得依照法律规定计算的应纳税额。

（6）引入纳税人识别号制度，完善自行申报与扣缴申报机制。引入纳税人识别号制度，纳税人有中国公民身份号码的，以中国公民身份号码为纳税人识别号，纳税人应向扣缴义务人提供纳税人识别号。同时在法律层面要求各部门协同分享纳税人涉税信息：公安、人民银行、金融监督管理等相关部门应当协助税务机关确认纳税人的身份、金融账户信息；教育、卫生、医疗保障、民政、人力资源社会保障、住房城乡建设、公安、人民银行、金融监督管理等相关部门应当向税务机关提供纳税人子女教育、继续教育、大病医疗、住房贷款利息、住房租金、赡养老人等专项附加扣除信息，并且将纳税人、扣缴义务人遵守《个人所得税法》的情况纳入信用信息系统，提升整个社会诚信纳税意识。

（7）综合所得按年计税，实际累计扣税法。调整原个人所得税按月计征模式，建立对个人综合所得按年计税。其中，扣缴义务人向居民个人支付工资、薪金所得时，按照累计预扣法（扣缴义务人在一个纳税年度内预扣预缴税款时，以纳税人在本单位截至当前月份工资、薪金所得累计收入减除累计免税收入、累计减除费用、累计专项扣除、累计专项附加扣除和累计依法确定的其他扣除后的余额为累计预扣预缴应纳税所得额）计算预扣税款；劳务报酬所得、稿酬所得、特许权使用费所得按次或者按月预扣预缴税款；对于专项附加扣除，纳税人向扣缴义务人提供即可，扣缴义务人按照纳税人提供的信息计算办理扣缴申报，不得擅自更改纳税人提供的信息。

1.2.2.5 其他税种及费率优惠

（1）棚户区改造税收优惠。《财政部 国家税务总局关于棚户区改造有关税收政策的通知》（财税〔2013〕101号）规定：

①对改造安置住房建设用地免征城镇土地使用税，对改造安置住房经营管理单位、开发商与改造安置住房相关的印花税以及购买安置住房的个人涉及的印花税予以免征。

②企事业单位、社会团体以及其他组织转让旧房作为改造安置住房房源且增值额未超过扣除项目20%的，免征土地增值税。

③对经营管理单位回购已分配的安置住房继续作为改造安置房源的，免征契税。

（2）营业账簿税收优惠。《财政部 税务总局关于对营业账簿减免印花税的通知》（财税〔2018〕50号）规定，自2018年5月1日起，对按万分之五税率贴花的资金账簿减半征收印花税，对按件贴花5元的其他账簿免征印花税。

（3）车辆购置税税收优惠。

①《财政部 税务总局关于车辆购置税有关具体政策的公告》（财政部 税务总局公告2019年第71号）规定：

• 地铁、轻轨等城市轨道交通车辆，装载机、平地机、挖掘机、推土机等轮式专用机械车，以及起重机（吊车）、叉车、电动摩托车，不属于应税车辆。

- 纳税人购买自用应税车辆实际支付给销售者的全部价款,依据纳税人购买应税车辆时相关凭证载明的价格确定,不包括增值税税款。
- 纳税人进口自用应税车辆,是指纳税人直接从境外进口或者委托代理进口自用的应税车辆,不包括在境内购买的进口车辆。
- 已征车辆购置税的车辆退回车辆生产或销售企业,纳税人申请退还车辆购置税的,应退税额计算公式如下:

应退税额 = 已纳税额 × (1 - 使用年限 × 10%)

应退税额不得为负数。

② 《财政部 税务总局关于继续执行车辆购置税优惠政策的公告》(财政部 税务总局公告2019年第75号)规定:

- 回国服务的在外留学人员用现汇购买1辆个人自用国产小汽车和长期来华定居专家进口1辆自用小汽车免征车辆购置税。
- 自2018年1月1日至2020年12月31日,对购置新能源汽车免征车辆购置税。具体操作按照《财政部 税务总局 工业和信息化部 科技部关于免征新能源汽车车辆购置税的公告》(财政部 税务总局 工业和信息化部 科技部公告2017年第172号)有关规定执行。
- 自2018年7月1日至2021年6月30日,对购置挂车减半征收车辆购置税。具体操作按照《财政部 税务总局 工业和信息化部关于对挂车减征车辆购置税的公告》(财政部 税务总局 工业和信息化部公告2018年第69号)有关规定执行。

③ 《财政部 税务总局 工业和信息化部关于新能源汽车免征车辆购置税有关政策的公告》(财政部 税务总局 工业和信息化部公告2020年第21号)规定:自2021年1月1日至2022年12月31日,对购置的新能源汽车免征车辆购置税。

(4) 车船税税收优惠。《财政部 税务总局 工业和信息化部 交通运输部关于节能新能源车船享受车船税优惠政策的通知》(财税〔2018〕74号)规定:

①对节能汽车,减半征收车船税。

②对新能源车船,免征车船税。

(5) 农村饮水安全工程税收优惠。《财政部 税务总局关于继续实行农村饮水安全工程税收优惠政策的公告》(财政部 税务总局公告2019年第67号)规定:

①对饮水工程运营管理单位为建设饮水工程而承受土地使用权,免征契税。

②对饮水工程运营管理单位为建设饮水工程取得土地使用权而签订的产权转移书据,以及与施工单位签订的建设工程承包合同,免征印花税。

③对饮水工程运营管理单位自用的生产、办公用房产、土地,免征房产税、城镇土地使用税。

④对饮水工程运营管理单位向农村居民提供生活用水取得的自来水销售收入,免

征增值税。

⑤对饮水工程运营管理单位从事《公共基础设施项目企业所得税优惠目录》规定的饮水工程新建项目投资经营的所得,自项目取得第一笔生产经营收入所属纳税年度起,第一年至第三年免征企业所得税,第四年至第六年减半征收企业所得税。

饮水工程,是指为农村居民提供生活用水而建设的供水工程设施。饮水工程运营管理单位,是指负责饮水工程运营管理的自来水公司、供水公司、供水(总)站(厂、中心)、村集体、农民用水合作组织等单位。对于既向城镇居民供水,又向农村居民供水的饮水工程运营管理单位,依据向农村居民供水收入占总供水收入的比例免征增值税;依据向农村居民供水量占总供水量的比例免征契税、印花税、房产税和城镇土地使用税。无法提供具体比例或所提供数据不实的,不得享受上述税收优惠政策。

(6)公共租赁住房税收优惠。《财政部 税务总局关于公共租赁住房税收优惠政策的公告》(财政部 税务总局公告2019年第61号)规定:

①对公租房建设期间用地及公租房建成后占地,免征城镇土地使用税。在其他住房项目中配套建设公租房,按公租房建筑面积占总建筑面积的比例免征建设、管理公租房涉及的城镇土地使用税。

②对公租房经营管理单位免征建设、管理公租房涉及的印花税。在其他住房项目中配套建设公租房,按公租房建筑面积占总建筑面积的比例免征建设、管理公租房涉及的印花税。

③对公租房经营管理单位购买住房作为公租房,免征契税、印花税;对公租房租赁双方免征签订租赁协议涉及的印花税。

④对企事业单位、社会团体以及其他组织转让旧房作为公租房房源,且增值额未超过扣除项目金额20%的,免征土地增值税。

⑤企事业单位、社会团体以及其他组织捐赠住房作为公租房,符合税收法律法规规定的,对其公益性捐赠支出在年度利润总额12%以内的部分,准予在计算应纳税所得额时扣除,超过年度利润总额12%的部分,准予结转以后3年内在计算应纳税所得额时扣除。个人捐赠住房作为公租房,符合税收法律法规规定的,对其公益性捐赠支出未超过其申报的应纳税所得额30%的部分,准予从其应纳税所得额中扣除。

⑥对符合地方政府规定条件的城镇住房保障家庭从地方政府领取的住房租赁补贴,免征个人所得税。

⑦对公租房免征房产税。对经营公租房所取得的租金收入,免征增值税。公租房经营管理单位应单独核算公租房租金收入,未单独核算的,不得享受免征增值税、房产税优惠政策。

⑧享受上述税收优惠政策的公租房是指纳入省、自治区、直辖市、计划单列市人民政府及新疆生产建设兵团批准的公租房发展规划和年度计划,或者市、县人民政府

批准建设（筹集），并按照《关于加快发展公共租赁住房的指导意见》（建保〔2010〕87号）和市、县人民政府制定的具体管理办法进行管理的公租房。

（7）减免部分行政事业性收费有关政策。《财政部 国家发展改革委关于减免部分行政事业性收费有关政策的通知》（财税〔2019〕45号）规定：

自2019年7月1日起，对下列情形免征不动产登记费：

①申请办理变更登记、更正登记的。

②申请办理森林、林木所有权及其占用的林地承包经营权或林地使用权，及相关抵押权、地役权不动产权利登记的。

③申请办理耕地、草地、水域、滩涂等土地承包经营权或国有农用地使用权，及相关抵押权、地役权不动产权利登记的。

④对申请办理车库、车位、储藏室不动产登记，单独核发不动产权属证书或登记证明的，不动产登记费由原非住宅类不动产登记每件550元，减按住宅类不动产登记每件80元收取。

调整专利收费减缴条件。将《财政部 国家发展改革委关于印发〈专利收费减缴办法〉的通知》（财税〔2016〕78号）第三条规定可以申请减缴专利收费的专利申请人和专利权人条件，由上年度月均收入低于3 500元（年4.2万元）的个人，调整为上年度月均收入低于5 000元（年6万元）的个人；由上年度企业应纳税所得额低于30万元的企业，调整为上年度企业应纳税所得额低于100万元的企业。

（8）调整部分政府性基金有关政策。《财政部关于调整部分政府性基金有关政策的通知》（财税〔2019〕46号）规定：自2019年7月1日起，将国家重大水利工程建设基金征收标准降低50%。

国家重大水利工程建设基金征收至2025年12月31日。自2020年1月1日起，缴入中央国库的国家重大水利工程建设基金，根据国务院批复的相关规划，统筹用于南水北调工程和三峡后续工作等。具体资金分配根据基金年度实际征收情况，以及国务院批复的南水北调工程和三峡后续工作相关规划的资金落实情况等统筹安排。

（9）降低部分行政事业性收费标准。《国家发展改革委 财政部关于降低部分行政事业性收费标准的通知》（发改价格〔2019〕914号）规定，降低知识产权部门收费：

①受理商标续展注册费收费标准，由1 000元降为500元；

②变更费收费标准，由250元降为150元；

③对提交网上申请并接受电子发文的商标业务，免收变更费；其他收费项目，包括受理商标注册费、补发商标注册证费、受理转让注册商标费、受理商标续展注册费、受理续展注册迟延费、受理商标评审费、出据商标证明费、受理集体商标注册费、受理证明商标注册费、商标异议费、撤销商标费、商标使用许可合同备案费，按现行标准的90%收费。

第 2 章
建筑企业经营模式的税务管理

2.1 EPC总承包模式及其税务管理

2.1.1 EPC总承包模式概述及其特征

2.1.1.1 EPC总承包模式概述

（1）EPC总承包模式的概念。EPC总承包模式指的是建设单位作为业主将建设工程发包给总承包单位，由总承包单位承揽整个建设工程的设计、采购、施工，并对所承包的建设工程的质量、安全、工期、造价等全面负责，最终向建设单位提交一个符合合同约定、满足使用功能、具备使用条件并经竣工验收合格的一种建设工程承包模式（见图2.1）。

（2）EPC总承包模式产生的背景。

①大型工程项目日益增多，技术要求日趋复杂，工程实施难度加大，对项目建设期的工期和成本控制要求更为严格，而传统的"设计—招标—施工"管理模式采用渐进式分段组织方式，无法对建设总工期实施有效控制。

②业主在传统模式下难以控制工程参与方的预算和工期，出现工程质量事件后，责任方相互交叉，互相推诿责任，导致业主的利益得不到充分保障。

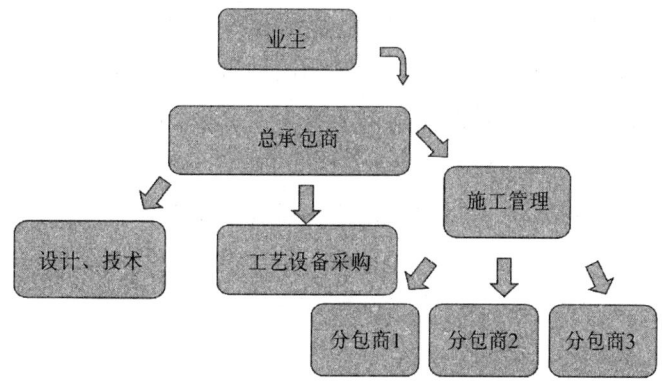

图 2.1 EPC 总承包工程模式流程

③由于涉及配合界面较多,争端时常发生,降低了工作效率。同时,设计方、厂商、施工单位分专业、分阶段的计价模式也使业主控制投资的难度增大。

EPC 总承包模式通过由单一承包方对整个工程项目实施整体构思、全面策划、协调运行的系统化管理模式,有效解决了上述问题。

(3) EPC 总承包模式各阶段的工作内容。

①设计阶段。设计阶段的工作内容不仅有方案设计,还有设备主材的选型、施工图及综合布置详图设计,以及包括施工与采购规划在内的所有与工程的设计、计划相关的工作。

方案设计主要研究工程方案,确定技术原则,包括编制工艺流程图、总布置图、工艺设计及系统技术规定等。

详细设计主要是施工图及综合布置详图的设计、设备技术规定和施工技术规定。在设备订货、工程分包和施工验收工作中涉及的工程设计方面的问题以及施工过程中的设计修改也属于详细设计的范畴。

施工与采购规划主要包括确定施工方案、进行工程费用估算、编制进度计划和采购计划,建立施工管理组织系统以及取得建设许可证等工作。

②采购阶段。采购阶段工作内容包括设备采购、设计分包以及施工分包等,其中有大量的对分包合同的评标、签订合同以及执行合同的工作。与我国建筑企业的采购部门相比,工作内容更广泛,工作步骤也更复杂。

③施工管理阶段。工程总承包除了必须对工程总体进度控制、品质保证、安全控制负责外,还要负责组织整个工程的服务体系(如现场的水平、垂直运输、临时水电、场地管理、环保措施、保安等)的建立和维护。

2.1.1.2 EPC 总承包模式的特征

(1) 合同结构的特征。

①合同结构相对简单,尤其是对业主而言。传统模式下,业主要与各分包商签订

合同，而在EPC模式下，业主只要与EPC总承包商签订合同就可以了。而对EPC总承包商而言，合同数量没有明显变化，分包合同的数量可能会增加。

②EPC合同结构下，责任界面较易划分。在传统模式下，由于合同数量众多，工作包的划分、责任界面的划分相对困难，而在EPC合同结构下，责任界面较为清晰。

③各分包商与总承包商签订合同，而不与业主签订合同，分包商的全部工作由总承包商对业主负责。

第三点尤为重要，需要总承包商承担所有责任，同时也有总体财务管理的义务。

（2）组织结构的特征。

①管理的跨度大，包括了设计、采购、施工、开车、控制等子项，对项目经理的管理能力要求较高，协调难度大。

②设计、采购、施工、开车、控制等部门之间合作密切，而不是独立作业，很多决策由大家共同商定。如设计部必须与采购部合作才能决定设计的一些具体设备和参数。

③HSE是近几年出现的国际石油天然气工业通行的管理体系，即健康、安全与环境管理体系。HSE管理的重要性显得比较突出，这一方面与EPC项目类型有关，如化工等行业，本身对环境、生态要求高；另一方面是因为EPC模式下，责任明确，EPC总承包商有责任、有使命在项目实施过程中充分考虑HSE。

（3）计价方式的特征。EPC合同几乎全部采用固定总价合同。这类合同的价格先由总承包商根据合同范围进行工程项目费用估算（包括成本、利润、公司管理费和风险费用等），然后向业主投标报价，中标并签订合同后，此价即作为该项目的固定总价。

这种报价方式不同于以往的单价计价方式，所有材料、设备市场价格的变化将被认为EPC总承包商在报价时已充分考虑，所有地质等不利条件也被认为总承包商已充分考虑。这大大增加了总承包商的风险，尤其是报价失误的风险。在报价阶段要考虑到工程实施过程中所有会导致工程费用上升的因素，将其计入投标报价。

EPC合同的计价方式有如下特点：

①承包商获利的机会大大增加；

②有利于激励总承包商发挥费用、进度综合控制的积极性；

③业主参与或干预的程度较浅，总承包商的主动性容易发挥；

④合同价款较高；

⑤总承包商的风险较大。

为了增加总承包方对项目优化实施的主动性，除项目实施过程中发生重大变更外，项目总造价一般在施工结算时不进行审计。

（4）项目管理的特征。

①业主把工程的设计、采购、施工全部工作委托总承包商负责组织实施，业主只

负责整体的、原则的、目标的管理和控制。

②业主可以自行组建管理机构，也可以委托专业的项目管理公司代表业主对工程进行整体的、原则的、目标的管理和控制。

③业主介入具体组织实施的程度较浅，EPC工程总承包商更能发挥主观能动性，充分运用其管理检验，为业主和承包商自身创造更多的效益。

④设计、采购、施工的组织实施是统一策划、组织、指挥、协调和全过程控制的。

⑤设计、采购、施工之间是合理、有序和深度交叉的，这会带来工期的缩短、质量的提高和整体经济效益的提高。

⑥锻炼和提高了设计队伍。设计工程师通过与施工和采购的全过程密切合作，会增加对设备以及施工问题的了解，从而提高其设计能力，有利于今后做出更具有可建设性、更为经济的设计。

⑦总承包商需要直接控制和协调的对象增加，这对高程度的信息共享和企业集成提出了需求，有利于整个行业项目管理水平的提高。

2.1.2 EPC总承包工程模式的分类及其衍生

工程总承包作为国际通行的建设项目组织实施方式，目前已被作为深化建设项目组织实施方式改革的重要抓手。EPC总承包一般采用"设计—采购—施工"总承包或者"设计—施工"总承包模式。建设单位也可以根据项目特点和实际需要，按照风险合理分担原则和承包工作内容采用其他工程总承包模式。EPC往上下游延伸，产生了多达10种衍生模式。

2.1.2.1 E+P+C模式

E+P+C模式，是指工程总承包企业按照合同约定，承担工程项目的设计、采购、施工、试运行服务等工作，并对承包工程的质量、安全、工期、造价全面负责，是我国目前推行总承包模式最主要的一种。交钥匙总承包是设计采购施工总承包业务和责任的延伸，最终是向业主提交一个满足使用功能、具备使用条件的工程项目。

2.1.2.2 F+EPC模式

F+EPC模式是应业主及市场需求而派生出的一种新型项目管理模式。F为融资投资，F+EPC为融资EPC，须为业主解决部分项目融资款，该模式是未来国际工程发展的一个极为重要的方向。

2.1.2.3 F+EPC+O模式

F+EPC+O模式为融资+EPC+运营，由承包商提供融资并负责运营的服务交钥匙模式。

2.1.2.4 EPC+O&M总承包模式

EPC+O&M总承包模式是指承包人负责工程的设计、采购、施工，并在完成后继

续负责运营、维护。

2.1.2.5 I+EPC 模式

I+EPC 模式为以投资为引领的工程总承包模式，是以投资为动力，设计为龙头，实现设计、生产、采购、施工一体化的全产业链建设管理。

2.1.2.6 PPP+EPC

PPP+EPC 不是 PPP 的一种具体模式，而是在解决资金问题上融合社会资本，建设上采用 EPC 模式的组合。该模式的优点主要在于：

（1）提高生产效率。由政府财政单独投资并进行经营管理的生产方式往往缺乏效率，比如财政资金是共有资金，使用财政资金是在"花别人的钱办别人的事"，难免缺乏效率。采取 PPP 项目模式则将"花别人的钱办别人的事"转变为企业"花自己的钱办自己的事"，必将提高生产效率。

（2）政府支持力度增加。PPP 模式项目在施工过程中，业主、地方政府对项目建设的支持力度相当大，包括协调国土、电力、水利等部门方面尤为突出。

（3）企业更加注重成本控制。因本项目为投资型项目，从施工现场管控方面，施工单位在保证安全、质量的前提下，会更加注重成本控制。

（4）有助于提升管理人员综合素质。在 PPP 模式下结合 EPC 模式，设计院设计本工程时，在某些工程部位的设计不能直接套用以前的设计模式，而需要在满足符合规范的情况下更精细经济的设计规划。因此，要求施工企业在设计阶段与设计单位深入沟通、密切合作，这样对企业管理人员综合能力的提高具有极大的推动作用。

（5）降低了资金回收风险。投资型项目，资金是否能够按期回收成为企业最大的隐忧。但就单个项目而言，当地政府为了保证施工企业能够如期得到工程款，以有完全处分权的房产作为抵押财产在某种程度上降低了资金回收风险。

2.1.2.7 BOT+EPC 模式

BOT+EPC 模式，即政府向某一企业（机构）颁布特许，允许其在一定时间内进行公共基础建设和运营，而企业（或机构）在公共基础建设过程中采用总承包施工模式施工，当特许期限结束后，企业（或机构）将该设施向政府移交。该模式的优点就在于政府能通过该融资方法，借助于一些资金雄厚、技术先进的企业（或机构）来完成基础设施的建设。BOT 是英文"Build-Operate-Transfer"的缩写，通常直译为"建设—经营—转让"。BOT 实质上是基础设施投资、建设和经营的一种方式，译为"基础设施特许权"最为合适。广佛肇高速公路（肇庆段）项目（以下简称广佛肇项目），作为广东省高速公路建设领域首次采用 BOT+EPC 建设管理模式的项目，比批复工期提前一年，创造了广东省高速公路建设新纪录。中国铁建中标的南充至大足至泸州高速公路（重庆境）、渝黔高速公路扩能（重庆境）、重庆梁平至黔江高速公路石柱至黔江段工程采用的也是 BOT+EPC 模式，中标价合计约 404 亿元。

2.1.2.8 EPCM 模式

EPCM 模式,即设计采购与施工管理(Engineering Procurement Construction Management, EPCM),是指承包商全权负责工程项目的设计和采购,并负责施工阶段的管理,这是一种目前在国际建筑业界通行的项目交付模式。同时,EPCM 管理方还需要对项目的其他方面进行管理,如:设计、采购和施工阶段的进度,与相关部门的沟通,准备成本规划、成本估算和文件控制等。

由于 EPCM 模式对工程承办企业的总包能力、综合能力,以及技术和管理水平的要求较高,而国内大多数施工企业在项目管理、技术创新、信息化建设上与国际水平还有一定的差距,因此 EPCM 模式在国内尚未得到普及和推广。

在 EPCM 模式下,业主提出投资的意图和要求后,把项目的可行性研究、勘察、设计、材料、设备采购以及全部工程的施工,都交给所选中的一家管理公司(EPCM 管理方)负责实施;由 EPCM 管理方根据业主的要求,为业主选择、推荐最适合的分包商来协助完成项目,但其本身与分包商之间不存在合同关系,也无需承担合同与财政风险。

2.1.2.9 PMC 模式

PMC 模式(Project Management Contractor)是指项目管理承包。PMC 是由业主通过合同聘请管理承包商作为业主的代表,对工程进行全面管理。对工程的整体规划、项目定义、工程招标、选择 EPC 承包商、工程监理、投料试车、考核验收等进行全面管理,并对设计、采购、施工过程的 EPC 承包商进行协调管理。EPC 工程承包商按照与业主的合同约定,全面执行工程设计、采购、施工及试运行服务等工作。

目前,国外特别是西方国家的大型石化工程建设大多采用 PMC + EPC 管理模式。

2.1.2.10 "IPMT + EPC + 工程监理"模式

"IPMT + EPC + 工程监理"模式为项目一体化管理模式。IPMT 是"Integrated Project Management Team"的缩写,直译为"项目一体化管理组"。通过这种新的项目管理模式,达到优化工程组织,确保安全,提高工程质量,减少投资费用,加快工程进度,有力推动石油化工重大工程建设项目实现又好又快的建设和投产。

"IPMT + EPC + 工程监理"项目管理模式在中国石化的青岛 1 000 万吨/年炼油工程、天津 100 万吨/年乙烯工程、镇海 100 万吨/年乙烯工程等多年工程项目建设实践取得了良好效果,为在石油化工重点工程建设领域落实科学发展观做出了有益探索。

"IPMT + EPC + 工程监理"项目管理模式,是借鉴国外通用的 PMC + EPC 管理模式和国内流行的业主自营管理模式的特点,结合我国石油石化工程建设实际,在项目管理模式上的探索与创新,是国外先进工程管理理论与我国工程建设实践的结合。

2.1.3 EPC总承包模式的优势及问题

2.1.3.1 EPC总承包模式的优势

在EPC的合同模式下，承包商的工作范围包括设计（engineering）、工程材料和设备的采购（procurement）以及工程施工（construction）直至最后竣工，并在交付业主时能够立即运行。这种合同格式主要适用于那些专业性强、技术含量高、结构和工艺较为复杂、一次性投资较大的建设项目。较传统承包模式而言，EPC总承包模式具有以下三方面基本优势：

（1）有利于进度控制，可有效缩短项目工期。在EPC建设模式下，建设单位仅组织一次EPC总承包项目招标，总承包商可采用相对灵活的方式进行必要的设计、施工分包，从而缩短传统自主建筑模式各阶段的招标时间。

（2）有利于加强工程的质量管理和划分责任。EPC建设模式下整个工程的责任主体是EPC总承包商，业主（建设单位）的任何批准不免除总承包商合同项下的责任。EPC建设模式在质量管理方面增加了"总承包商"这个质量管理把关环节，从而使得整个工程的质量控制过程更加可控。

（3）有利于建设项目的成本控制。在EPC建设模式下，总承包合同对合同价格调控有严格的规定，无论是采用"总价"模式还是采用"定额下浮"模式或各种适用的组合模式，建设单位都可将大部分造价风险有效转移给EPC总承包商。

（4）有利于降低业主管理投入，实现"大总包、小业主"。采用EPC模式后，由于实现了风险的转移，总承包商实际上是项目实施的总指挥，监理代表业主进行治疗监督，相对于传统自主的建设模式，业主项目管理人员大大减少。

2.1.3.2 EPC总承包模式面临的问题

EPC总承包模式与传统模式相比具有很多优势，同时也在政府的大力支持下开始在国内市场发展，但在实践中也凸显出了一些问题。

（1）选择空间狭窄、缺乏总承包意识。国外存在很多涉及EPC总承包模式的竞争环境，因此有很多完善的EPC总承包商。相比之下我国就缺乏相关的竞争环境，没有形成大量有经验、成熟、完善的EPC总承包商，结果就是目前业主的选择空间狭窄、没有对比性，业主选择不到满意的总承包商。导致很长一段时间以来，国内很多业主对总承包没有足够的认识，对总承包模式的认可度不高，对其没有足够的信心。

（2）无相适应的法律法规。我国工程总承包企业的建立于1984年首次被提出，1997年颁布的《中华人民共和国建筑法》又一次提出了要提倡建筑工程项目的总承包，随后的长时间中对于EPC总承包都只是提倡，并没有与之相适应的法律法规，在很多法律条文中都没有关于EPC总承包的相关规定。因此EPC总承包的法律地位，以及相应的法规都不够完善，已有的条文操作性也不强，总承包过程中出现问题时，也没法及时有效解决。

（3）目前无合适的合同示范文本。当前，国内对于工程方面的勘察设计、施工和监理等，都已经有适合的合同示范文本，但 EPC 总承包在我国没有符合国情的合同示范文本。合同方面的使用都是在参考 FIDIC 合同条件，以及建筑工程施工方面的合同示范文本，总体都是参考后自己起草，在内容上就出现了不完整、不规范的现象。

（4）业主方没有高素质的专业管理人员。由于业主方项目管理人员管理水平不高，专业管理人员不多，经常在实施的过程中，出现一些操作上的不规范。例如，在实施过程中提出一些不合理的要求，不仅使承包商的成本加大，而且也影响了工程质量，有些业主受传统模式的影响提出要自己购买材料，结果就是经常出现材料供应不及时，导致施工周期变长，最后不能按时交付。有时由于业主方提出要求后，也没有对承包商进行成本弥补，导致承包商的成本加大。因此在总承包谈判前期，就需要业主方的管理人员对 EPC 总承包模式有所熟知，避免在谈判过程中产生不可沟通的问题。

2.1.4 EPC 总承包模式税务规划

2.1.4.1 EPC 总承包模式税收政策问答

（1）深圳市。建筑企业受业主委托，按照合同约定承包工程建设项目的设计、采购、施工、试运行等全过程或若干阶段的 EPC 工程项目，应按什么税目征收增值税？

答：《深圳市全面推开营改增试点工作指引》规定，上述情况应按建筑服务缴纳增值税。

（2）河南省。EPC 是指公司受业主委托，按照合同约定对工程建设项目的设计、采购、施工、试运行等实行全过程或若干阶段的承包。通常公司在总价合同条件下，对其承包工程的质量、安全、费用和进度负责。请问 EPC 业务是否属于混合销售？

答：EPC 业务不属于混合销售行为，属于兼营行为，纳税人需要针对 EPC 合同中不同的业务分别进行核算，即按各业务适用的不同税率分别计提销项税额。

（3）广东省。营改增试点后，纳税人销售货物、劳务、服务、无形资产或者不动产适用不同税率或征收率的，如 EPC 总承包工程，应分别核算适用不同税率或征收率的销售额，未分别核算的应从高适用税率或征收率。

（4）陕西省。陕西省国税局解答建筑房地产业营改增的 20 个实务问题时对 EPC、BT、BOT、PPP 等项目既涉及兼营又涉及混合销售纳税义务发生时间、计税依据进行明确如下：

EPC、BT、BOT、PPP 等项目中，如果一项销售行为既涉及货物又涉及服务，且两个应税项目有密切的从属或因果关系属混合销售行为。混合销售行为按纳税人经营类别不同，分别按货物或服务缴纳增值税。不符合上述条件的，属于兼营业务应分别核算货物和服务销售额并计算缴纳增值税。未分别核算的,从高适用税率缴纳增值税。

(5) 天津市。

问:我是上海市的一家建筑安装公司,受天津市业主委托,签订了一个工程建设设计、采购、施工 EPC 总承包合同,其中合同中分别明确设计费金额和 6% 税率、采购金额和 13% 的税率、建筑安装金额和 9% 的税率,请问这项业务是否属于混合销售?预缴税款时,是否只就建筑安装为基数预缴?

答:此项业务不属于混合销售,应按兼营处理,需对不同业务分别核算,预缴税款时,只就建筑安装部分预缴。

(6) 湖北省。

问:EPC 工程项目总包方承包工程建设项目的设计、采购、施工、试运行等全过程或若干阶段的,分别约定设计、采购、施工价款,是否可以分别缴纳增值税?如果甲方要求由牵头公司统一开票,其他各方能否开票给牵头公司结算相应款项?

答:可以分别缴纳增值税。如果甲方要求由牵头公司统一开票并将所有款项支付给牵头公司,牵头公司再将款项支付给其他合作各方的,其他各方可以开具增值税专用发票给牵头公司结算相应款项,牵头公司计提进项税额。

2.1.4.2 两种 EPC 模式的规划要点

模式一:EPC 总承包方(单一法人单位)与业主签订 EPC 合同。

(1) EPC 项目包含设计、采购、施工三类业务,属于兼有不同税率业务。其中,设计适用 6% 税率;设备采购业务适用 13% 税率;施工业务适用 9% 税率。根据各地税务机关的执行标准,EPC 总承包方与业主签订 EPC 合同,如果合同中未分别列示设计、设备采购、施工价款,存在从高适用税率缴纳增值税的风险。

(2) 为防范从高适用税率缴纳增值税的风险,需要对 EPC 合同价款进行拆分,在合同中分别列示设计、设备、施工的价款,并进一步明确就设计、设备、施工价款分别向业主开具 6%、13% 及 9% 税率的增值税发票。

(3) EPC 总承包方需要与参与方签订设计、采购和施工合同,并取得参与方开具相应内容的增值税专用发票。

模式二:由设计、施工或设备单位组成联合体模式与业主签订 EPC 合同。

设计、施工或设备单位组成联合体,与业主签订 EPC 合同,由于联合体不是法人单位,没有营业执照和税务登记,因此 EPC 联合体成立项目总指挥部,负责整个项目的施工管理。但结算及开具发票一般有以下两种方式:

方式一:联合体参与单位分别向业主开具发票。

EPC 合同中明确约定联合体各方主要负责的合同内容及相应的合同价款,由联合体各方就负责的设计、设备、施工价款分别向业主开具 6%、13% 及 9% 税率的增值税发票。

方式二:确定联合体中的牵头单位,由牵头单位统一向业主开具发票。

EPC 合同中明确联合体的牵头单位，由牵头单位负责与业主结算，并开具发票，因牵头单位与联合体中其他参与单位没有合同关系，一般仅为联合体协议，因此需要与其他参与单位以合同方式约定，参与单位将发票开具给牵头单位。

EPC 项目的税务规划中，还需重点把握如下 3 个要点：

①合理确定不同税率业务的价款。由于 EPC 项目所包含的设计、采购、施工业务分别适用不同的税率，总承包方利用税率差异合理地进行税收规划。

即总承包方在确定各类业务价款时，将 EPC 合同总价款在设计、采购、施工三部分业务之间进行合理划分，增大低税率业务（如设计）的价款，减少高税率业务（如采购、施工）的价款，以降低项目整体税负。但如果划分不合理，例如采购部分出现亏损或利润率极低，则存在较大的税务风险。

②EPC 合同的印花税。《中华人民共和国印花税暂行条例施行细则》（财税字〔1988〕第 225 号，以下简称《印花税暂行条例施行细则》）第十七条规定，同一凭证，因载有两个或者两个以上经济事项而适用不同税目税率，如分别记载金额的，应分别计算应纳税额，相加后按合计税额贴花；如未分别记载金额的，按税率高的计税贴花。

因此，EPC 合同中分别列示设计、设备采购、施工价款，应分别按设计（万分之五税率）、设备采购（万分之三税率）和施工（万分之三）计算缴纳印花税。

在 EPC 模式中，采用模式一和模式二中的第二种方式，会导致重复缴纳印花税。

③EPC 总承包管理费适用税目税率。EPC 项目总承包方与业主在合同中除设计、设备及施工三部分外，通常还会约定一定比例的项目管理费，项目管理费应根据具体合同的约定判断。如果 EPC 项目总承包方采用第一种模式，则项目管理服务费作为单独的服务项目，按"现代服务"适用 6% 税率。如果 EPC 项目总承包方按第二种模式提供服务，则项目管理服务需要根据提供服务的内容作为价外费用，适用具体服务内容的税目税率。

实务中无法准确判断时，建议咨询主管税务机关确认，避免税目税率适用错误导致税务风险。

2.2 内部资质共享及其税务管理

2.2.1 内部资质共享的背景及模式

2.2.1.1 内部资质共享的背景

根据《建筑法》，建筑施工企业在取得相应等级的资质证书后，才可在其资质等级许可的范围内从事建筑活动。建筑施工企业按照其拥有的注册资本、专业技术人员、技术装备和已完成的建筑工程业绩等资质条件，划分为不同的资质等级。根据《建筑业企业资质管理规定》第五条的规定，建筑业企业资质分为施工总承包资质、专业承包资质、施工劳务资质三个序列。

其中，施工总承包资质序列设有建筑工程、公路工程、铁路工程等12个类别，一般可分为特级资质、一级资质、二级资质、三级资质四个等级；专业承包资质序列设有地基基础、起重设备安装、预拌混凝土等36个类别，一般可分为一级资质、二级资质、三级资质三个等级；施工劳务资质不分类别与等级。取得施工总承包资质的企业，可以拥有独资或者控股的劳务企业。

根据《建筑业企业资质管理规定》，各序列资质只授予具备法人资格的企业，个人（含个体工商户和其他个人）、合伙企业、个人独资企业等非法人主体不在建筑资质的授予范围之内，因此上述民事主体不得从事具备资质要求的建筑活动。

我国对建筑业企业实行资质管理制度，进入建筑市场必须要有资质，且只能在自身资质等级许可的业务范围内承揽工程。部分无资质或低资质主体受利益的驱使，以借用他人资质形式从事建筑活动，这就是所谓的"资质共享"。在实际操作中，大型集团母公司往往只允许本集团成员借用其资质，称为"资质共享"或"内部合作"。

2.2.1.2 内部资质共享的模式

（1）总分包模式。中标单位与实际施工单位签订工程分包合同，并由实际施工单位向中标单位开具发票，建立增值税的抵扣链条，实现进项税完整抵扣（见图2.2）。

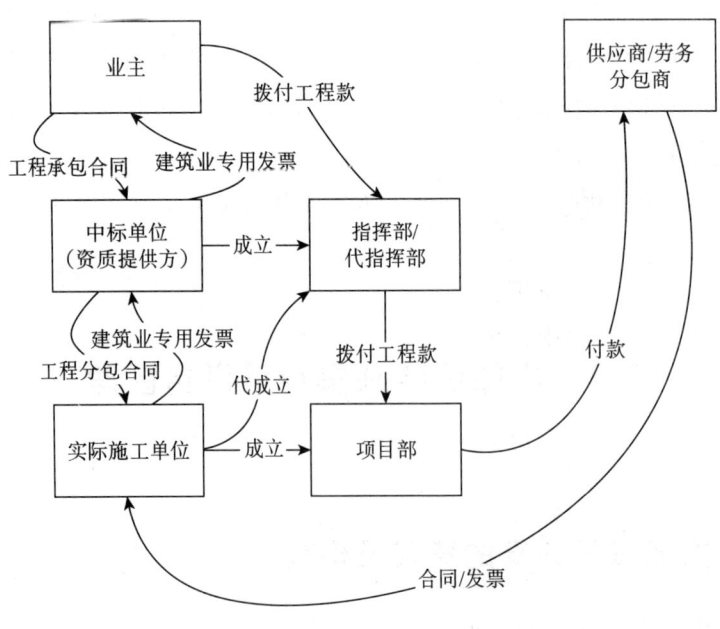

图 2.2　总分包模式流程

总分包模式操作注意事项：

①我国《建筑法》第二十八条规定，禁止承包单位将其承包的全部建筑工程转包给他人，因此，中标单位将工程项目全部分包给实际施工单位，可能被认定为违法转包，存在一定法律危险。

②如果中标单位与实际施工单位之间管理层较多，链条长，涉及层层分包，并且中间管理单位的收入金额很大而增值额较小的，可能造成增值税评估系统报警，增加税务风险。

③中标单位与实际施工单位要签订内部总分包合同，新增的总分包合同增加印花税的支出。

（2）集中管理模式。由中标单位对工程项目进行集中管理，集中核算工程项目的收入及成本费用，使增值税销项和进项税额均体现在中标单位，实现增值税进销项税额相匹配，同时建立对参建单位的考核机制（见图2.3）。

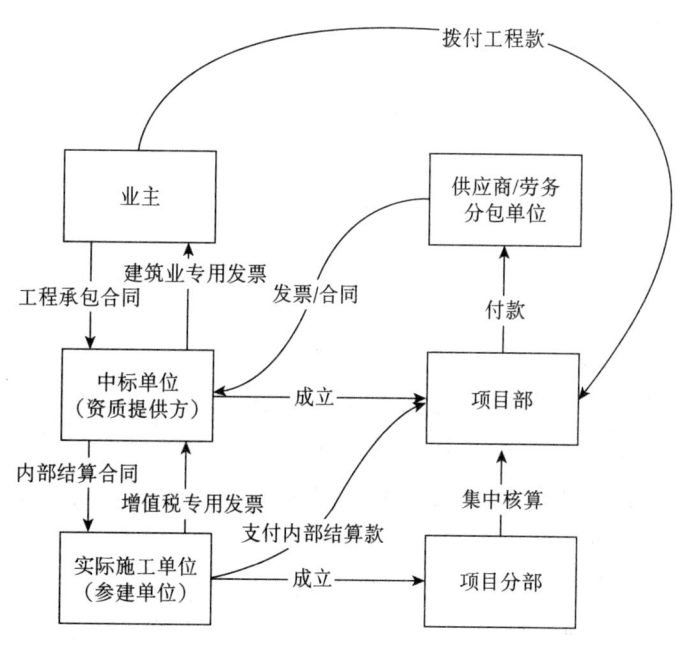

图2.3 集中管理模式流程

集中管理模式操作注意事项：

①集中管理模式要求以中标单位作为业务主体承接项目、签订合同、取得和开具发票、收付资金等，大大加大了中标单位的工作量和管理难度，需根据需要增加人员。

②中标单位应建立相应的报账体系，并制定与之相配套的制度、办法，包括收全核算管理、盈亏统计管理等。

③集中管理模式将工程项目收入、成本集中到中标单位，各施工单位不再确认收入、成本，部分实际施工单位收入规模可能大幅度缩水，不利于实际施工单位的业绩

考核及资质认定和维持,可能造成实际施工单位原有资质无法保留。

④采取集中管理模式,所有的工程项目均以中标单位名义进行,未来涉及的任何法律纠纷将全部集中在中标单位,一旦涉及法律诉讼、查封银行账户等,直接影响整个中标单位,法律风险较大。

(3)联合体模式。中标单位与实际施工单位组成联合体与业主签订工程承包合同,由联合体各方分别向业主开具发票,实现增值税进销项匹配。流程如图2.4所示。

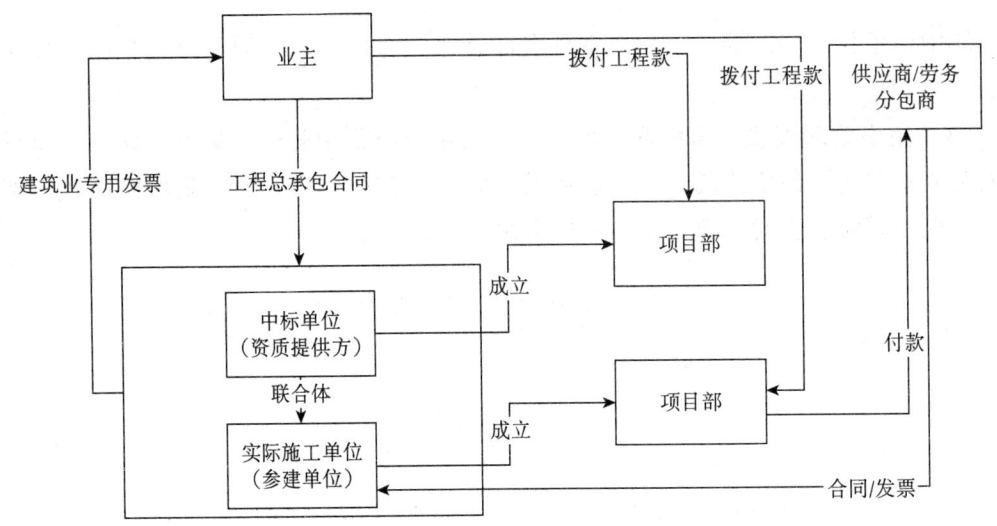

图 2.4 联合体模式流程

联合体模式操作注意事项:

①联合体模式下,工程承包合同的主体包括一个甲方、多个乙方,由于合同主体的增加,工程结算、发票开具以及资金拨付均会涉及多个主体,管理相对复杂,这将增大业主监管工程项目的工作量和难度,因此该模式可能会受到业主的限制。

②采取联合体模式,应注意在合同中明确由联合体各方与业主分别进行验工计价、分别开具发票、分别拨付工程款,确保业务、发票、资金流"三流一致",避免由于"三流不一致"可能带来的进项税抵扣风险。

(4)"子变分"模式。中标单位可考虑通过调整组织架构,将资质较低的实际施工单位变为分公司,总、分公司之间签订内部分包合同,由分公司向总公司开具发票。对于不能变为分公司的下属子公司,建筑企业可配套新设分公司,采取"一套人马,两块牌子"的方式。流程如图2.5所示。

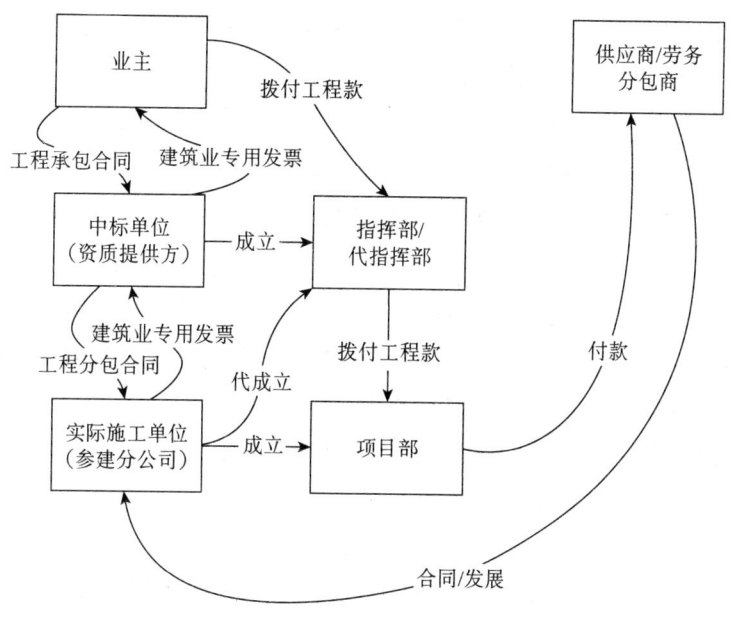

图 2.5 "子变分"模式流程

"子变分"模式操作注意事项：

①原子公司拥有的资质无法保留，因此应优先选择将资质较少或资质等级较低的子公司变为分公司。

②如果参建公司采取"一套人马，两块牌子"的方式，与子公司合署办公，则将涉及分公司使用子公司的人员、物资及设备，应作为工程管理、材料销售、设备租赁等交易行为，按照独立交易原则定价和结算。

③与采取集中管理模式相同，分公司并非独立承担法律责任的主体，未来涉及的任何法律纠纷全部集中在中标单位，法律风险较大。

上述四种方案，适用于不同的资质共享模式，且各有优劣，在实际操作中，建筑企业应结合资质共享模式、工程项目特点及实际施工单位的实际情况，选择合适的业务流程方案。

2.2.2 内部资质共享的税务管理

2.2.2.1 政策依据

《国家税务总局关于进一步明确营改增有关征管问题的公告》（国家税务总局公告2017年第11号）第二条规定："建筑企业与发包方签订建筑合同后，以内部授权或者三方协议等方式，授权集团内其他纳税人（以下称'第三方'）为发包方提供建筑服务，并由第三方直接与发包方结算工程款的，由第三方缴纳增值税并向发包方开具增值税发票，与发包方签订建筑合同的建筑企业不缴纳增值税。发包方可凭实际提供建筑服务的纳税人开具的增值税专用发票抵扣进项税额。"

根据此规定，总公司或母公司与业主尽量沟通，需要业主同意以下两个条件：同意与子公司和分公司结算工程款；同意接受子公司和分公司向其开具的增值税发票。建筑行业中存在的总公司中标分公司施工和母公司中标子公司施工的税收法律风险，可以通过"内部授权或者签订三方协议"的方式加以防范。

2.2.2.2 税收法律风险防范的合同签订技巧

根据国家税务总局公告 2017 年第 11 号第二条的规定，建筑行业中存在的总公司中标分公司施工和母公司中标子公司施工的税收法律风险防范的合同签订方法如下：

（1）在招投标环节，总分公司或母公司与发包方或业主进行招投标。如果中标，则总公司或母公司与发包方或业主签订总承包合同。

（2）总公司、分公司与发包方或业主或母公司、子公司（孙公司）与发包方或业主签订三方协议，协议明确以下三点：

一是总公司授权分公司或者母公司授权子公司（孙公司）为发包方提供建筑服务；总公司与分公司，母公司与子公司（孙公司）签订授权协议，授权集团内分公司或子公司（孙公司）为发包方提供建筑服务。

二是分公司或子公司（孙公司）直接与发包方结算工程款。

三是分公司或子公司缴纳增值税并向发包方或业主开具增值税发票。

符合以上合同签订技巧，则与发包方签订建筑合同的总公司或母公司不缴纳增值税。发包方可凭实际提供建筑服务的分公司或子公司开具的增值税专用发票抵扣进项税额。

第 3 章
建筑企业投标报价的税务管理

3.1 投标报价规则与计算

工程造价,即一项工程的建造价格。工程造价的编制方法一般采取工程量清单计价模式,即造价部门根据相应工程的定额体系、计价程序及计价规范编制工程概预算。

营改增及税率变动对工程造价产生全面且深刻的影响,课税对象、计税方式以及计税依据发生了重大变化,工程招投标、计价规则、计价依据、造价信息、合约规划等都发生了深刻的变革。

根据现行政策要求,投标报价需要按照现行建筑业税率进行"价税分离",准确按照调整后工程计价规则进行投标报价。

3.1.1 投标报价费用构成

税前工程造价为直接工程费(人工费、材料费、施工机具使用费)、措施费、企业管理费、利润和规费之和,各费用项目均以不包含增值税可抵扣进项税额的价格计算。

工程造价可按以下公式计算:工程造价 = 税前工程造价 × (1 + 9%)

3.1.1.1 直接工程费

直接工程费是指施工过程中耗费的构成工程实体的各项费用,包括人工费、材料费、施工机具使用费。

（1）人工费：是指直接从事建筑安装工程施工的生产工人开支的各项费用，主要包括：

①基本工资：是指发放给生产工人的基本工资。

②工资性补贴：是指按规定标准发放的物价补贴，煤、燃气补贴，交通补贴，住房补贴，流动施工津贴等。

③生产工人辅助工资：是指生产工人年有效施工天数以外非作业天数的工资，包括职工学习、培训期间的工资，调动工作、探亲、休假期间的工资，因气候影响的停工工资，女工哺乳期间的工资，病假在6个月以内的工资及产、婚、丧假期间的工资等。

④职工福利费：是指按规定标准计提的职工福利费。

⑤生产工程劳动保护费：是指按规定标准发放的劳动保护用品的购置费及修理费，服装补贴，防暑降温费，在有碍身体健康环境中施工的保健费用等。

（2）材料费：是指施工过程中耗费的构成工程实体的原材料、辅助材料、配件、零件、半成品等费用，主要包括：

①材料供应价格。

②材料运杂费：是指材料自来源地运送至工地或指定地点所发生的全部费用。

③运输损耗费：是指材料在运输装卸过程中不可避免的损耗。

④采购及保管费：是指在组织采购、供应和保管材料过程中所发生的各项费用，包括采购费、仓储费、工地保管费、仓储损耗等。

⑤检验试验费：是指对建筑材料、构件和建筑安装物进行一般鉴定、检查所发生的费用，包括自设实验室进行试验所耗用的材料和化学药品等费用。不包括新结构、新材料的试验费和建设单位对具有出厂合格证明的材料进行检验，对构件做破坏性试验及其他特殊要求检验试验的费用。

（3）施工机具使用费：是指施工机具作业所发生的机械使用费以及机械安拆费和场外运费。施工机具台班单价应由下列费用组成：

①折旧费：是指施工机具在规定的使用年限内，陆续收回其原值及购置资金的时间价值。

②大修理费：是指施工机具按规定的大修理间隔台班进行必要的大修理，以恢复其正常功能所需的费用。

③经常修理费：是指施工机具除大修理以外的各级保养和临时故障排除所需的费用，包括为保障机具正常运转所需替换设备与随机配备工具、附具的摊销和维护费用，机具运转中日常保养所需润滑与擦拭的材料费用及机械停滞期间的维护和保养费用等。

④安拆费及场外运费：是指施工机具在现场进行安装和拆卸所需的人工、材料、

机械和试运转费用以及机具辅助设施的折旧、搭设、拆除等费用；场外运费是指施工机具整体或分体自来源地运至施工现场的运输、装卸、辅助材料及架线等费用。

⑤人工费：是指机上司机和其他操作人员的工作日人工费及上述人员在施工机具规定的年工作台班以外的人工费。

⑥燃料动力费：是指施工机具在运转作业中所消耗的固体燃料（煤、木柴）、液体燃料（汽油、柴油）及水、电等费用。

⑦养路费及车船使用税：是指施工机具按照国家规定和有关部门规定缴纳的养路费、车船使用税、保险费及年检费等。

3.1.1.2 措施费

措施费是指为完成工程项目施工，发生于该工程施工前和施工过程中非工程实体项目的费用，主要包括：

（1）环境保护费：是指施工现场为达到环保部门要求所需要的各项费用。

（2）文明施工费：是指施工现场文明施工所需要的各项费用。

（3）安全施工费：是指施工现场安全施工所需要的各项费用。

（4）临时设施费：是指施工企业为进行建筑工程施工所必须搭设的生活和生产用的临时建筑物、构筑物和其他临时设施费用等。

临时设施包括：临时宿舍、文化福利及公用事业房屋与构筑物、仓库、办公室、加工厂以及规定范围内道路、水、电、管线等临时设施和小型临时设施。

临时设施费用包括：临时设施的搭设、维修、拆除费或摊销费。

（5）夜间施工费：是指因夜间施工所发生的夜班补助费、夜间施工降效、夜间施工照明设备摊销及照明用电等费用。

（6）二次搬运费：是指因施工场地狭小等特殊情况而发生的二次搬运费用。

（7）大型机械设备进出场及安拆费：是指机械整体或分体自来源地运至施工现场所发生的机械进出场运输、转移费用及机械在施工现场进行安装、拆卸所需的人工费、材料费、机械费、试运转费和安装所需的辅助设施的费用。

（8）混凝土、钢筋混凝土模板及支架费：是指混凝土施工过程中所需的各种模板、支架等的支、拆、运输费用及摊销或租赁费用。

（9）脚手架费：是指施工需要的各种脚手架搭、拆、运输费用及摊销或租赁费用。

（10）已完工程及设备保护费：是指竣工验收前，对已完工程及设备进行保护所需要的费用。

（11）施工排水、降水费：是指为确保工程在正常条件下施工，采取各种排水、降水措施所发生的各种费用。

3.1.1.3 企业管理费

企业管理费是指建筑施工企业组织施工生产和经营管理所需要的费用，主要包括：

（1）管理人员工资：是指管理人员的基本工资、工资性补贴、职工福利费、劳动保护费等。

（2）办公费：是指企业管理办公用的办公用品、印刷、会议、邮电、水电等费用。

（3）差旅交通费：是指职工因公出差、调动工作的差旅费，补助费，市内交通费和误餐补助，职工探亲路费，劳动力招募费，工地转移费以及管理部门使用交通工具的燃料等费用。

（4）固定资产使用费：是指管理部门及附属生产单位使用的固定资产的房屋、设备、仪器的折旧、大修、维修或租赁费。

（5）工具器具使用费：是指企业管理使用的不属于固定资产的生产工具、器具、家具、交通工具和检验、试验、测绘、消防用具等的购置、维修和摊销费。

（6）劳动保险费：是指由企业支付给离退休职工的易地安家补助、职工退职金、6个月以上的病假人员工资、职工死亡丧葬补助费、抚恤费、按规定支付给离休干部的各项经费。

（7）工会经费：是指企业按照职工工资总额计提的工会经费。

（8）职工教育经费：是指企业为职工学习先进技术和提高文化水平，按照职工工资总额计提的职工教育经费。

（9）财产保险费：是指施工管理用财产、车辆保险等费用。

（10）财务费：是指企业为筹集资金发生的各种费用。

（11）税金：是指企业按规定缴纳的房产税、车船使用税、土地使用税、印花税等。

（12）其他：包括技术转让费、技术开发费、业务招待费、绿化费、广告费、公证费、法律顾问费、审计费、咨询费等。

3.1.1.4 规费

规费是指政府和有关部门规定必须缴纳的费用，主要包括：

（1）工程排污费：是指施工现场按规定缴纳的工程排污费。

（2）工程定额测定费：是指按规定支付工程造价（定额）管理部门的定额测定费。

（3）社会保障费，主要包括：

①养老保险费：是指企业按规定标准为职工缴纳的基本养老保险费。

②失业保险费：是指企业按规定标准为职工缴纳的失业保险费。

③医疗保险费：是指企业按规定标准为职工缴纳的基本医疗保险费。

（4）住房公积金：是指企业按规定标准为职工缴纳的住房公积金。

（5）危险作业意外伤害保险：是指按照《建筑法》规定，企业为从事危险作业的建筑安装施工人员支付的意外伤害保险费。

3.1.1.5 利润

利润是指建筑施工企业完成承包工程获得的盈利。

3.1.1.6 税金

税金是指国家税法规定的应计入建筑安装工程造价内的城市维护建设税及教育费附加等。

3.1.2 投标报价计算规则

根据住房城乡建设部办公厅发布的《住房城乡建设部办公厅〈关于做好建筑业营改增建设工程计价依据调整准备工作的通知〉》（建办标〔2016〕4号）规定，建筑企业需要对企业现行投标报价体系进行调整，即将现行投标报价做"价税分离"，并将现行报价中包含的可抵扣进项税额，按适用税率从报价中扣减，形成建筑工程税前造价。在工程税前造价基础上，预计出工程毛利，税前造价和工程毛利之和乘以9%计算出销项税金，将工程税前造价、预计毛利和销项税金三项相加，再加上城市维护建设税及附加金额，即为按增值税价税分离原则计算出的投标总报价。

税前建筑工程报价 = 不含增值税的材料设备费用 + 不含增值税的施工机具使用费 + 不含增值税的人工费用 + 不含增值税的管理费用和规费 + 合理利润

非 EPC 建筑工程报价 = 税前建筑工程报价 + 税前建筑工程报价 × 9%

EPC 建筑工程报价 =（不含增值税的设计费用 + 不含增值税的设备费用 + 不含增值税的建筑安装费用 + 合理利润）+ 不含增值税的设计费用 × 6% + 不含增值税的设备费用 × 13% + 不含增值税的建筑安装费用 × 9%

3.1.2.1 以直接工程费及措施费为计算基础的工程计价（见表 3.1）

表 3.1　　　　以直接工程费及措施费为计算基础的工程计价

序号	费用项目	计算方法
(1)	直接工程费	按预算表
(2)	措施费	按规定标准计算
(3)	小计	(1) + (2)
(4)	规费、企业管理费	(3) × 相应费率
(5)	利润	[(3) + (4)] × 相应利润率
(6)	合计	(3) + (4) + (5)
(7)	含税造价	(6) × (1 + 相应税率)

3.1.2.2 以人工费及措施费为计算基础的工程计价程序（见表3.2）

表3.2　　　　　以人工费及措施费为计算基础的工程计价程序

序号	费用项目	计算方法
(1)	直接工程费	按预算表
(2)	直接工程费中人工费	按预算表
(3)	措施费	按规定标准计算
(4)	措施费中人工费	按规定标准计算
(5)	小计	(1)+(3)
(6)	人工费小计	(2)+(4)
(7)	规费、企业管理费	(6)×相应费率
(8)	利润	(6)×相应利润率
(9)	合计	(5)+(7)+(8)
(10)	含税造价	(9)×(1+相应税率)

3.1.2.3 工程量清单计价程序（见表3.3）

表3.3　　　　　　　　工程量清单计价程序

序号	费用项目	计算方法
(1)	分部分项工程费	∑（清单工程量×综合单价）
(2)	项目措施费	按规定标准计算（包括利润）
(3)	其他项目费	按招标文件规定计算
(4)	规费	[(1)+(2)+(3)]×相应费率
(5)	不含税造价	(1)+(2)+(3)+(4)
(6)	税金	(5)×相应税率
(7)	含税造价	(5)+(6)

3.2　计价规则与计税方法协同管理

3.2.1　计价规则与计税方法匹配

降低企业成本，增加企业利润是企业管理的核心。企业成本管控的关键环节是业务经营环节，而不是财务环节。随着大数据控税、"金税"三期控税系统的投入运用，企业"稽查风暴"随时发生。为了防范税务稽查风险，降低企业的经营成本，建筑企业需从工程计价和工程结算的源头上控制成本、增加利润。不同的计税方法对建筑企业的成本利润影响相当大，因此，工程计价与增值税计税方法的选择必须协同管理。

3.2.1.1 政策依据

《财政部 国家税务总局关于全面推开营业税改征增值税试点的通知》（财税〔2016〕36号）附件2《营业税改征增值税试点有关事项的规定》第一条第（七）项规定：

（1）一般纳税人以"清包工"方式提供的建筑服务，可以选择适用简易计税方法计税。以"清包工"方式提供建筑服务，是指施工方不采购建筑工程所需的材料或只采购辅助材料，并收取人工费、管理费或者其他费用的建筑服务。

（2）一般纳税人为"甲供工程"提供的建筑服务，可以选择适用简易计税方法计税。"甲供工程"，是指全部或部分设备、材料、动力由工程发包方自行采购的建筑工程。

根据上述政策规定，税法赋予建筑企业对"甲供工程""清包工工程"项目增值税计税方法的选择权，既可以选择一般计税方法，也可以选择简易计税方法计征增值税。实践中的建筑企业更倾向于选择简易计税方法计征增值税，向建设单位或发包方开具3%的增值税发票。

根据《财政部 国家税务总局 住房和城乡建设部关于进一步做好建筑行业营改增试点工作的意见》（税总发〔2017〕99号）第一条第三项和《财政部 税务总局关于建筑服务等营改增试点政策的通知》（财税〔2017〕58号）第一条的规定，建筑工程总承包单位为房屋建筑的地基与基础、主体结构提供工程服务，建设单位自行采购全部或部分钢材、混凝土、砌体材料、预制构件的，适用简易计税方法计税。即建筑工程总承包方必须选择适用简易计税而不能选择一般计税方法计征增值税。如果建筑工程总承包方要选择一般计税方法计征增值税，则必须满足的条件是：建设单位只能自行采购除了"钢材、混凝土、砌体材料、预制构件"之外的建筑材料。

建筑企业增值税计税方法的选择是针对项目而不是企业而言，有的项目选择一般计税方法计征增值税，有的项目则选择简易计税方法计征增值税，但一个项目只能选择一种增值税计税方法。

《财政部 国家税务总局关于全面推开营业税改征增值税试点的通知》（财税〔2016〕36号）附件1《营业税改征增值税试点实施办法》第十八条规定："一般纳税人发生应税行为适用一般计税方法计税。一般纳税人发生财政部和国家税务总局规定的特定应税行为，可以选择适用简易计税方法计税，但一经选择，36个月内不得变更。"

因此，如果一般纳税人的建筑企业的新项目，在符合国家税法允许选择简易计税方法的规定的情况下，可以选择适用简易计税方法计税，但一经选择，36个月内不得变更。此外，每一个项目只能选择一种增值税计税方法，即要么选择一般计税方法，要么选择简易计税方法，并且增值税计税方法的选择必须与招标文件的实质条款保持一致、与工程造价的计价方法相匹配。

3.2.1.2 协同管理

工程项目增值税计税方法的选择不仅涉及发包方（建设单位）的工程项目成本的大小和增值税抵扣金额的多少，还涉及建筑企业增值税缴纳税额的多少和工程结算收入的多少。从节约或控制工程项目成本的角度来讲，工程计价与增值税计税方法的协同管理方法是：工程计价与增值税计税方法相匹配。

（1）工程计价与增值税计税方法一。如果发包方与建筑企业协商一致，建筑企业承包的"甲供工程""建筑老项目""清包工工程"选择一般计税方法计征增值税，向发包方开具9%的增值税发票，则该工程项目的工程造价（招投标控制价）=（不含增值税的人工费+不含增值税的材料费+不含增值税的施工机具使用费+不含增值税的企业管理费+不含增值税的规费+利润）×（1+9%）=税前工程造价×（1+9%）。其中，税前工程造价=不含增值税的人工费+不含增值税的材料费+不含增值税的施工机具使用费+不含增值税的企业管理费+不含增值税的规费+利润

（2）工程计价与增值税计税方法二。如果发包方与建筑企业协商一致，建筑企业承包的"甲供工程""建筑老项目""清包工工程"选择简易计税方法计征增值税，向发包方开具3%的增值税发票，则该工程项目的工程计价（招投标控制价）可以采用以下两种工程计价公式中的任一种：

计价公式一：工程计价（招投标控制价）=（含增值税的人工费+含增值税的材料费+含增值税的施工机具使用费+含增值税的企业管理费+含增值税的规费+利润）×（1+3%）

计价公式二：工程计价（招投标控制价）=（不含增值税的人工费+不含增值税的材料费+不含增值税的施工机具使用费+不含增值税的企业管理费+不含增值税的规费+利润）×（1+9%）=税前工程造价×（1+9%）

由于不同工程项目的成本体量、成本结构不同，从建设单位节约工程项目成本的角度来看，建筑企业在做工程计价时，使用以上两种计价公式分别测算工程造价，然后选择计算结果最小的工程造价。

3.2.2 "甲供工程"计价与计税协同管理

3.2.2.1 "甲供工程"的税法界定

《财政部 国家税务总局关于全面推开营业税改征增值税试点的通知》（财税〔2016〕36号）附件2《营业税改征增值税试点有关事项的规定》第一条第（七）项第二款规定："甲供工程，是指全部或部分设备、材料、动力由工程发包方自行采购的建筑工程。"基于此规定，要特别注意该税法条款中的"发包方""全部或部分"

"材料"和"动力"四个词。具体理解如下：

（1）"发包方"的理解。在建筑发包实践中，"发包方"包括以下三方面：

一是业主发包给总承包方时，如果业主自行采购建筑工程中的全部或部分设备、材料、动力的情况，则业主是"发包方"。

二是总承包方发包给专业分包人时，如果总承包方自行采购专业分包建筑工程中的全部或部分设备、材料、动力的情况，则总承包方是"发包方"。

三是总承包方或专业分包方发包给劳务公司或包工头（自然人）时，如果总承包方或专业分包方自行采购建筑工程中的全部或部分设备、材料、动力的情况，则总承包方或专业分包人是"发包方"。

（2）"全部或部分"的理解。如果发包方针对发包的建筑工程自购的材料为零的属于包工包料工程。即包工包料工程是指"发包方"对发包的建筑工程自购的设备、材料、动力为零，包工包料工程不是"甲供工程"。"全部或部分"是指以下三方面的含义：

一是承包方承包的建筑工程中的设备、材料、动力全部由"发包方"自行采购。

二是承包方承包的建筑工程中的设备、材料、动力，部分由"发包方"自行采购，交给承包方使用于发包方发包的建筑工程中，剩下的部分设备、材料、动力由承包方自行采购。

三是"甲供材"中的发包方自己购买的材料、设备或建筑配件在整个建筑工程造价中所占的比例，在税法中没有规定具体的比例，只要发包方自己有购买工程所用材料的即是"甲供工程"。

（3）"材料"和"动力"的理解。"材料"包括"主材"和"辅料"。所谓的"动力"是指水、电和机油，因此，发包方为建筑企业提供水费、电费和机油费中的任何一种均属于"甲供材"。同时，发包方自行采购全部或部分"主材"或自行采购全部或部分"辅料"也属于"甲供工程"。

3.2.2.2 "甲供工程"的内涵

基于以上税法条款的理解分析，"甲供工程"的内涵可以理解为以下几方面：

（1）"甲供工程"是甲方购买了计入工程造价的全部或部分设备、材料、动力。甲方购买了没有计入工程造价的全部或部分设备、材料、动力的情况，不属于"甲供材"现象。

（2）"甲供工程"不仅包括甲方购买了计入工程造价的全部或部分主材，而且包括甲方购买了计入工程造价的全部或部分辅料。

（3）"甲供材"包括以下三种：

一是业主自行采购建筑工程中的全部或部分设备、材料、动力，交给总承包方使用于建筑工程。

二是总承包方自行采购专业分包建筑工程中的全部或部分设备、材料、动力,交给专业分包方使用于建筑工程。

三是总承包方或专业分包方自行采购劳务分包工程中的全部或部分设备、材料、动力,交给劳务分包方使用于建筑工程。

3.2.2.3 三种非"甲供材"现象

第一种非"甲供材"现象,是指建筑施工企业与发包方签订的建筑合同中的"材料和设备供应"条款中约定:发包方(甲方)自行采购建筑企业施工中的某一型号、品种、规格和技术标准的材料、设备。发包方(甲方)进行了材料、设备的采购行为,但是发包方(甲方)购买的材料、设备的型号、品种、规格和技术标准与"甲供材"建筑施工合同中约定的"发包方(甲方)自行采购建筑企业施工中设备、材料的型号、品种、规格和技术标准"不一致。

第二种非"甲供材"现象,是指建筑施工企业与发包方签订的建筑合同中的"材料和设备供应"条款中约定:发包方(甲方)自行采购建筑企业施工中的某一型号、品种、规格和技术标准的材料、设备。但是发包方(甲方)根本没有从事设备、材料的采购行为,建筑施工中所需的材料、设备实际上全是施工企业自行购买。

第三种非"甲供材"现象,是指建筑施工企业与发包方签订的建筑合同中的"材料和设备供应"条款中约定:发包方(甲方)自行采购建筑企业施工中的某一型号、品种、规格和技术标准的材料、设备。发包方(甲方)进行了材料、设备的采购行为,但是发包方(甲方)购买的材料、设备的型号、品种、规格和技术标准在工程项目的工程造价清单中不存在。

根据《住房城乡建设部办公厅关于调整建设工程计价依据增值税税率的通知》(建办标〔2018〕20号)的规定:按照《财政部 税务总局关于调整增值税税率的通知》(财税〔2018〕32号)要求,将《住房城乡建设部办公厅关于做好建筑业营改增建设工程计价依据调整准备工作的通知》(建办标〔2016〕4号)规定的工程造价计价依据中增值税税率由11%调整为9%。即建筑工程造价=税前工程造价(裸价)×(1+9%)=(不含增值税的材料设备费用+不含增值税的人工费用+不含增值税的施工机具使用费+不含增值税的管理费用+不含增值税的规费+合理利润)×(1+9%)。基于此工程计价规则文件的规定,无论发包方还是建筑承包方购买建筑材料,都不影响工程造价。因此,"甲供材"一定是甲方(发包方)购买了计入工程造价的材料、设备和动力。如果甲方购买了没有计入工程造价的材料、设备和动力,则一定不属于"甲供材"现象。

3.2.2.4 非"甲供材"业务的税务关注点

(1)关注"甲供材"施工合同与"甲供材"采购合同。"甲供材"施工合同中"材料或设备供应"条款约定的"发包方(甲方)购买的材料、设备的型号、品种、规格和技术标准"与"甲供材"采购合同中约定的"发包方（甲方）采购设备、材料的型号、品种、规格和技术标准"是否一致，如果不一致则是非"甲供材"业务。

（2）关注"甲供材"施工合同与发包方的工程造价清单。主要稽查"甲供材"施工合同中"材料或设备供应"条款约定的"发包方（甲方）购买的材料、设备的型号、品种、规格和技术标准"是否在发包方提供的"甲供工程"工程造价清单里面。如果在工程清单里面，则甲方采购设备、材料的型号、品种、规格和技术标准与工程造价清单里面的设备、材料的型号、品种、规格和技术标准是否一致，如果不一致则是非"甲供材"业务。

（3）关注"甲供材"采购合同与甲方"甲供材"的会计账务处理。由于"甲供材"业务中的"甲供材"是甲方负责采购，"甲供材"的采购业务的会计核算在甲方，施工企业不进行"甲供材"采购业务的核算，只进行领用"甲供材"的领用登记手续。因此，还需注意"甲供材"采购合同与甲方"甲供材"的会计账务处理是否匹配。

3.2.2.5 "甲供工程"计税方法选择注意事项

根据《财政部 国家税务总局关于全面推开营业税改征增值税试点的通知》（财税〔2016〕36号）附件2《营业税改征增值税试点有关事项的规定》第一条第（七）项"建筑服务"第二款的规定，关于建筑企业"甲供工程"业务增值税计税方法选择问题，其在发生"甲供材或甲供工程"业务时，在符合税法规定的情况下，决定建筑企业选择一般计税方法还是选择简易计税方法计征增值税的决定权在于发包方。

（1）"甲供工程"简易计税方法选择注意事项。

第一，建筑企业与业主或发包方签订包工包料的建筑合同，而且发包方的招标文件中没有约定"不允许甲供材"，经双方协商一致，建筑企业与业主或发包方签订有关业主或发包方自行采购建筑工程所用的部分主材、辅料、设备或全部电、水、机油的补偿协议，在业主或发包方同意的情况下，建筑企业就可以选择简易计税方法计征增值税。

第二，在发包方的招标文件中没有约定"不允许甲供材"，建筑企业与业主或发包方签订建筑合同时，在建筑合同中"材料与设备供应"条款中约定："业主或发包方自行采购建筑工程所用的部分主材、辅料、设备或全部电、水、机油。"在业主或发包方同意的情况下，建筑企业就可以选择简易计税方法计征增值税。

第三，如果在发包方的招标文件中明确约定"不允许甲供材"，经双方协商一致后，建筑企业与业主或发包方签订有关业主或发包方自行采购建筑工程所用的部分主材、辅料、设备或全部电、水、机油的补偿协议是有效的协议，但是违反管理性强制性规定，从审计的角度看，以招标文件为主，而不是以建筑合同为准，这必然有一定的法律风险。

第四,如果在发包方的招标文件中明确约定"不允许甲供材或工程设备",但经双方协商一致后,建筑企业与业主或发包方签订有关业主或发包方自行采购建筑工程所用的部分或全部电、水、机油的补偿协议是有效的协议。在业主或发包方同意的情况下,建筑企业就可以选择简易计税方法计征增值税。

第五,为房屋建筑的地基与基础、主体结构提供工程服务,在"甲供材"的情况下,建筑工程总承包单位必须选择简易计税方法,而不能选择一般计税方法计征增值税。

(2)"甲供工程"一般计税方法的注意事项。如果发包方的招标文件中明确约定"不允许甲供材和甲供设备",则建筑企业与业主或发包方不能签订有关业主或发包方自行采购建筑工程所用的部分主材、辅料、设备的"甲供材"建筑合同,只能与建设单位签订包工包料合同,建筑企业只能选择一般计税方法计征增值税。

3.2.2.6 "甲供工程"简易计税合同签订的注意事项

(1)在建筑企业与甲方签订建筑合同的"合同价款"条款中约定:×××元(含增值税,且含甲方提供的材料和设备金额,具体的金额以建筑企业领用甲方提供的材料和设备后,甲乙双方结算金额为准),其中不含增值税合同金额为×××元,增值税金额为×××元。

(2)在建筑企业与甲方签订建筑合同中的"工程结算和支付"条款中约定:"甲供材"金额不计入施工企业的工程结算价中,甲方按照扣除"甲供材"部分后的工程结算金额向施工企业支付工程款。

(3)在建筑企业与甲方签订建筑合同的"发票开具"条款中约定:建筑企业选择简易计税方法计征增值税,向甲方开具3%的增值税发票。建筑企业按照扣除"甲供材"金额后的工程结算金额向甲方开具增值税发票。

(4)在建筑企业与甲方签订建筑合同的"材料和设备"条款中约定:甲方提供施工企业在工程施工中所用的主要材料和设备,具体的材料和设备见附件的材料和设备清单。

3.2.3 "清包工工程"计价与计税协同管理

《财政部 国家税务总局关于全面推开营业税改征增值税试点的通知》(财税〔2016〕36号)附件2《营业税改征增值税试点有关事项的规定》第一条第(七)项"建筑服务"第三款规定:一般纳税人以"清包工"方式提供的建筑服务,可以选择适用简易计税方法计税。以"清包工"方式提供建筑服务,是指施工方不采购建筑工程所需的材料或只采购辅助材料,并收取人工费、管理费或者其他费用的建筑服务。基于此款规定,如果建筑企业从事的是"清包工工程",则宜采用以下两种合同签订方式中的任何一种。

3.2.3.1 签订专业施工分包合同

建筑企业专业分包方与建筑企业施工总承包方或建筑企业施工专业承包方签订施工专业分包合同时，必须在建筑施工专业分包合同中的"材料和设备供应"条款中约定："建筑企业分包方（乙方）在工程施工中所用的主要材料和设备由承包方（甲方）购买提供，其他辅料及低值易耗品由建筑企业分包方（乙方）自己采购"的字样。

3.2.3.2 签订劳务分包合同

建筑企业施工总承包方、建筑企业专业承包方和建筑企业专业分包方与劳务公司签订劳务分包合同时，必须在劳务分包合同中的"材料和设备供应"条款中约定："劳务公司施工过程中所用的建筑辅料及低值易耗品由建筑承包方（甲方）自己采购"的字样。

第 4 章
建筑企业合同价款的税务管理

4.1 "合同价款"税率变动税务管理

近年来我国持续深化的增值税改革,对改善国家整体营商环境、争取到 2035 年基本实现社会主义现代化起到了积极的推动作用。营改增对建筑行业而言,益处颇多,例如,有利于减轻企业税负,避免企业重复纳税;有利于推进建筑行业的技术进步,促进产业优化升级等。但目前仍存在一些弊端,如建筑行业工程承包总价与各项采购价格调整的联动情况,导致可能出现"低征高扣"、一般纳税人资格的供应商可能变更为小规模纳税人造成进项抵扣减少、行业内部进销项税税金抵扣链条不完整、建筑行业留抵退税难等一系列问题,进而致使建筑企业出现税负失衡、建设资金成本增加、利润损失等情况。在这一背景下,如何保证建筑行业实现真正意义上的"减税降负",成为企业重点关注的问题。

4.1.1 "合同价款"税率变动的影响

建筑业自 2016 年 5 月 1 日实行营业税改征增值税后,又经历了两次增值税税率调整。第一次税率调整是《财政部 税务总局关于调整增值税税率的通知》(财税〔2018〕32 号)明确的,自 2018 年 5 月 1 日起,纳税人发生增值税应税销售行为或者进口货物,原适用 17% 和 11% 税率的,税率分别调整为 16%、10%;第二次税率调整

第4章　建筑企业合同价款的税务管理

是《财政部　税务总局　海关总署关于深化增值税改革有关政策的公告》（财政部　税务总局　海关总署公告2019年第39号）明确的，自2019年4月1日起，纳税人发生增值税应税销售行为或者进口货物，原适用16%和10%税率的，税率分别调整为13%和9%，并对不动产、旅客运输服务进项税抵扣及增值税留抵税额退税等事项进行了规定。

以大型建筑企业A集团承建的AG铁路项目为例，分析两次增值税政策变化对在建工程项目的影响，如下：

[例4.1] AG铁路项目位于安徽省境内，合同价款236 453.36万元，其中不含税价213 021.05万元，税款23 432.31万元。合同工期为2018年3月10日至2022年3月15日，采用一般计税方式，在施工所在地需要预缴增值税，但不需要预缴企业所得税，项目增值税附加税费综合税率12%。根据项目成本费用构成不同，除无法取得进项税或不可抵扣进项税外，均可从供应（分包）商处取得适用不同税（征收）率的增值税专用发票（以下简称专票）。

相关假定条件：

①税率调整不影响不含税收入总价和不含税成本总价。税率调整会有四种情况发生：第一种是含税收入、含税成本总价均不变；第二种是含税收入总价不变，不含税成本总价不变；第三种是不含税收入总价不变，不含税成本总价不变；第四种是不含税收入总价不变，含税成本总价不变。实务中，遇到税率下调时，除采用简易计税和极个别采用一般计税项目的业主未要求调整外，其他采用一般计税项目的业主纷纷约谈中标单位以不含税价为基数，对税率调整减少的税额部分相应调减合同总价，中标单位为了保证自身利益不受损，亦与供应（分包）商同样签订补充合同，相应调减合同总价。除少数处于卖方市场地位的供应商不愿意调减合同总价外，绝大多数供应商为了能长期与企业合作，均会同意调减，因此，以下主要对第三种情况进行分析。

②A集团对所有固定资产实行统一采购和管理，项目使用时需通过内部租赁的方式取得。

③仅针对因税率调整对项目各项指标的影响进行分析，不考虑工程量变动或成本价格上涨等因素产生的影响。

④当项目形成留抵税额时上转上级单位形成往来账项，税金及附加为预缴增值税时产生的附加税费；当项目形成应交增值税时上级单位下转应交增值税相应的附加税费，对应资金由AG铁路项目支付给上级单位。

⑤每单位成本投入对应实现的收入相等。

⑥不考虑企业所得税对项目利润的影响。

税率调整情况分析：

（1）两次税率调整前情况分析。根据项目将要完成的工程量和各项成本价格，对成本类取得的进项税额情况预测（见表4.1）。

表4.1   两次税率调整前AG铁路项目进项税额情况   单位：万元

序号	票据类型	价税合计	税率（征收率,%）	不含税价	税额	成本占比（%）
1	专票	89 196.12	17	76 236.00	12 960.12	38.90
2	专票	61 998.10	11	55 854.14	6 143.96	28.50
3	专票	1 661.91	6	1 567.84	94.07	0.80
4	专票	45 216.37	3	43 899.39	1 316.98	22.40
5	其他	18 422.07		18 422.07		9.40
合计		216 494.57		195 979.44	20 515.13	100.00

注：票据类型——其他票据是指征地拆迁补偿款、职工薪酬、福利性支出、业务经费等一些按税法规定无法取得进项税或不可抵扣进项税额的成本列支凭证，其价税合计等于不含税价，下同。

预计项目可取得用于预缴增值税分包抵扣税率为11%的发票42 579.85万元，则：

预缴增值税额 = （236 453.36 - 42 579.85）÷ （1 + 11%）× 2% = 3 493.22（万元）

预缴增值税税负率 = 3 493.22 ÷ 13 021.05 = 26.83%

增值税附加税费 = 3 493.22 × 12% = 419.19（万元）

①项目现金净流量 = 236 453.36 - 216 494.57 - 3 493.22 - 419.19 = 16 046.38（万元）

②项目利润 = 213 021.05 - 195 979.44 - 419.19 = 16 622.42（万元）

③项目增值税税负率 = （23 432.31 - 20 515.13）÷ 213 021.05 = 1.37%

④项目应纳增值税额 = 23 432.31 - （20 515.13 + 3 493.22） = -576.04（万元）

从以上分析可以看出，项目现金流量比项目利润少576.04万元，即项目形成的留抵税额占用的资金。

（2）第一次税率调整情况分析。与业主的施工合同以不含税价213 021.05万元为基数，按10%税率将税款调整为21 302.21万元，合同价款调整为234 323.16万元。成本类取得的进项数额调整情况如表4.2所示。

表4.2   第一次税率调整AG铁路项目进项税额情况   单位：万元

序号	票据类型	价税合计	税率（征收率,%）	不含税价	税额	成本占比（%）
1	专票	88 433.76	16	76 236.00	12 197.76	38.90
2	专票	61 439.55	10	55 854.14	5 585.41	28.50
3	专票	1 661.91	6	1 567.84	94.07	0.80
4	专票	45 216.37	3	43 899.39	1 316.98	22.40
5	其他	18 422.07		18 422.07		9.40
合计		215 173.66		195 979.44	19 194.22	100.00

预计项目可取得用于预缴增值税分包抵扣税率为10%的发票42 196.25万元,则预缴增值税额=(234 323.16-42 196.25)÷(1+10%)×2%=3 493.22(万元)

因预交增值税和不含税收入不变,则项目预缴增值税税负率、税金及附加也保持不变。

①项目现金净流量=234 323.16-215 173.66-3 493.22-419.19=15 237.09(万元)
②项目利润=213 021.05-195 979.44-419.19=16 622.42(万元)
③项目增值税税负率=(21 302.21-19 194.22)÷213 021.05=0.99%
④项目应纳增值税额=21 302.21-(19 194.22+3 493.22)=-1 385.33(万元)

从以上分析可以看出,项目现金流量比项目利润少1 385.33万元,即项目形成的留抵税额占用的资金。

(3)第二次税率调整情况分析。与业主的施工合同以不含税价213 021.05万元为基数,按9%税率将税款调整为19 171.89万元,合同价款调整为232 192.94万元。成本类取得的进项税额调整情况如表4.3所示。

表4.3　　　　　第二次税率调整AG铁路项目进项税额情况　　　　　单位:万元

序号	票据类型	价税合计	税率(征收率,%)	不含税价	税额	成本占比(%)
1	专票	86 146.68	13	76 236.00	9 910.68	38.90
2	专票	61 082.01	9	56 038.54	5 043.47	28.59
3	专票	1 661.91	6	1 567.84	94.07	0.80
4	专票	45 216.37	3	43 899.39	1 316.98	22.40
5	其他	18 221.07		18 221.07		9.31
合计		212 328.04		195 962.84	16 365.20	100.00

假设其他票据中可抵扣进项税的旅客运输费用201万元全部适用9%税率,调整到税率9%的票据类型——专票中,对应增加其不含税价184.4万元(占不含税成本的0.09%),税额为16.6万元。

预计项目可取得用于预缴增值税分包抵扣税率为9%的发票41 812.65万元,则预缴增值税额=(232 192.94-41 812.65)÷(1+9%)×2%=3 493.22(万元)

因预缴增值税和不含税收入不变,则项目预缴增值税税负率、税金及附加不变。

①项目现金净流量=232 192.94-212 328.04-3 493.22-419.19
　　　　　　　　=15 952.49(万元)
②项目利润=213 021.05-195 962.84-419.19=16 639.02(万元)
③项目增值税税负率=(19 171.89-16 365.20)÷213 021.05=1.32%
④项目应纳增值税额=19 171.89-(16 365.20+3 493.22)=-686.53(万元)

从以上分析可以看出,项目现金流量比项目利润少686.53万元,即项目形成的留抵税额占用的资金。

（4）产生变化的原因分析。

①各项指标对比分析。根据税率调整前后各项指标变动情况，具体对比分析如表4.4所示。

表4.4　　　　　　　　　　　各项指标对比分析　　　　　　　　　　　单位：万元

序号	名称	调整前	第一次税率调整	第二次税率调整	第一次与调整前对比	第二次与调整前对比	第二次与第一次对比
1	项目现金净流量	16 046.38	15 239.09	15 952.49	-809.29	-93.89	715.40
2	项目利润	16 622.42	16 622.42	16 639.02	—	16.60	16.60
3	项目增值税税率	1.37%	0.99%	1.32%	-0.38%	-0.05%	0.33%
4	项目预交增值税税负率	1.64%	1.64%	1.64%	—	—	—
5	项目应纳增值税税额	-576.04	-1 385.33	-686.53	-809.29	-110.49	698.80

● 项目现金净流量。从表4.4中可以看出，无论是第一次税率调整还是第二次税率调整，项目现金净流量都较两次税率调整前有不同程度的减少，减少的金额等于增加的留抵税额。从这个方面来说，对项目是不利的。

● 项目利润。因为假设项目的不含税收入和不含税成本均不变，除第二次税率调整新增旅客运输费用可抵扣进项税，相应减少成本，增加项目利润16.60万元外，税率调整并没有对项目利润产生变化。

● 项目增值税税负率。第一次税率调整后，项目增值税税负率降低0.38个百分点；第二次税率调整后，项目增值税税负率比第一次调整后上升0.33个百分点，比两次调整前下降0.05个百分点。由于增值税具有转嫁的属性，而建筑企业并不是最终税负的承担者，项目增值税税负率的波动并不能直接反映减税的效果。

● 项目预缴增值税税负率。由于取得用于项目预缴增值税分包差额抵扣的分包方不含税价不变，发票金额的变动仅是因税率调整产生的影响，因此项目预缴增值税税负率无论是两次税率调整前还是调整后均未发生变化。

● 项目应纳增值税额。在以上三种情况下，项目预缴增值税税负率均高于项目增值税税负率，考虑在项目所在地需预缴的增值税后，项目应纳增值额为负数，呈现留抵状态，占用项目资金。

②项目增值税税负率变动原因分析。

第一次税率调整对比调整前。第一次税率调整，项目增值税税负率由调整前的1.37%下降为0.99%，降低0.38个百分点。产生变动的原因为：

● 税率由17%调整为16%，专票对应不含税成本占不含税成本总额的38.90%，对项目增值税税负率影响为：$38.90\% \times (213\,021.05 - 195\,979.44) \div 213\,021.05 \times$

$(16\% - 17\%) = -0.03\%$

导致项目整体税负下降 0.03 个百分点。

- 税率由 11% 调整为 10%，专票对应不含税成本占不含税成本总额的 28.50%，对项目增值税税负率影响为：$28.50\% \times [213\,021.05 \times (10\% - 11\%) - 195\,979.44 \times (16\% - 17\%)] \div 213\,021.05 \times (10\% - 11\%) = -0.02\%$

导致项目整体税负下降 0.02 个百分点。

- 税率为 6%、征收率为 3%，专票及其他票据对应不含税成本占不含税成本总额的 32.6%，对项目增值税税负率影响为：$32.6\% \times (10\% - 11\%) = -0.33\%$

导致项目整体税负下降 0.33 个百分点。

第二次税率调整对比第一次调整后。 第二次税率调整，项目增值税税负率由第一次调整后的 0.99% 上升为 1.32%，上升 0.33 个百分点。产生变动的原因为：

- 税率由 16% 调整为 13%，专票对应不含税成本占不含税成本总额的 38.90%，对项目增值税税负率影响为：$38.90\% \times [213\,021.05 \times (9\% - 10\%) - 195\,962.84 \times (13\% - 16\%)] \div 213\,021.05 = 0.69\%$

导致项目整体税负上升 0.69 个百分点。

- 税率由 10% 调整为 9%，专票对应不含税成本占不含税成本总额的 28.50%，对项目增值税税负率影响为：$28.50\% \times (213\,021.05 - 195\,962.84) \div 213\,021.05 \times (9\% - 10\%) = -0.02\%$

新增可抵扣进项税旅客运输费用不含税成本占不含税成本总额的 0.09%，对项目增值税税负率影响为 $0.09\% \times [213\,021.05 \times (9\% - 10\%) - 195\,962.84 \times (9\% - 0)] \div 213\,021.05 = -0.01\%$

这两项合计导致项目整体税负下降 0.03 个百分点。

- 税率为 6%、征收率为 3% 专票及其他票据对应不含税成本占不含税成本总额的 32.51%，对项目增值税税负率影响为：$32.51\% \times (9\% - 10\%) = -0.33\%$

导致项目整体税负下降 0.33 个百分点。

综上，项目增值税税负率上升是因为税率由 10% 调整为 9% 专票、新增可抵扣进项税旅客运输费用、税率为 6% 专票、征收率为 3% 专票及其他票据等导致项目整体税负率下降不足以弥补税率由 16% 调整为 13% 专票引起的项目整体税负率上升，对于原 16% 税率专票成本占比越大的，项目整体税负率上升越明显。

(5) 两次税率调整对简易计税项目影响分析。实务中，业主对实行简易计税适用 3% 征收率的项目合同价均不作调整，仍以 AG 铁路项目为例，假定采用简易计税方式，项目成本中对分包同步采用简易计税方式，两次税率调整前适用 17% 税率的成本以不含税价不变为基础相应调减合同价，则调整后对项目各项指标影响如表 4.5 所示。

表 4.5　　　　　　　简易计税下 AG 铁路项目相关指标情况　　　　　　　单位：万元

名称		调整前		第一次税率调整		第二次税率调整
项目合同价款		236 453.36		236 453.36		236 453.36
项目成本	17%税率成本	89 196.12	16%税率成本	88 433.76	13%税率成本	86 146.68
	其他成本	127 298.45	其他成本	127 298.45	其他成本	127 298.45
	合计	216 494.57	合计	215 732.21	合计	213 445.13
项目取得用于分包抵扣发票		42 579.85		42 579.85		45 579.85
项目预缴增值税		5 646.80		5 646.80		5 646.80
税金及附加		677.42		677.42		677.62
项目现金净流量		13 634.37		14 396.73		16 683.81
项目利润		13 634.37		14 396.73		16 683.81
项目增值税税负率额		2.46%		2.46%		2.46%

从表 4.5 可以看出，原适用 17%税率下调 1 个百分点到 16%税率，成本支出减少，带来项目现金净流量及项目利润增加 762.36 万元（14 396.73 - 13 634.37），而 16%税率再下调 3 个百分点到 13%税率，成本支出减少幅度进一步加大，带来项目现金净流量及项目利润继续增加 2 287.08 万元（16 683.81 - 14 396.73）。如此一来，使采用简易计税工程项目能真正享受到国家减税降费带来的好处。但实务中，营改增后中标的工程项目采用简易计税方式的占比较小，受益的项目有限。

（6）假定合同总价不变。假定税率调整不影响与上下游企业签订合同的总价，对比财政部、税务总局、海关总署公告 2019 年第 39 号对项目的影响，则相关成本类数据如表 4.6 所示。

表 4.6　　　　　　　AG 铁路项目成本类进项税额情况　　　　　　　单位：万元

序号	价税合计	第一次税率调整			第二次税率调整		
		税率（征收率,%）	不含税价	税额	税率（征税率,%）	不含税价	税额
1	89 196.12	16	76 893.21	12 302.91	13	78 934.62	10 261.50
2	61 998.10	10	56 361.91	5 636.19	9	56 878.99	5 119.11
3	1 661.91	6	1 567.84	94.07	6	1 567.84	94.07
4	45 216.37	3	43 899.39		35	43 899.39	1 316.98
5	18 422.07		18 422.07	1 316.98		18 211.07	
合计	216 494.57		197 144.42	19 350.15		199 686.31	16 808.26

注：第二次税率调整将旅客运输费用 21 万元调整到税率为 9%类的成本中。

各项指标对比如表 4.7 所示。

表 4.7　　　　　　　　　　各项指标对比情况　　　　　　　　　　单位：万元

序号	名称	第一次税率调整	第二次税率调整	增减变动
1	项目合同价款	236 453.36	236 453.36	—
2	项目不含税收入	214 957.60	216 929.69	—
3	项目取得用于分包抵扣发票	42 579.85	42 579.85	—
4	项目预缴增值税	3 524.97	3 557.31	32.34
5	项目预缴增值税税负率	1.64%	1.64%	—
6	税金及附加	423.00	426.88	3.88
7	项目现金净流量	16 010.82	15 974.60	-36.22
8	项目利润	17 390.18	16 816.50	-573.68
9	项目增值税税负率	1.00%	1.25%	0.25%
10	项目应纳增值税额	-1 379.36	-841.90	53

从以上指标对比来看，如果建筑企业与上下游企业签订的合同不因税率变化调整，会有以下不利情况发生：

一是项目利润减少 573.68 万元，降幅为 3.3%。

二是项目现金净流量减少 36.22 万元。

三是项目增值税税负率上升 0.25 个百分点。

因此实务中，为了减少政策变动可能带来的不利影响，企业并不会如此选择。

4.1.2 "合同价款"税率变动的应对

实务中，大多数建筑企业应根据财税〔2018〕32 号文件和财政部、税务总局、海关总署公告 2019 年第 39 号对项目均以不含税成本不变为基础，据以调整税率变动对合同价款的影响。这样，无论是对于采用一般计税还是简易计税项目来说，可最大限度地保证项目效益实现；特别是第二次税率调整对建筑业收入类适用的销项税率只下调 1 个百分点，而成本类中适用的进项税率下调 3 个百分点，使此类成本占比大的项目增值税税负率上升。

随着当前国家减税降费改革的深入，在未来可预期的时间内，增值税税率将由三档并为两档。为此，建筑企业可以采取以下三项管控措施应对政策变化：

一是要建立增值税税负率与项目利润及项目现金净流量三者的联动考核机制。正如前面提到的，增值税是链条税，具有转嫁属性，而企业经营的重要目的之一就是要盈利，单纯地讲增值税税负率高低对企业意义并不大，也不能反映其盈利能力，只有将三者联动起来才能反映全貌。

二是要对增值税税负进行筹划，做好过程中动态管控。当出现案例中项目增值税税负率低于项目预缴增值税税负率时，会增加附加税费的支出，再加上目前建筑企业普遍都存在大量留抵税额的实际情况，项目形成的留抵税额转上级单位后，上级单位也很难在短期内实现抵用。虽然财政部、税务总局、海关总署公告2019年第39号出台了相关增值税留抵税额退税规定，但条件要求苛刻，实际操作起来还有诸多问题。实务中，企业可以通过对供应商和纳税模式的选择，在保证不含税成本不变的情况下，使项目增值税税负率与项目预缴增值税税负率匹配，通过指导项目开展增值税税负平衡工作，降低大量留抵税额对企业资金的占用。

三是要加强合同管理。一方面，对各类合同模板进行修订，增加"因国家税收政策变化对合同价款修订"等内容的条款，使得合同总价调整有依据，减少沟通成本；另一方面，对于已签订的所有未执行完的合同全面梳理，涉及税率变化的有关合同，要主动约谈对方，与之签订补充合同，避免项目效益流失。

4.2 "合同价款"混合及兼营税务管理

营改增后，建筑业企业可能会涉及三个增值税税率的业务：销售货物、设备业务，税率为13%；建筑服务，税率为9%；勘察、设计服务，税率为6%。在一项工程中可能会同时涉及以上三个增值税税率的业务，也可能同时涉及以上两个增值税税率的业务，特别是在建筑领域包工包料合同中，不仅涉及货物或设备还可能涉及建筑服务的混合销售或兼营行为，由于税法对两项行为的处理方法不同，即在涉税处理时适用不同的税率，且签订的合同也有区别，因此要求建筑企业要提高对混合销售和兼营行为的重视，并正确认识；同时在合同签订环节找到防范以上财税风险的合同签订要素，防范产生多缴纳税款的风险。

4.2.1 外购材料设备并安装的税务管理

4.2.1.1 政策依据

《财政部 国家税务总局关于全面推开营业税改征增值税试点的通知》（财税〔2016〕36号）附件1《营业税改征增值税试点实施办法》第四十条规定："一项销售行为如果既涉及服务又涉及货物，为混合销售。从事货物的生产、批发或者零售的单位和个体工商户的混合销售行为，按照销售货物缴纳增值税；其他单位和个体工商户的混合销售行为，按照销售服务缴纳增值税。"因此，建筑企业外购建筑材料并提供施工业务的包工包料合同是一种既涉及服务又涉及货物的销售行为，是混合销售行为。

《国家税务总局关于明确中外合作办学等若干增值税征管问题的公告》（国家税务总局公告 2018 年第 42 号）第六条第二款规定："一般纳税人销售外购机器设备的同时提供安装服务，如果已经按照兼营的有关规定，分别核算机器设备和安装服务的销售额，安装服务可以按照甲供工程选择适用简易计税方法计税。"

基于此税收政策规定，建筑企业外购机器设备的同时提供安装服务，如果已经按照兼营行为分别核算机器设备和安装服务的销售额，则机器设备销售额按照 13% 计征增值税，安装服务既可以按照 3% 计征增值税，也可以按照 9% 计征增值税。

4.2.1.2　税务风险

第一，少缴税的风险。根据财税〔2016〕36 号附件 1《营业税改征增值税试点实施办法》第四十条的规定，建筑企业外购非机器设备的建筑材料同时提供建筑（非安装）服务，则建筑企业的税务处理和发票开具如下：建筑企业将外购的材料和建筑劳务一起按照 9% 税率计征增值税，向发包方开具 9% 的增值税发票。因此，如果建筑企业将材料款、建筑劳务款分别按照 13%、3% 的增值税税率开具增值税发票，导致建筑企业少缴纳增值税，从而构成漏税行为。

第二，多缴税的风险。根据国家税务总局公告 2018 年第 42 号第六条第二款的规定，建筑企业外购机器设备的同时提供安装服务的纳税处理如下：一是如果建筑企业与发包方签订包工包料合同时，在一份合同里分别注明设备价款和建筑服务价款，则建筑企业按照兼营行为分别核算机器设备和安装服务的销售额，机器设备销售额按照 13% 计征增值税，安装服务既可以按照 3% 计征增值税，也可以按照 9% 计征增值税。二是如果建筑企业与发包方签订包工包料合同时，在一份合同里没有分别注明设备价款和安装服务价款，而是将机器设备和安装劳务款合并写在一起，则机器设备销售额和安装服务销售额一起按照 13% 计征增值税，建筑安装企业向发包方一起开具机器设备和安装服务的销售额 13% 的增值税专用（普通）发票。因此，第一份合同的签订可以致使施工企业少缴纳增值税，而第二份合同的签订致使施工企业多缴纳增值税。

4.2.1.3　税务规划

（1）建筑企业外购建筑材料并提供建筑服务的包工包料业务，将建筑材料与建筑服务的金额加起来，载明在合同中的"合同价款"条款中。签订合同时，分别列示不含增值税金额的合同价和增值税额。

（2）建筑企业外购机器设备并提供安装服务的包工包料业务，必须在一份包工包料的建筑承包合同中的"合同价款"条款中分别约定设备价款和安装服务价款。

（3）建筑企业有材料销售范围或经当地税务部门进行税种认定时，可以开具销售材料或设备的销售发票，则建筑企业与发包方可分别签订两份合同，即材料或设备销售合同和建筑服务或安装服务的劳务合同。

4.2.2 自产材料设备并安装的税务管理

4.2.2.1 政策依据

《国家税务总局关于进一步明确营改增有关征管问题的公告》（国家税务总局公告2017年第11号）第一条给予了明确规定：纳税人销售活动板房、机器设备、钢结构件等自产货物的同时提供建筑、安装服务，不属于《营业税改征增值税试点实施办法》（财税〔2016〕36号附件1）第四十条规定的混合销售，应分别核算货物和建筑服务的销售额，分别适用不同的税率或者征收率。注意该文件中的"应分别核算货物和建筑服务的销售额，分别适用不同的税率或者征收率"有以下两层含义：

一是在合同中应分别注明销售货物的金额和销售建筑服务的金额。在会计核算上应分别核算销售货物和销售服务的收入；在税务处理上，销售货物按照13%、销售建筑服务按照9%向业主或发包方开具发票。

二是建筑企业可以与业主或发包方签订两份合同：货物销售合同和建筑服务销售合同。货物销售合同适用13%的增值税税率；销售建筑服务按照简易计税3%或9%的增值税税率计征增值税。

《国家税务总局关于明确中外合作办学等若干增值税征管问题的公告》（国家税务总局公告2018年第42号）第六条第一款规定："一般纳税人销售自产机器设备的同时提供安装服务，应分别核算机器设备和安装服务的销售额，安装服务可以按照甲供工程选择适用简易计税方法计税。"基于这个规定，建筑企业销售自产机器设备并提供安装服务的，必须按照兼营行为处理，机器设备销售额部分，建筑企业向发包方开具13%的增值税专用（普通）发票；安装服务销售额部分，建筑企业向发包方开具3%的增值税专用（普通）发票或开9%的增值税专用（普通）发票。

4.2.2.2 税务风险

根据以上税收政策分析，建筑企业销售自产机器设备建筑材料的同时提供建筑安装服务的财税风险主要体现如下：建筑施工企业没有在合同中分别注明销售自产机器设备、建筑材料和建筑、安装劳务款的金额，在向发包方开具发票时，没有按照兼营行为进行税务处理，而是按照混合销售行为进行税务处理，存在涉税风险。

4.2.2.3 税务规划

（1）销售自产建筑材料或机器设备并提供施工劳务的建筑企业与发包方签订一份包工包料施工合同，应在合同中的"合同价款"条款中将销售自产建筑材料或机器设备和施工劳务分别约定：不含增值税金额的材料或机器设备价款的合同金额为×××元，材料价款的增值税金额为×××元；不含增值税金额的建筑服务的合同金额为×××元，建筑服务的增值税金额为×××元。该合同模式下，建筑材料或机器设备销售额部分，建筑企业向发包方开具13%的增值税发票，建筑服务销售额部分，建筑企业向发包方开具9%的增值税发票。

（2）销售自产建筑材料或机器设备并提供施工劳务的建筑企业与发包方签订两份合同：一份建筑材料或机器设备销售合同，一份建筑服务合同。建筑材料或机器设备销售合同中的"合同价款"条款约定：不含增值税金额的建筑材料或机器设备的合同价款为×××元，增值税金额为×××元；建筑服务合同中"合同价款"条款约定：不含增值税金额的建筑服务的合同价款为×××元，增值税金额为×××元。该合同模式下：货物销售合同，建筑企业向发包方开具13%的增值税发票；销售建筑服务合同，建筑企业向发包方开具3%的增值税发票（发包方同意建筑企业提供建筑服务选简易计税的情况下）或开9%的增值税发票（发包方不同意建筑企业提供建筑服务选简易计税的情况下）。

[**例4.2**] 甲公司是一家电梯生产企业，为一般纳税人。2020年6月将其生产的电梯销售给乙公司并提供安装服务，电梯销售金额为3 000 000元（不含税），安装金额为654 000元（含税）。为降低税负，甲公司应如何与乙公司签订合同？并比较不同合同模式下甲公司需要缴纳的增值税（假设不考虑增值税进项税金的抵扣）。

模式一：甲公司与乙公司签订一份销售安装合同。

甲公司与乙公司签订一份销售安装合同，应在合同中的"合同价款"条款中将销售电梯和安装劳务分别约定：销售金额为3 000 000元（不含税），安装金额为654 000元（含税）。

《国家税务总局关于进一步明确营改增有关征管问题的公告》（国家税务总局公告2017年第11号）第一条给予了明确规定：纳税人销售活动板房、机器设备、钢结构件等自产货物的同时提供建筑、安装服务，不属于《营业税改征增值税试点实施办法》（财税〔2016〕36号附件1）第四十条规定的混合销售，应分别核算货物和建筑服务的销售额，分别适用不同的税率或者征收率。

基于此规定，甲公司应分别核算销售收入和安装收入，会计分录如下（单位为元）：

借：银行存款　　　　　　　　　　　　　　　　　　　　　　3 390 000
　　贷：主营业务收入——销售电梯　　　　　　　　　　　　　3 000 000
　　　　应交税费——应交增值税（销项税额）　　　　　　　　　390 000
借：银行存款　　　　　　　　　　　　　　　　　　　　　　　654 000
　　贷：主营业务收入——电梯安装　　　　　　　　　　　　　　600 000
　　　　应交税费——应交增值税（销项税额）　　　　　　　　　　54 000

则甲公司应缴纳增值税为：$3\,000\,000 \times 13\% + 654\,000 \div (1+9\%) \times 9\% = 390\,000 + 54\,000 = 444\,000$（元）

模式二：甲公司与乙公司签订了两份合同。

甲公司与乙公司签订了两份合同：一份是销售合同，销售金额为3 000 000元（不含税);一份是安装合同,安装金额为 654 000 元(含税)。由于该模式下的安装合同是纯安装劳务合同,可以选择简易计税方式计征增值税,选择3%的税率缴纳增值税。会计上分开核算,甲公司的会计分录如下(单位为元):

  借:银行存款   3 390 000
    贷:主营业务收入——销售电梯   3 000 000
      应交税费——应交增值税(销项税额) 390 000
  借:银行存款   654 000
    贷:主营业务收入——铝门窗安装   634 951
      应交税费——应交增值税(销项税额) 19 049

  基于以上会计核算,甲公司应缴纳的增值税为:390 000 + 19 049 = 409 049(元)比第一种模式的合同节约缴纳增值税:444 000 - 409 049 = 34 951(元)

4.3 "合同价款"印花税税务管理

4.3.1 印花税涉税风险分析

  在签订合同的实践过程中,"合同总价款"在经济合同中的"价格条款"往往体现为两种签订方法:一种是在经济合同中的"价格条款"中以包含增值税金额的合同总价款形式记载于合同中;另一种是在经济合同中的"价格条款"中以不含增值税金额的合同总价款形式记载于合同中。这两种不同的合同签订方法应缴纳的印花税是不一样的。前者缴纳印花税时的计税依据是含增值税金额的合同总价格,即增值税金额要缴纳印花税;后者缴纳印花税时的计税依据是不含增值税的合同金额。因此,第二种签订合同的方法相较第一种合同签订方法节约印花税。

4.3.1.1 相关税收政策依据

  《印花税暂行条例施行细则》第十八条规定:按金额比例贴花的应税凭证,未标明金额的,应按照凭证所载数量及国家牌价计算金额;没有国家牌价的,按市场价格计算金额,然后按规定税率计算应纳税额。根据《中华人民共和国印花税暂行条例》(国务院令第11号,以下简称《印花税暂行条例》)的规定,印花税的计税依据是合同金额,由于增值税是价外税,即价格本身不含增值税,因此,计算印花税的依据本身是不含增值税的。

  《中华人民共和国印花税法(征求意见稿)》第五条第(一)项规定:"应税合同的计税依据,为合同列明的价款或者报酬,不包括增值税税款;合同中价款或者报酬与增值税税款未分开列明的,按照合计金额确定。"第(二)项规定:应税产权转移书据的计税依据,为产权转移书据列明的价款,不包括增值税税款;产权转移书据中价款与增值税税款未分开列明的,按照合计金额确定。

《中华人民共和国印花税法实施细则》(以下简称《印花税法实施细则》)第十七条规定:同一凭证,因载有两个或者两个以上经济事项而适用不同税目税率,如分别记载金额的,应分别计算应纳税额,相加后按合计税额贴花;如未分别记载金额的,按税率高的计税贴花。

4.3.1.2 印花税缴纳的涉税风险

根据上述税收政策规定,含有增值税金额的"合同价款"涉及印花税缴纳的涉税风险体现在以下两方面:

第一,如果在一份合同中的合同金额记载的是包含增值税的合同金额,那么印花税的计税依据为包含增值税金额的合同额,企业将需要缴纳更多的印花税。

第二,如果在一份合同中包含增值税金额的合同金额载有两个或者两个以上适用不同税目税率的经济事项,而没有分别记载不同经济事项的合同金额,应当按税率高的计税贴花。这将会导致企业多缴纳印花税。

4.3.2 印花税的税务管理

企业在生产经营中频繁发生订立各种各样的合同,且有些合同金额巨大,因而印花税的规划不仅是必要的,也是重要的。建筑施工企业所进行的生产经营活动,绝大多数都要事先签订经济合同,然后再履行。经济合同都涉及印花税缴纳问题,建筑企业应利用经济合同做好印花税税收规划。

4.3.2.1 尽量减少工程的分包

"建筑安装工程承包合同"是印花税中的一种应税凭证,建筑施工企业承包建设项目时,应按承包金额计税贴花。由于建筑业中分包现象非常多,形式也不尽相同,而采取不同的承包形式对企业的印花税影响非常大。因为印花税是一种行为性质的税种,只要有应税行为发生,就应按税法规定纳税。因此,尽管总承包合同已依法计税贴花,但新的分包合同又是一种新的应税凭证,发生了新的纳税义务,也要贴花。

4.3.2.2 减少交易金额,降低计税依据

由于各种经济合同的纳税人是订立合同的双方或多方当事人,双方或多方当事人可以经过合理规划,使各项费用及材料等的金额通过合理合法的途径从合同所载金额中得以减除,以便达到少缴税款的目的。

4.3.2.3 明确税目税率,分开核算不同经济事项

按照《中华人民共和国印花税暂行条例实施细则》(财税字〔1988〕第225号,以下简称《印花税暂行条例实施细则》)第十七条规定:同一凭证,因载有两个或两

个以上经济事项而适用不同税目税率,如分别记载金额的,应分别计算应纳税额,相加后按合计税额贴花;如未分别记载金额的,按税率高的计税贴花。因此,建筑企业应分开核算不同涉税经济事项,减少印花税税款。

4.3.2.4 利用货币时间价值,暂不确定金额

根据《印花税暂行条例》第七条规定:应纳税凭证应当于书立或者领受时贴花。企业在书立合同之时,其纳税义务便已经发生,应该根据税法规定缴纳应纳税额。根据《国家税务总局关于印花税若干具体问题的规定》(国税地字〔1988〕25号)第四条规定,有些合同在签订时无法确定计税金额,如财产租赁合同,只是规定了月(天)租金标准而无租赁期限的,可在签订时先按定额5元贴花,以后结算时再按照实际的金额计税,补贴印花。企业在签订一些数额较大的合同时,合同上所载金额只确定了单价未明确总金额,可在合同签订时暂按5元贴花,最终结算时再按结算金额补足印花税,可获得货币的时间价值,增加企业流动资金。

第5章 建筑分包的税务管理

5.1 建筑分包概念及分类

5.1.1 建筑分包的概念

5.1.1.1 分包的定义

《中华人民共和国合同法》（以下简称《合同法》）第二百七十二条规定："总承包人或者勘察、设计、施工承包人经发包人同意，可以将自己承包的部分工作交由第三人完成。第三人就其完成的工作成果与总承包人或者勘察、设计、施工承包人向发包人承担连带责任。承包人不得将其承包的全部建设工程转包给第三人或者将其承包的全部建设工程肢解以后以分包的名义分别转包给第三人。禁止承包人将工程分包给不具备相应资质条件的单位。禁止分包单位将其承包的工程再分包。建设工程主体结构的施工必须由承包人自行完成。"据此，建筑工程分包合同是指从事工程总承包的单位将所承包的建设工程的一部分依法分包给具有相应资质的承包单位，总承包人不退出承包关系，其与第三人就第三人完成的工作成果向发包人承担连带责任而订立的合同。分包活动中，作为发包一方的建筑施工企业是分发包人，作为承包一方的建筑施工企业是分承包人。根据交易对象的不同，建筑工程分包包括专业工程分包和劳务分包两类。

5.1.1.2 分包的法律特征

首先,主体是特定的。分发包人是直接从建设单位承接工程任务的建筑企业,分承包人是从分发包人那里承接工程任务的专业承包企业或者劳务分包企业;建设单位不是分包合同中的民事主体。

其次,客体是特定的。分包交易的客体是承、发包双方的权利义务共同指向的对象,必须是建筑工程中由法律、法规等规定允许分包的部分。《合同法》吸收了《建筑法》的规定,禁止承包人将其承包的全部建筑工程转包给他人,禁止承包人将其承包的全部工程肢解以后以分包的名义分别转包给他人。总承包人还必须自行完成建筑工程主体结构的施工,而不能将工程的主体部分分包给他人承担。

再次,分包合同主体系横向的平等的财产关系。分发包人与分承包人没有隶属关系,在市场中的地位是平等的。

最后,工程分包合同属"并存的债务移转"。工程分包合同属于债权人、债务人与第三人之间共同约定,由第三人加入的关系;债权人即发包人;债务人即建设合同中的总承包人;第三人即分承包人。总承包人与分承包人就分承包人完成的成果对发包人承担连带责任。

5.1.1.3 分包的合法要件

建设合同可以分包,但必须依法进行。依据我国《合同法》和《建筑法》的规定,建筑工程总承包单位可以将承包工程中的部分工程发包给具有相应资质条件的分包单位,但并不是所有的"分包"都是合法的"分包",国家法律、法规对于建筑工程分包有着明确的规定和要求,应当符合以下4个方面的条件:

一是分包必须取得发包人的同意。除总承包合同中约定的分包外,总承包人将工程分包给其他有资质条件的单位,必须经建设单位认可。分包工程发包人和分包工程承包人应当依法签订分包合同,并按照合同约定履行义务;分包合同必须明确约定支付工程款和劳务工资的时间、结算方式以及保证按期支付的相应措施,确保工程款和劳务工资的支付。经建设单位许可的分包合同,一般由总包方、分包方和建设方三方签订的多方合同。

施工总承包合同中未有约定,又未经建设单位认可,分包工程发包人将承包工程中的部分专业工程分包给他人的,是违法分包。

二是工程分包只能一次,禁止分包单位将其承包的工程再分包。专业分包工程承包人必须自行完成所承包的工程。劳务作业分包由劳务作业发包人与劳务作业承包人通过劳务合同约定,劳务作业承包人必须自行完成所承包的任务。

三是分包必须是分包给具备相应资质条件的单位。禁止总承包单位将工程分包给不具备相应资质条件的单位。分包工程发包人将专业工程或者劳务作业分包给不具备相应资质条件的分包工程承包人的,是违法分包。

四是主体工程不得分包。总承包人可以将承包工程中的部分工程发包给具有相应资质条件的分包单位，但建筑工程主体结构的施工必须由总承包单位自行完成，不得将主体工程分包出去。

5.1.2 建筑分包的分类

根据我国《建筑法》《合同法》《建设工程质量管理条例》等法律、法规规定，分包是承包人承包工程后，将其承包范围内的部分工程交由第三人完成的行为。分包是法律允许的行为，合法的分包不为法律所禁止。分包从内容上分为专业工程分包和劳务分包。

劳务分包即劳务作业分包，是指施工总承包企业或者专业承包企业将其承包工程中的劳务作业发包给劳务分包企业完成的活动。我国《建筑法》和《合同法》没有规定劳务分包，在《房屋建筑和市政基础设施工程施工分包管理办法》中规定了劳务分包。

原建设部《建筑业劳务分包企业资质标准》（2001年3月8日）对劳务作业分包的种类及各类企业的资质标准做出了明确规定，其中劳务作业分包包括了13种，每种作业的承包人都分别应当具备相应的资质等级标准及作业的具体范围。2014年住房和城乡建设部颁布的《建筑企业资质标准》对施工劳务企业不再分类别和等级，只需具有相应的资质要求，即企业资产、主要人员等要求。但目前对建筑劳务分包企业的资质要求已逐步放开，已经有安徽、浙江、陕西等地取消了劳务资质要求，住房和城乡建设部2017年11月7日发布的《关于培育新时期建筑产业工人队伍的指导意见（征求意见稿）》，明确要求取消建筑施工劳务资质审批。

专业工程分包是工程总承包人将建筑工程施工中除主体结构施工外的其他专业工程发包给具有相应资质的施工企业的行为。也即具备相应资质的专业工程承包人组织人员、材料、机械，运用自己的技术、经验及管理措施独立完成工程建设任务的活动。

劳务分包和专业工程分包二者的主要区别为：

（1）主体不同。工程分包发生在总包人和专业承包人之间，而劳务分包则发生在总包人或专业发包人与劳务分包人之间。

（2）对象指向不同。工程分包的对象是工程，是承包合同中建设工程的全部，而劳务分包的对象则是工程施工中涉及人的劳务部分。

（3）合同效力不同。工程分包若未取得分包人同意则属于法律、法规所明确禁止的无效行为，而劳务分包属于合法行为，法律、法规对劳务分包并不禁止。

（4）法律后果不同。工程分包的双方对因此造成的质量或其他问题对发包人承担连带赔偿责任，而劳务分包双方互相按合同承担相应责任，并不需要共同向发包人承担连带责任。

5.2 建筑分包用工模式税务管理

建筑施工企业往往需要使用大量的农民工,存在以下四种不同的用工模式:

一是建筑企业直接与农民工签订劳务用工合同,以工资表计入成本的用工形式;

二是建筑企业与劳务公司签订劳务分包合同,以劳务公司提供的劳务费发票计入成本的用工形式;

三是建筑企业与劳务派遣公司签订劳务派遣合同,农民工为劳务派遣人员,以劳务派遣公司提供的发票计入成本的用工形式;

四是建筑企业与个人包工头签订建筑劳务承包合同的用工形式。

基于以上四种用工模式,对农民工的工资、个人所得税、成本、社保等问题如何处理,成为建筑企业面临的重难点问题,本节将对不同用工模式下的财税处理进行解析。

5.2.1 劳动合同模式税务管理

根据《中华人民共和国劳动合同法》(以下简称《劳动合同法》)的规定,建筑企业直接雇用农民工,必须与农民工签订劳动合同,并依法承担给农民工缴纳社会保险的义务。从劳动法律关系上讲,农民工与建筑企业构成雇用和被雇用的法律关系,在这种用工模式下,根据2020年5月1日实施的《保障农民工工资支付条例》规定,农民工的工资由建筑企业按照有关规定开设农民工工资专用账户,专项用于支付工程建设项目农民工工资。

5.2.1.1 企业所得税

建筑企业项目部直接雇用农民工用工形式的"农民工"为建筑公司员工,根据《国家税务总局关于企业所得税应纳税所得额若干税务处理问题的公告》(国家税务总局公告2012年第15号)第一条的规定,企业因雇用季节工、临时工、实习生、返聘离退休人员所实际发生的费用,应区分为工资薪金支出和职工福利费支出,并按《企业所得税法》规定在企业所得税前扣除。其中属于工资薪金支出的,准予计入企业工资薪金总额的基数,作为计算其他各项相关费用扣除的依据。因此,建筑企业项目部为农民工支付的工资以项目部提供的农民工考勤记录、农民工工资表清单在"应付职工薪酬"会计科目中进行成本核算,且只要是合理的工资薪金支出都可以在企业所得税前扣除。

5.2.1.2 个人所得税和社保费用

根据《国家税务总局关于建筑安装业跨省异地工程作业人员个人所得税征收管理

问题的公告》（国家税务总局公告2015年第52号）第一条规定，总承包企业、分承包企业派驻跨省异地工程项目的管理人员、技术人员和其他工作人员在异地工作期间的工资、薪金所得个人所得税，由总承包企业、分承包企业依法代扣代缴并向工程作业所在地税务机关申报缴纳。

个人所得税的征收方式有核定征收和查账征收两种方式。核定征收为建筑施工企业按工程所在地税务机关要求以收入的一定比例代缴个人所得税，代缴完成后，建筑企业再将已核定征收的税款分配至农民工个人，但每个企业的税款分配比例不尽相同，也达不到绝对的公平。企业可以采用先计算农民工个人工资占总工资的比例，然后乘以核定征收的税款，计算出个人分配的个人所得税。

如果工程项目所在地税务机关没有要求以收入的一定比例征收，则建筑企业依照《个人所得税法》和国家税务总局公告2015年第52号的规定，跨省异地施工单位应就其所支付的工程作业人员工资、薪金所得，向工程作业所在地税务机关办理全员全额扣缴明细申报。凡实行全员全额扣缴明细申报的，工程作业所在地税务机关不得核定征收个人所得税。换句话说，为了避免重复征税，只要实行了全员全额申报，工程所在地税务机关就不得再采取核定征收方式。

5.2.1.3　社会保险费用

与农民工直接签订劳动合同，建筑企业承担为农民工缴纳社会保险的义务，社保费用的负担较重，因此，建筑企业与农民工签订劳动合同时，为减轻社会保险费用的负担，须在劳动合同注明以下两个条款：

第一，在劳动合同中的工资条款中，注明工资必须是含社会保险的工资。

第二，在劳动合同中必须有社会保险事宜条款，该条款注明以下内容：

①农民工自愿放弃在企业所在地的社保局缴纳社会保险，要求回其户口所在地社保所缴纳社会保险。

②企业依据《中华人民共和国社会保险法》（以下简称《社会保险法》）的规定，依法履行承担农民工社会保险费用的义务，每月将社会保险费用和工资按时足额打入农民工本人的工资卡。

③农民工如果回其户口所在地缴纳了社会保险费用，则将有关社会保险缴纳凭证交回公司保管备查，如果农民工没有回其户口所在地社保所缴纳社会保险，则今后有关社会保险争议事项与建筑公司无关，一切责任由农民工本人负责。

另外，鉴于农民工流动频繁和工作时间长短不一，有工作1个月、2个月、6个月等实际情况，建筑企业须建立农民工的内控制度管理。具体如下：

第一，建筑企业必须在工程项目部配备一名劳资专管员，加强农民工的进场、出场管理，编制农民工考勤记录表。

第二，建筑企业财务部必须给每一位农民工在当地银行开办银行工资卡并将工资卡发放到农民工手中。

第三，劳资专管员必须收集每一位农民工的身份证复印件，并要求农民工本人务必在其身份证复印件上签字确认。

第四，建筑企业财务部每个月要编制农民工工资支付清单或工作表，要求农民工在工资清单上签字并按手印，作为成本核算的依据。

第五，建筑企业财务部每个月要审核工资支付清单，并与劳资专管员提交回来的工时考勤记录表、劳务公司与农民工签订的劳务合同名单核对无误后依法将工资打入农民工本人工资卡。

5.2.2 劳务分包模式税务管理

建筑企业与劳务公司签订劳务分包合同，在劳动法律关系上，农民工与劳务公司构成雇用和被雇用的劳动关系，与建筑企业不构成雇用和被雇用的法律关系，因此，农民工的个人所得税由劳务公司代扣代缴，社保费用由劳务公司承担。从合法性角度讲，建筑企业总包和专业分包人可以仅就其纯劳务部分分包给劳务公司。

建筑企业与劳务公司签订劳务分包合同的情况下，劳务公司根据财税〔2016〕36号文件的规定，选择简易计税方法，直接向建筑企业开具3%的增值税专用（普通）发票，建筑企业直接凭劳务公司开具的增值税发票进行成本核算和企业所得税税前扣除。

5.2.3 劳务派遣模式税务管理

建筑企业与劳务派遣公司签订劳务派遣合同的情况下，根据《劳务派遣暂行规定》和《中华人民共和国劳动法》（以下简称《劳动法》）的相关规定，农民工与劳务派遣公司构成雇用和被雇用的劳动关系，与建筑企业没有构成雇用和被雇用的法律关系。

根据《劳动合同法》第六十三条的规定，被派遣劳动者享有与用工单位的劳动者同工同酬的权利。用工单位应当按照同工同酬原则，对被派遣劳动者与本单位同类岗位的劳动者实行相同的劳动报酬分配办法。用工单位无同类岗位劳动者的，参照用工单位所在地相同或者相近岗位劳动者的劳动报酬确定。基于此规定，劳务派遣农民工享有社会保险待遇，建筑企业须承担被派遣农民工的工资、福利和社会保险费用。一般情况下，劳务派遣合同中的用工费用有两种不同的合同签订方式：

一是在劳务派遣合同中只约定：用工单位支付给劳务派遣公司总的劳务派遣费费用（包括劳务派遣公司支付给被派遣者的工资、福利和社保费用）；

二是在劳务派遣合同中分别约定：用工单位支付劳务派遣公司的劳务派遣费用，直接支付给被派遣劳动者的工资、福利和社保费用。

5.2.3.1　企业所得税

根据《国家税务总局关于企业工资薪金和职工福利费等支出税前扣除问题的公告》（国家税务总局公告 2015 年第 34 号）第三条的规定："企业接受外部劳务派遣用工所实际发生的费用，应分两种情况按规定在税前扣除：按照协议（合同）约定直接支付给劳务派遣公司的费用，应作为劳务费支出；直接支付给员工个人的费用，应作为工资薪金支出和职工福利费支出。其中属于工资薪金支出的费用，准予计入企业工资薪金总额的基数，作为计算其他各项相关费用扣除的依据。"建筑企业与劳务派遣公司签订劳务派遣合同，农民工为劳务派遣人员用工形式的会计核算及税务处理如下：

建筑企业与劳务派遣公司签订的劳务派遣合同中只约定给劳务派遣公司总的劳务派遣费费用（包括劳务派遣公司支付给被派遣者的工资、福利和社保费用），则建筑企业直接支付给劳务派遣公司总的费用（不含劳务派遣公司收取劳务派遣费用中的增值税进项税额）凭劳务派遣公司开具的增值税发票在"管理费用——劳务费"会计科目核算。

建筑企业与劳务派遣公司签订的劳务派遣合同并在劳务派遣合同中约定：建筑企业只支付劳务派遣公司的劳务派遣费用，农民工的工资、福利和社保费用直接由建筑企业支付，则建筑企业直接支付给农民工的工资、福利和社保费用，在"应付职工薪酬——工资"会计科目核算。

企业接受外部劳务派遣用工所实际发生的费用，按规定分以下两种情况在税前扣除：如果是按照协议（合同）约定直接支付给劳务派遣公司的费用，应作为劳务费支出在税前扣除；如果是直接支付给员工个人的费用，应作为工资薪金支出和职工福利费支出在税前扣除。

5.2.3.2　增值税

根据《财政部　国家税务总局关于进一步明确全面推开营改增试点有关劳务派遣服务、收费公路通行费抵扣等政策的通知》（财税〔2016〕47号）规定，一般纳税人提供劳务派遣服务，可以按照《财政部　国家税务总局关于全面推开营业税改征增值税试点的通知》（财税〔2016〕36号）的有关规定，以取得的全部价款和价外费用为销售额，按照一般计税方法计算缴纳增值税；也可以选择差额纳税，以取得的全部价款和价外费用，扣除代用工单位支付给劳务派遣员工的工资、福利和为其办理社会保险及住房公积金后的余额为销售额，按照简易计税方法依5%的征收率计算缴纳增值税。

小规模纳税人提供劳务派遣服务，可以按照《财政部　国家税务总局关于全面推开营业税改征增值税试点的通知》（财税〔2016〕36号）的有关规定，以取得的全部价款和价外费用为销售额，按照简易计税方法依3%的征收率计算缴纳增值税；也可以选择差额纳税，以取得的全部价款和价外费用，扣除代用工单位支付给劳务派遣员工的工资、福利和为其办理社会保险及住房公积金后的余额为销售额，按照简易计税方法依5%的征收率计算缴纳增值税。

选择差额纳税的纳税人，向用工单位收取用于支付给劳务派遣员工工资、福利和为其办理社会保险及住房公积金的费用，不得开具增值税专用发票，可以开具普通发票。

建筑企业根据劳务派遣公司所选择的计税方法不同分以下两种情况进行处理：

一是劳务派遣公司选择一般计税方法计算缴纳增值税，则建筑企业凭劳务派遣公司开具的增值税专用发票抵扣6%的增值税进项税额。

二是劳务派遣公司选择差额纳税计算缴纳增值税，则建筑企业凭劳务派遣公司通过新系统中差额征税开票功能，开具备注栏自动打印"差额征税"字样的增值税发票，抵扣劳务派遣费用5%增值税进项税额。

5.2.3.3 个人所得税

根据国家税务总局公告2015年第52号的规定，建筑企业通过劳务派遣公司聘用劳务人员跨省异地工作期间的工资、薪金所得个人所得税，由劳务派遣公司依法代扣代缴并向工程作业所在地税务机关申报缴纳。

同时，建筑企业通过劳务派遣形式雇佣农民工存在一定的局限性。如按照《劳动合同法》规定，企业使用的被派遣劳动者数量不得超过企业用工单位订立劳动合同人数与使用的被派遣劳动者人数的10%且劳务派遣员工只能在"临时性、辅助性、替代性"岗位任职。其中，临时性工作岗位是指存续时间不超过6个月的岗位；辅助性工作岗位是指为主营业务岗位提供服务的非主营业务岗位；替代性工作岗位是指用工单位的劳动者因脱产学习、休假等原因无法工作的一定期间内，可以由其他劳动者替代工作的岗位。

建筑企业只有满足上述两个条件的情况下，才能使用劳务派遣员工，因此，建筑企业应综合考量本企业的实际情况，选择是否使用劳务派遣员工。

5.2.4 劳务班组模式税务管理

建筑企业与包工头或班组长之间有两种合同签订方法：一种是建筑劳务公司与包工头或班组长签订劳务专业作业分包合同，是指专业承包单位和专业分包单位将其承包的专业工程中的纯劳务作业部分再分包给从事某一专业作业劳务（例如钢构作业、抹灰专业、幕墙玻璃作业、水电安装作业等劳务作业）的包工头或班组长，或者从事专业作业总承包的劳务公司将其与承包单位签订的劳务分包合同中的各专业作业劳务分包给包工头或班组长本人。另一种是劳务承包合同，是指包工头或班组长以劳务公司的名义对外经营，对外进行独立的会计核算，包工头或班组长自负盈亏，向劳务公司上交一定的利润或管理费用，剩下的税后利润（承包经营所得）归包工头或班组长所有。

5.2.4.1 签订劳务专业作业合同

（1）企业所得税。在财务会计核算上，劳务公司凭借包工头或班组长从劳务作业所在地税务局代开的增值税普通发票，作为成本核算依据，并据此在所得税税前扣除。

在农民工发放工资上，劳务公司通过设立农民工工资卡，通过银行发放农民工工资。如果劳务公司将农民工工资直接从劳务公司账户转入包工头或班组长本人银行卡（公对私），再由包工头或班组长以现金的形式支付给农民工本人，或者由包工头或班组长垫资先支付给农民工本人，再由劳务公司财务部报销农民工工资成本，则必须注意以下操作要点：

一是劳务公司制定统一的"委托班组长或包工头代领工程项目农民工工资或劳务款委托书"的协议书范本，所有的农民工必须在委托协议书上签名按手印；

二是劳务公司必须与班组长或包工头签订"委托代发农民工或劳务款"的协议；

三是劳务公司在发放农民工工资或劳务款之前，要求班组长或包工头在工程项目比较醒目的公告栏处张贴"农民工工资发放公示表"。

（2）个人所得税。建筑劳务公司与包工头或班组长签订劳务专业作业分包合同的情况下，班组长或包工头带领农民工从事某一专业作业劳务，其从劳务公司取得的所得，属于"经营所得"的范畴。班组长或包工头按照与建筑企业总承包方签订的专业作业劳务分包合同、身份证、劳务款结算单到工程劳务所在地税务局代开发票时，由税务局代征个人所得税。具体代开发票方法如下：

第一，在税务局代开发票时，必须按照不含增值税的开票金额，依据所在省税务局代征一定比例（例如，广西壮族自治区和江西省的规定为1.3%）的个人所得税。

第二，在税务局代开发票时，必须在发票上的"税收分类与编码栏"中填写"建筑服务——工程劳务"或"其他建筑服务——塔吊作业、钢构作业、土石方作业、抹灰作业、水电安装作业、幕墙玻璃作业等"，且发票的"备注栏"标明"工程项目所在地的市、县（区）和项目的名称"等字样。

第三，建筑劳务公司收到包工头或班组长代开的发票时，按照差额征税的规定，全额给承包单位开具增值税发票，按照"（劳务公司收取承包单位的所有款项和价外费用－包工头或班组长的专业作业分包额）÷（1＋3%）×3%"差额计征增值税。

（3）社会保险费。《社会保险法》第四条规定，中华人民共和国境内的用人单位和个人依法缴纳社会保险费。换句话说，必须缴纳社保费用的主体是用人单位及其雇用的劳动者，而建筑领域的包工头是自然人，不是用人单位，其雇用农民工不适用《劳动合同法》和《社会保险法》，包工头或班组长个人不承担农民工的社保费用，农民工可向其户口所在地社保所缴纳"新型农村合作医疗"和"新型农村养老保险"。

5.2.4.2 签订劳务承包合同

（1）企业所得税。

第一，劳务公司凭借农民工本人签字按手印的"农民工工资支付清单"或"农民工工时考勤表"和"农民工身份证复印件"作为成本核算依据。

第二，劳务公司收到包工头或班组长在工程项目所在地的税务局纳税大厅按照"经营所得"自行申报的个人所得税的完税凭证后，将班工头或班组长的承包经营所得，以公对私的形式，直接将承包经营所得划转给包工头或班组长。

第三，劳务公司财务部收到包工头或班组长交来的个人所得税完税凭证后，以完税凭证作为会计核算依据，账务处理如下：

借：利润分配——未分配承包经营所得
　　贷：应付利润——应付承包者承包经营所得

同时：

借：应付利润——应付承包者承包经营所得
　　贷：银行存款

第四，在实行建筑企业总承包方通过农民工工资专用账户发放农民工工资的情况下，具体财务管控内容如下：

①建筑企业总承包方必须在施工项目所在地，在当地住房和城乡建设部门的监管下的银行以建筑企业总承包方的名义设立"农民工工资专用账户"。

②劳务公司必须与建筑企业总承包方签订"委托代发农民工工资"协议书。

③劳务公司必须为与其签订劳动合同的农民工办理工资卡，并将工资卡发放到每一位农民手中，而且将农民工的工资卡信息报给建筑企业总承包方。

④建筑企业总承包方审核劳务公司提交来的经农民工本人签字按手印的每月农民工工资卡复印件，与"农民工工时考勤表"和劳动合同花名册核对无误后，将通过农民工工资专用账户代发农民工工资。

⑤建筑企业总承包方将其中的一份代发农民工工资的银行流水，交给劳务公司作为财务核算的凭据。

第五，在没有实施农民工工资专用账户管理的情况下，建筑企业必须给农民工办理工资卡，由劳务公司的财务部直接将农民工工资划入农民工工资卡上。

操作要点如下：劳务公司财务部必须审核班组长或包工头本人给财务部传递的经农民工本人签字按手印的"农民工工资表""农民工工时考勤表"和"劳务公司与农民工签订的劳动合同花名册"上农民工名单的真实性。

（2）个人所得税。劳务承包合同约定包工头或班组长以劳务公司的名义对外经营，对外进行独立的会计核算，包工头自负盈亏，向劳务公司上交一定的利润（税后利润）或管理费用，剩下的税后利润（承包经营所得）归班组长或包工头所有。在这种合同约定情况下，班组长或包工头取得所得以"经营所得"税目按照劳务所在地的省级税务机关规定的核定应税所得率计算个人所得税的应纳税所得额，并由班组长或包工头自行纳税申报。

其中，应纳税所得额＝应税收入×应税所得率

或者应纳税所得额＝成本费用支出额÷(1－应税所得率)×应税所得率

应纳税额＝应纳税所得额×经营所得5级累进税率（见表5.1）

表5.1　　　　　　　　　　个人所得税税率表（经营所得适用）

级数	全年应纳税所得额	税率（%）
1	不超过30 000元的	5
2	超过30 000元至90 000元的部分	10
3	超过90 000元至300 000元的部分	20
4	超过300 000元至500 000元的部分	30
5	超过500 000元的部分	35

上款所称的应税收入指每一纳税年度的收入总额，成本费用支出额是每一纳税年度的成本费用支出总额。

班组长或包工头取得"经营所得"，由纳税人在月度或者季度终了后15日内向项目经营所在地主管税务机关办理预缴纳税申报，送《个人所得税经营所得纳税申报表（A表）》，在取得所得的次年3月31日前，向项目经营所在地主管税务机关办理个人所得税汇算清缴，纳税后要向税务机关索取个人所得税完税凭证给劳务公司作为入账凭证。

[例5.1] 张某2019年挂靠××建筑劳务公司承接建筑劳务，张某与该建筑劳务公司签订内部承包协议，承包期限2年，协议约定：张某以该建筑劳务公司的名义对外经营，该建筑劳务公司对外承担民事法律责任，张某向该建筑劳务公司上交一定的管理费用，经营所得归张某所有。

①张某2019年每一季度从该建筑劳务公司取得的承包经营所得15万元（不含增值税），张某选择按季度预缴申报个人所得税，当地税务部门对承包者实施核定应税所得率征收个人所得税，按照如表5.2所示的应税所得率中的税率计算应纳税所得额。

表5.2　　　　　　　　　　　应税所得率

序号	类别	应税所得率（%）
1	交通运输业	10
2	采矿业、制造业	10
3	批发和零售业	10
4	建筑业	10

续表

序号	类别	应税所得率（%）
5	房地产业	18
6	住宿业	10
7	餐饮业	7
8	娱乐业	30
9	法律服务业	10
10	其他行业	15

②张某每月自行支付税优型商业健康保险费300元；每月自行缴纳的"三险一金"3 000元（其中：基本养老保险1 000元、基本医疗保险700元、失业保险300元、住房公积金1 000元）。

③张某膝下有一儿一女，都在上小学，并与妻子约定由张某按子女教育专项附加扣除标准的100%扣除。

④张某使用商业银行个人住房贷款购买了首套住房，现处于偿还贷款期间，每月需支付贷款利息1 600元，已与妻子约定由张某一方进行住房贷款利息专项附加扣除。

⑤因张某工作单位离所购住房很远，在工程项目所在地附近租住了一套房屋，每月租金1 000元。

⑥张某的父母均已退休（已年满60岁，均有退休金）在家，张某与兄妹签订书面分摊协议，约定由张某分摊赡养老人专项附加扣除800元。

注意：首套住房贷款利息和房租租金扣除中，张某选择了首套住房贷款利息的扣除。

根据以上情况，张某的个人所得税计算、个人所得税预缴及汇算清缴和申报表填写情况如下：

张某按季预缴申报个人所得税及纳税申报表的填写。

第一步，2019年每一季度预缴个人所得税额的计算，根据《国家税务总局关于修订个人所得税申报表的公告》（国家税务总局公告2019年第7号）关于《个人所得税经营所得纳税申报表（A表）》填表说明的规定，实施核定定额征收和核定应税所得率征收的个体工商户业主、个人独资企业投资者、合伙企业个人合伙人、承包承租经营者个人以及其他从事生产、经营活动的个人，在计算每一纳税年度的应纳税所得额时，不可以减除费用6万元、专项扣除、专项附加扣除以及依法确定的其他扣除。

应纳税所得额 = 应税收入 × 应税所得率 = 150 000 × 10% = 15 000（元）

第二步，张某每季度应纳个人所得税的计算，根据应纳税所得额，按照上述经营所得5级累进税率计算。

张某应纳个人所得税额 = 15 000 × 5% = 750（元）

第三步，季度申报表的填写：第一季度后的15日之内填写《个人所得税经营所得纳税申报表（A 表）》。

注意：张某第二、三、四季度的个人所得税计算和季度申报表的填报同第一季度。

（3）社会保险费。从社保费用角度讲，建筑领域的包工头是自然人，不是用人单位，其雇用农民工不适用《劳动合同法》和《社会保险法》，包工头或班组长个人不承担农民工的社保费用，农民工可向其户口所在地社保所缴纳"新型农村合作医疗"和"新型农村养老保险"。

5.3 分包差额扣除管理

5.3.1 分包差额扣除政策解析

建筑服务分包差额扣除是指纳税人提供建筑服务，按照规定允许从其取得的全部价款和价外费用中扣除的分包款。

其中，建筑服务是指各类建筑物、构筑物及其附属设施的建造、修缮、装饰，线路、管道、设备、设施等的安装以及其他工程作业的业务活动，包括工程服务、安装服务、修缮服务、装饰服务和其他建筑服务。

纳税人按照上述规定从取得的全部价款和价外费用中扣除支付的分包款，应当取得以下符合法律、行政法规和国家税务总局规定的合法有效凭证：

（1）从分包方取得的 2016 年 4 月 30 日前开具的建筑业营业税发票。上述建筑业营业税发票在 2016 年 6 月 30 日前可作为预缴税款的扣除凭证。

（2）从分包方取得的 2016 年 5 月 1 日后开具的，"备注栏"注明建筑服务发生地所在县（市、区）、项目名称的增值税发票。

（3）国家税务总局规定的其他凭证。也就是说，如果支付的分包款取得凭证不满足以上条件，则不适用差额征税的规定。

纳税人跨县（市、区）提供建筑服务，应按照财税〔2016〕36 号文件规定的纳税义务发生时间和计税方法，向建筑服务发生地主管税务机关预缴税款，向机构所在地主管税务机关申报纳税。

5.3.1.1 差额征税的政策背景

建筑业的差额征税是原先营业税时代，建筑行业重要的流转税政策。严格来看，营改增后，按照一般征收的原则，应该不需要保留差额征税的政策，直接按销项税减去进项税即可。但是，基于营改增后，建筑行业在增值税下仍存在如下几种情况的简易征税（类似营业税总额征税的方法），因此，差额征税政策仍然需要保留：

（1）开工日期在2016年5月1日前建筑工程老项目。

（2）新项目中的"甲供工程"。

（3）新项目中的"清包工工程"。

（4）建筑工程总承包单位为房屋建筑的地基与基础、主体结构提供工程服务，建设单位自行采购全部或部分钢材、混凝土、砌体材料、预制构件的，适用简易计税方法计税。

（5）除此之外，无论是建筑业一般计税，还是简易计税，如果属于异地工程需要在外地预缴增值税时，也涉及差额后预缴问题，即建筑业异地预缴，需要按照其取得全部价款和价外费用减去支付的分包款，分别按2%（一般计税）或3%（简易计税）在异地预缴增值税。

5.3.1.2 差额征税的条件及分类

建筑企业差额征增值税必须同时具备以下条件：

（1）建筑企业总承包方必须发生分包行为，其中分包包括专业分包、"清包工"分包和劳务分包行为。

（2）如果是在工程施工所在地差额预缴增值税，则建筑企业必须跨县（市、区）提供建筑服务。如果建筑企业注册地与建筑服务发生地是同一个税务机关管辖地，则不在建筑服务发生地预缴增值税。

（3）建筑企业跨县（市、区）提供建筑服务或建筑企业注册地与建筑服务发生地是同一个税务机关管辖地，简易计税方法计税的总承包方，只要发生分包业务行为，总承包方都在公司注册地差额零申报增值税。

（4）分包方向总承包方开具增值税发票时，必须在增值税发票上的"备注栏"中注明建筑服务发生地所在县（市、区）、项目的名称。

（5）建筑企业跨县（市、区）提供建筑服务，在向建筑服务发生地主管税务机关预缴税款时，需填报《增值税预缴税款表》，并出示以下资料：

①与发包方签订的建筑合同复印件（加盖纳税人公章）；

②与分包方签订的分包合同复印件（加盖纳税人公章）；

③从分包方取得的发票复印件（加盖纳税人公章）。

建筑企业差额征收增值税分为两类：

第一类是工程施工所在地差额预缴增值税；

第二类是公司注册地差额申报增值税。

其中：第一类又分为两种：①一般计税方法计税的总承包方发生分包业务时的总分包差额预缴增值税；②简易计税方法计税的总承包方发生分包业务时的总分包差额预缴增值税。第二类只有一种差额申报增值税，即简易计税方法计税的总承包方发生分包业务时的总分包差额申报增值税。

5.3.2 分包差额扣除税务管理

建筑企业跨县（市、区）提供建筑服务，应按照以下规定差额预交增值税：

（1）一般纳税人的建筑企业总承包方跨县（市、区）提供建筑服务，适用一般计税方法计税的，以取得的全部价款和价外费用扣除支付的分包款后的余额，按照2%的预征率计算应预交税款，再按一般计税的常规模式进行申报。计算公式如下：

应预交税款 =（全部价款和价外费用 - 支付的分包款）÷（1 + 9%）× 2%

（2）一般纳税人的建筑企业总承包方跨县（市、区）提供建筑服务，选择适用简易计税方法计税的，以取得的全部价款和价外费用扣除支付的分包款后的余额，按照3%的征收率计算应预交税款。计算公式如下：

应预交税款 =（全部价款和价外费用 - 支付的分包款）÷（1 + 3%）× 3%

自2019年9月16日起，提供建筑服务的一般纳税人按规定适用或选择适用简易计税方法计税的，不再实行备案制。以下证明材料无需向税务机关报送，改为自行留存备查：

①为建筑工程老项目提供的建筑服务，留存《建筑工程施工许可证》或建筑工程承包合同；

②为"甲供工程"提供的建筑服务、以"清包工"方式提供的建筑服务，留存建筑工程承包合同。

（3）小规模纳税人的建筑企业总承包方跨县（市、区）提供建筑服务，以取得的全部价款和价外费用扣除支付的分包款后的余额，按照3%的征收率计算应预交税款。计算公式如下：

应预交税款 =（全部价款和价外费用 - 支付的分包款）÷（1 + 3%）× 3%

（4）建筑企业取得的全部价款和价外费用扣除支付的分包款后的余额为负数的，可结转下次预交税款时继续扣除。

由于只有简易计税方法计税的总承包方发生分包行为的情况，才会发生在公司注册地税务机关差额申报增值税的情况，且简易计税方法计税的总承包方在发生分包情况下，在工程所在地已经按照3%的税率差额预交增值税，回公司注册地也是按照3%税率差额申报增值税，基于规避重复征税的考虑，简易计税方法计税的总承包方在公司注册地税务局只能差额零申报增值税。

5.3.3 分包差额扣除案例解析

5.3.3.1 一般计税方法

一般纳税人企业一般计税项目适用税率9%（案例5.2仅涉及增值税，附加税不做赘述），相对小规模企业和简易征税较为复杂，不仅存在差额征税问题，也存在进项税抵扣问题。

[例 5.2]（1）某建筑公司为一般纳税人，2019 年 8 月在 Z 地（跨地区需要预缴）中标一项目，按合同约定进场前预收款 100 万元。分录如下（无需开票）：

借：银行存款　　　　　　　　　　　　　　　　　　　1 000 000
　　贷：合同负债——预收款项　　　　　　　　　　　　　1 000 000
借：应交税费——预交增值税　　　　　　　　　　　　　18 348.62
　　贷：银行存款　　　　　　　　　　　　　　　　　　　18 348.62

月末结转：

借：应交税费——未交增值税　　　　　　　　　　　　　18 348.62
　　贷：应交税费——预交增值税　　　　　　　　　　　　18 348.62

（2）某建筑公司 2019 年 9 月发生以下业务：

①与甲公司分包结算 60 万元，按合同约定付款比例 80%，支付并取得增值税专用发票 48 万元，税率 9%；

②购买乙公司材料款 100 万元，取得增值税专用发票，税率 13%；

③支付机械租赁费 10 万元，取得增值税专用发票，税率 3%；

④支付其他直接费用 10 万元，取得增值税专用发票，假定税率 6%；

⑤支付间接费 20 万元（假设为普通发票或不可抵扣凭据）。

以上业务分录如下：

①付工程款时：

借：合同履约成本　　　　　　　　　　　　　　　　　　600 000
　　贷：应付账款——甲公司　　　　　　　　　　　　　　600 000

收到发票时：

借：应交税费——应交增值税（进项税额）　　　　　　　39 633.03
　　贷：合同履约成本　　　　　　　　　　　　　　　　　39 633.03

支付资金时：

借：应付账款——甲公司　　　　　　　　　　　　　　　480 000
　　贷：银行存款　　　　　　　　　　　　　　　　　　　480 000

②材料收入库并取得发票时：

借：原材料　　　　　　　　　　　　　　　　　　　　　884 955.75
　　应交税费——应交增值税（进项税额）　　　　　　　115 044.25
　　贷：应付账款——应付购货款（乙公司）　　　　　　1 000 000

③取得发票并支付租赁费：

借：合同履约成本　　　　　　　　　　　　　　　　　　97 087.38
　　应交税费——应交增值税（进项税额）　　　　　　　2 912.62
　　贷：银行存款　　　　　　　　　　　　　　　　　　　100 000

④取得发票并支付其他直接费用：

借：合同履约成本 94 339.62
　　应交税费——应交增值税（进项税额） 5 660.38
　　贷：银行存款 100 000

⑤间接费用：

借：合同履约成本 200 000
　　贷：银行存款 200 000

（3）某建筑公司2019年9月与业主结算产值200万元，按合同约定收款比例为80%，第一次结算付款扣回预付款。因此可收款160万元，发票开具160万元。分录如下：

①结算：

借：应收账款 2 000 000
　　贷：合同资产——工程结算 1 834 862.39
　　　　应交税费——待转销项税额 165 137.61

②预交税款时：预交基数 = 1 600 000 - 1 000 000 - 480 000 = 120 000（元）

预交税金 = 120 000 ÷ 1.09 × 2% = 2 201.83（元）

借：应交税费——预交增值税 2 201.83
　　贷：银行存款 2 201.83

注意：如果预交基数为负数，可以留以后差额抵扣；切记：差额交税，全额开票。

③开票时：

借：应交税费——待转销项税额 165 137.61
　　贷：应交税费——应交增值税——销项税额 165 137.61

④收款时：

借：银行存款 600 000
　　合同负债——预收款项 1 000 000
　　贷：应收账款 1 600 000

综上所述，某建筑公司2019年9月应交增值税计算过程如下：

应交销项税 = 165 137.61 元

应交进项税 = 39 633.03 + 115 044.25 + 2 912.62 + 5 660.38 = 163 250.28（元）

应交增值税 = 165 137.61 - 163 250.28 = 1 887.33（元）

5.3.3.2 简易计税方法

（1）小规模纳税人简易计税。

[**例5.3**] A建筑公司是小规模纳税人，2019年8月在×地××项目（跨地区需要预交税），结算收款100万元，其中已付分包工程B公司并收到发票50万元（其他材料费用等略）。分录如下：

① 付款时：

借：合同履约成本——合同成本——分包工程　　　485 436.89
　　应交税费——应交增值税（进项税额）　　　　 14 563.11
　　　贷：银行存款　　　　　　　　　　　　　　　　　500 000

② 预交增值税时（差额计算）：

借：应交税费——应交增值税　　　　　　　　　　 14 563.11
　　　贷：银行存款　　　　　　　　　　　　　　　 14 563.11

③ 开票时：

借：应收账款——业主　　　　　　　　　　　　　1 000 000
　　　贷：合同资产——工程结算　　　　　　　　　 970 873.78
　　　　　应交税费——应交增值税（销项税额）　　　29 126.22

注意：发票"备注栏"要注明建筑服务发生地所在县（市、区）及项目名称。

④ 收款时：

借：银行存款　　　　　　　　　　　　　　　　　1 000 000
　　　贷：应收账款——业主　　　　　　　　　　　 1 000 000

（2）一般纳税人简易计税。

[**例5.4**] B建筑公司是一般纳税人，按政策规定适用简易计税，2019年8月在Y地（跨地区需要预交税），结算收款100万元，其中已付分包工程B公司并收到发票50万元（其他略）。分录如下：

① 付款时：

借：合同履约成本——合同成本——分包工程　　　485 436.89
　　应交税费——简易计税　　　　　　　　　　　 14 563.11
　　　贷：银行存款　　　　　　　　　　　　　　　　　500 000

② 开票时：

借：应收账款——业主　　　　　　　　　　　　　1 000 000
　　　贷：合同资产——工程结算　　　　　　　　　 970 873.78
　　　　　应交税费——简易计税　　　　　　　　　　29 126.22

注意：发票"备注栏"要注明建筑服务发生地所在县（市、区）及项目名称。

③ 预交增值税时（差额计算）：

借：应交税费——简易计税　　　　　　　　　　　 14 563.11
　　　贷：银行存款　　　　　　　　　　　　　　　 14 563.11

④ 收款时：

借：银行存款　　　　　　　　　　　　　　　　　1 000 000
　　　贷：应收账款——业主　　　　　　　　　　　 1 000 000

第 6 章
建筑企业物资设备的税务管理

6.1 供应商的选择

6.1.1 供应商的选择原则

建筑业营改增试点后，可以将购买物资等支付的款项中包含的进项税额用于认证抵扣，对施工企业降低增值税税负将产生根本性的影响，因此在选择供应商的过程中需要对价格标准进项重新修订。对于供应商的选择需要更多地考虑其不同的增值税纳税人身份。可以从以下几个方面对供应商进行增值税优化管理与选择：

6.1.1.1 物资等类别的划分

依据材料类别进行初步划分，对于施工项目中用到的大宗主材应当作为主要的筛选对象；对于一些用量较大的辅助材料列为次一级的筛选对象；对于项目部经营过程中的一些少量、零星采购的供应商，则应站在集中采购、定点采购等角度进行仔细甄别。获得供应商提供的增值税专用发票，或者是其向主管税务机关申请代开增值税专用发票，获得更多可以抵扣的合格增值税专用发票，可以进一步减轻施工企业增值税税负。

6.1.1.2 供应商纳税人身份的判定

对于供应商增值税纳税人身份首先应当依据增值税一般纳税人和小规模纳税人进行确认，然后对确认为小规模纳税人的供应商进一步区分为企业、个体工商户和其他个人。对属于小规模纳税人的企业和个体工商户要与其沟通是否可以申请成为增值税一般纳税人，以及是否会在原有的供应价格上增加单价以及可能增加的幅度；如果不能转变为增值税一般纳税人，则询问其是否能由主管税务机关代开增值税专用发票。对属于小规模纳税人的其他个人，则需要确认对方未来是否可以办理工商税务登记，转变为个体工商户。

6.1.1.3 对目前与供应商的结算方式进行优化梳理

主要包括以下内容：

（1）是否签订采购合同，以及合同是否为固定模板。

（2）合同中是否对价款的结算时间、结算方式、发票提供时间及方式、发票类型、货物适用的税率进行明确约定。

（3）如果涉及货物运输，需明确运输费用是否单独开具货物运输业发票，还是与所采购货物共同开具增值税发票。

6.1.1.4 对现有供应商提供的发票进行优化梳理

主要包括以下内容：

（1）发票类型是否与供应商目前的纳税人身份相适应。

（2）发票开具方、收款方与合同签订方是否一致。

（3）发票所列货物或服务内容是否与实际业务或者双方合同约定事项相一致。

6.1.1.5 不同身份供应商的选择标准

在综合考虑可否取得增值税专用发票实现进项税额抵扣及企业实际负担成本的基础上，优先选择一般纳税人，小规模纳税人的企业和个体工商户次之，原则上不从小规模纳税人中的其他个人处采购物资，若从个人处采购物资必须取得合规的发票进行成本列支。

6.1.2 供应商的比价优选

6.1.2.1 不可抵扣时，选报价最低的

实际情况中，采购时并不是所有开具了专票的增值税都可以抵扣，其实有一部分是不能抵扣的，我们称为不可抵扣增值税，以下几种情况的进项税就不能用于抵扣：

（1）用于简易计税方法计税项目、免征增值税项目、集体福利或者个人消费的购进货物、加工修理修配劳务、服务、无形资产和不动产。

（2）非正常损失的购进货物，以及相关的加工修理修配劳务和交通运输服务。

（3）非正常损失的在产品、产成品耗用的购进货物（不包括固定资产）、加工修理修配劳务和交通运输服务。

（4）非正常损失的不动产，以及该不动产耗用的购进货物、设计服务和建筑服务。

（5）非正常损失的不动产在建工程耗用的购进货物、设计服务和建筑服务。

（6）购进的贷款服务、餐饮服务、居民日常服务和娱乐服务。

(7) 财政部和国家税务总局规定的其他情形。

所以，在进行采购成本比价时，应考虑采购的物品是否属于可抵扣范围。在不可抵扣的情况下（如用于简易计税方法计税项目、免征增值税项目、集体福利或者个人消费的购进货物），不用考虑专票和税率的问题，应选择报价（含税总价）最低的一家供应商。

6.1.2.2 可抵扣时，选综合成本最低的

实际上，不可抵扣的采购或分包毕竟是少数，对企业而言，绝大部分采购或分包的进项税都是可以抵扣的。在可以抵扣的情况下，供应商选择和比价就要考虑进项税对收益的影响。由于增值税进项税可以抵扣，因此一方面是可抵扣的进项税额直接关系项目应缴纳的增值税的多少，另一方面是抵扣后应缴纳的增值税直接关系附加税。具体公式如下：

项目收益 = 不含税收入 − [不含可抵扣进项税的成本 + （销项税 − 进项税）× 12%]

其中，12% 是通常情况下的附加税税率，包括城市维护建设税 7%、教育费附加 3% 和地方教育附加 2%。

那么，在不含税收入和销项税一定的情况下，不含可抵扣进项税的成本越低，项目收益越高；成本对应进项税越大，附加税越低，项目收益越高。

所以，在供应商选择比价时，应以"综合采购成本最低，利润最大化"为总体原则，合理确定采购价格和供应商。

综合采购成本 = 不含可抵扣进项税的成本 + （销项税 − 进项税）× 附加税率

为了便于理解，我们将"不含可抵扣进项税的成本"定义为采购成本。

6.1.2.3 采购成本相同时，选最高税率的

在可抵扣的情况下，假如在采购时，有 A、B、C、D 四家税率不同的供应商，但四家的报价（不含税总价）都一样，即对企业来说采购成本一致，此时不同供应商的不含税报价对项目收益的影响如表 6.1 所示。

表 6.1　　　　　　　　不含税报价相同时供应商的选择分析

供应商类型	供应商	计税方法	提供发票种类	税率或征收率	进项税可否抵扣	抵扣进项税减少附加税费支出（增加利润）
一般纳税人	A	一般计税方法	增值税专用发票	适用税率	可抵扣	（采购成本 × 适用税率）×（1 + 附加税率）
一般纳税人	B	简易计税方法	增值税专用发票	3%	可抵扣	（采购成本 × 3%）×（1 + 附加税率）
小规模纳税人	C	简易计税方法	增值税专用发票	3%	可抵扣	（采购成本 × 3%）×（1 + 附加税率）
小规模纳税人	D	简易计税方法	增值税普通发票	3%	不可抵扣	0

在表6.1中,综合附加税率是指城市维护建设税、教育费附加及各类地方性收费的适用税(费)率之和。

所以,根据表6.1分析可知,在各供应商不含税报价相同的情况下,建筑企业应当选择可抵扣进项税最多的采购价格及供应商,即优先选择能提供增值税专用发票并且适用税率最高的一般纳税人供应商。

6.1.2.4 成本和税率不同,计算平衡点

实际情况是,在很多时候,对于同一项采购或分包,各类供应商不仅税率不尽相同,报价也都是不同的,税率高者很可能报价也高,税率低者可能报价也低。

此时,应按照综合采购成本最低的原则测算各类不同供应商的报价平衡点。测算公式和步骤如下:

假设公司的销项税为Y,供应商A和B的报价(含税)分别为A′(增值税税率为13%)和B′(增值税税率为3%)。采用通常情况下附加税率为12%。

综合成本相等时每两个供应商之间的报价平衡点计算如下:

第一步,建立平衡等式,选择供应商A的综合成本等于选择供应商B的综合成本,其中:

综合成本 = 不含税报价 + (销项税额 − 进项税额) × 附加税率

第二步,将数据代入平衡等式:

$A' \div (1+13\%) + [Y - A' \div (1+13\%) \times 13\%] \times 12\% = B' \div (1+3\%) + [Y - B' \div (1+3\%) \times 3\%] \times 12\%$

第三步,计算平衡等式,得出采购价格平衡点。

平衡点为90.05%($B' \div A'$),即小规模纳税人的含税报价等于一般纳税人的含税报价的90.05%时,建筑企业的综合成本相等。

在附加税率为12%的情况下,不同供应商平衡报价点的测算结果和供应商选择方案如表6.2所示。对于表6.2中列出的常用税率的报价,可直接按表中结果进行供应商比对选择。

表6.2　　　　　　　　　供应商平衡报价点及选择方案

供应商及其提供发票类型(可抵扣税率)				报价平衡点	供应商选择方案 $X = B' \div A'$
供应商A		供应商B			
发票类型	可抵扣税率	发票类型	可抵扣税率		
增值税专用发票	13%	增值税普通发票	0	87.12%	X < 87.12%,选择B;反之,选择A
增值税专用发票	13%	增值税专用发票	3%	90.05%	X < 90.05%,选择B;反之,选择A

续表

供应商及其提供发票类型（可抵扣税率）				报价平衡点	供应商选择方案
供应商 A		供应商 B			$X = B' \div A'$
发票类型	可抵扣税率	发票类型	可抵扣税率		
增值税专用发票	13%	增值税专用发票	6%	93.01%	$X<93.01\%$，选择 B；反之，选择 A
增值税专用发票	9%	增值税普通发票	0	90.75%	$X<90.75\%$，选择 B；反之，选择 A
增值税专用发票	9%	增值税专用发票	3%	93.81%	$X<93.81\%$，选择 B；反之，选择 A
增值税专用发票	9%	增值税专用发票	6%	96.90%	$X<96.90\%$，选择 B；反之，选择 A
增值税专用发票	6%	增值税普通发票	0	93.66%	$X<93.66\%$，选择 B；反之，选择 A
增值税专用发票	6%	增值税专用发票	3%	96.82%	$X<96.82\%$，选择 B；反之，选择 A
增值税专用发票	3%	增值税普通发票	0	96.74%	$X<96.74\%$，选择 B；反之，选择 A

实际采购过程中，如遇到适用其他税率的供应商（如服务类供应商），或者附加税率不等于12%的情况，可按照上述原理重新测算相应的采购价格平衡点。

6.2 视同销售增值税与所得税管理

6.2.1 视同销售增值税管理

根据税法规定，单位或个体经营者的下列行为，视同销售货物：将货物交付他人代销；销售代销货物；设有两个以上机构并实行统一核算的纳税人，将货物从一个机构移送其他机构用于销售，但相关机构设在同一县（市）的除外；将自产或委托加工的货物用于非应税项目；将自产、委托加工或购买的货物作为投资，提供给其他单位或个体经营者；将自产、委托加工或购买的货物分配给股东或投资者；将自产、委托加工的货物用于集体福利或个人消费；将自产、委托加工或购买的货物无偿赠送他人。增值税视同销售行为具体可以分为以下五种情况：

6.2.1.1 货物总分机构间异地调拨

（1）在一般情况下，总分支机构间的货物调拨只是货物的内部调拨，没有发生货物所有权的转移,不应视同销售,也不应征收增值税。

(2) 如果总机构和分支机构不在同一县(市),而将货物从一个机构移送到另一个机构并用于销售的内部调拨,应视同销售征收增值税。

6.2.1.2 货物代销

无论委托代销还是受托代销,都应视同销售,缴纳增值税。如果不把这两种行为看作货物销售,那么货物的买卖双方就会把正常的购销行为伪装成委托代销和受托代销行为,从而逃避应纳的增值税。

6.2.1.3 货物的外部使用

(1) 这里所称的"货物"不仅包括纳税人自产、委托加工收回的产品,也包括纳税人接受捐赠、接受投资或购买的货物。

(2) 当纳税人将这些货物对外使用时,都应该看作销售行为,缴纳增值税。

(3) 货物的外部使用包括:

①将货物提供给其他单位或个体经营者的对外投资行为;

②作为礼物赠送给他人的对外捐赠行为;

③作为股利分配给股东或投资者的对外分配行为。

总之,只要货物对外使用,无论货物原来是如何取得的,都应视同销售,缴纳增值税。

6.2.1.4 产品的内部使用

"产品"是指纳税人自产或委托加工收回的货物,其特点是本身并未缴过税,因此无论其外部使用,还是内部使用,原则上均应纳税。但是,如果该产品在本企业用于连续生产增值税应税货物,由于这种内部自用的产品是作为中间产品使用的,只要最终产品销售,则这些中间产品就必然承担税负,因此在使用时就无须纳税。

只要属于新生产出来的产品,无论是自产的产品还是委托他人生产的产品,也无论是内部使用(用于本企业连续生产的除外)还是外部使用,均应视同销售,缴纳增值税。

纳税人将从外部取得的货物在内部使用时,与增值税的视同销售无关。这是因为从外部取得的货物已经由转出方缴纳了增值税,当纳税人在内部使用时,主要涉及其进项税额是否可以抵扣的问题,与视同销售无关。

6.2.1.5 服务的无偿提供以及无形资产或不动产的无偿转让

下列情形视同销售服务、无形资产或者不动产:单位或者个体工商户向其他单位或者个人无偿提供服务,但用于公益事业或者以社会公众为对象的除外;单位或者个人向其他单位或者个人无偿转让无形资产或者不动产,但用于公益事业或者以社会公众为对象的除外。

第 6 章　建筑企业物资设备的税务管理

[例 6.1] 建筑施工企业 A 公司（一般纳税人）2019 年 8 月使用自己的运输车辆免费为 B 公司运输货物到甲地，取得 360 元增值税普通发票，如果根据市场同期同类运输业务确认运输费用为 2 180 元（含税，税率 9%）。针对上述业务，试计算 A 公司的销项税额。

[分析] A 公司使用自己的车辆为外单位提供运输服务属于视同提供销售服务，应按照视同销售确定销售额并计算销项税额。根据市场同期同类运输业务确认运输费用为 2 180 元，则该运输业务的销售额为 2 000 元 [2 180÷(1+9%)]，此项运输业务的销项税额为 180 元（2 000×9%）。

6.2.2　视同销售所得税管理

企业发生非货币性资产交换，以及将货物、财产、劳务用于捐赠、赞助、集资、广告、样品、职工福利和利润分配等用途的，应当视同销售货物、转让财产和提供劳务，国务院财政、税务主管部门另有规定的除外。

企业将资产移送他人的下列情形，因资产所有权属已发生改变而不属于内部处置资产，应按规定视同销售确定收入。

(1) 用于市场推广或销售。
(2) 用于交际应酬。
(3) 用于职工奖励或福利。
(4) 用于股息分配。
(5) 用于对外捐赠。
(6) 其他改变资产所有权属的用途。

属于上述规定的视同销售情形的资产，除另有规定外，应按照被移送资产的公允价值确定销售收入。

6.3　设备租赁的管理

随着社会经济的快速发展，机械设备的更新换代速度也很快，而有些设备的费用很高，且对于建筑企业来讲，对这些设备的使用也不是长期的，只是在某个项目上使用，如果对这些设备进行购买的话，就会产生大笔的资金支出，企业负担重，但是等项目完成后，这些设备又有可能被闲置起来，造成资金和资源的浪费，所以建筑企业施工中使用的机械设备，大都采用租赁的形式。租赁方式有两种，一种是纯设备租赁，另一种是"设备+操作人员"租赁方式。两种不同租赁方式，税务管理也不一样。

6.3.1 纯设备租赁的税务管理

6.3.1.1 政策依据

财税〔2016〕36号文件附件2《营业税改征增值税试点有关事项的规定》第一条第（六）项第六条规定："以纳入营改增试点之日前取得的有形动产为标的物提供的经营租赁服务，可以选择简易计税方法计征增值税。"

财税〔2016〕36号文件附件1《营业税改征增值税试点实施办法》第三十四条规定："简易计税方法的应纳税额，是指按照销售额和增值税征收率计算的增值税额，不得抵扣进项税额。应纳税额计算公式：

应纳税额＝销售额×征收率。"

第三十五条规定："简易计税方法的销售额不包括其应纳税额，纳税人采用销售额和应纳税额合并定价方法的，按照下列公式计算销售额：

销售额＝含税销售额÷（1＋征收率）。"

6.3.1.2 税务管理

（1）如果机械租赁公司2016年5月1日后，租给建筑企业工地上的设备是2013年8月1日之前购买的，则机械租赁公司按照简易计税方法依3%的征收率征收增值税，并给作为承租方的建筑企业开具税率为3%的增值税专用票（用于一般计税方法的项目）或增值税普通发票（用于简易计税方法的项目）。

（2）如果机械租赁公司2016年5月1日后，租给建筑企业工地上的设备是2013年8月1日之后购买的，则机械租赁公司以"有形动产租赁服务"按照13%计算征收增值税，并给作为承租方的建筑企业开具税率为13%的增值税专用票（用于一般计税方法的项目）或增值税普通发票（用于简易计税方法的项目）。

因此，建筑企业在采用上述方法租赁建筑机械设备时，应按照以下方法签订租赁合同，须在租赁合同中明确建筑企业租赁建筑机械设备的购买时间或出厂日期，租赁合同中必须注明以下附件资料：一是盖有出租方发票专用章的该机械设备原购买的发票复印件；二是盖有出租方合同章的该租赁设备的原购买合同复印件。

6.3.2 配备操作人员的税务管理

6.3.2.1 政策依据

根据《财政部　国家税务总局关于明确金融房地产开发教育辅助服务等增值税政策的通知》（财税〔2016〕140号）第十六条规定："纳税人将建筑施工设备出租给他人使用并配备操作人员的，按照'建筑服务'缴纳增值税。"

第一，开展租赁业务的主体是纳税人，既包括一般纳税人，也包括小规模纳税人；既包括主营业务为租赁业务的纳税人，也包括兼营建筑施工设备租赁的纳税人。即，出租方不管是单位还是个人，只要发生此类业务，均自2016年5月1日起按照建筑服务征税，与其是否具备建筑业资质无关。

第二，核心思想是"将建筑施工设备出租给他人使用并配备操作人员"，出租方只出租设备不配备操作人员的，不适用本条规定，仍然按照"有形动产租赁"税目征税。

第三，落脚点是"按照'建筑服务'缴纳增值税"，要注意的是，只是在税目上按照"建筑服务"缴纳增值税，税法并没有改变也不可能改变此类业务的业务属性。换言之，这个业务的实质仍然属于租赁业务，它本身并不是建筑服务，不用考虑出租方是否有建筑业资质，租赁合同不是分包合同，无须到建筑行业主管部门备案，出租方也不一定要有建筑工程承包经营范围的资质。

6.3.2.2　税务管理

建筑施工设备的湿租业务按照建筑服务税目缴纳增值税，在涉税管理方面，必须按照建筑服务税目的要求进行。

第一，计税方法选择方面，根据财税〔2016〕36号文件的规定，一般纳税人提供建筑服务，涉及"清包工工程""甲供工程""老项目"三种情形的，可以选择适用简易计税方法。具体为：

一是本地区有形动产租赁服务纳入营改增之日前签订的尚未执行完毕的有形动产合同，无论是干租还是湿租，由于财税〔2016〕140号文件对其无追溯力，均按财税〔2016〕36号文件附件2的规定选择计税方法，即按照有形动产租赁服务税目可以选择适用简易计税方法计税，征收率为3%。

二是本地区有形动产租赁服务纳入营改增之日前取得的标的物，配备操作人员出租的湿租业务，自本地区有形动产租赁服务纳入营改增之日至2016年4月30日，按照有形动产租赁服务税目可以选择适用简易计税方法计税，征收率为3%；自2016年5月1日起，按照建筑服务税目可以选择简易计税方法计税，征收率为3%。

三是本地区有形动产租赁服务纳入营改增之日后取得的标的物，配备操作人员出租的湿租业务，自本地区有形动产租赁服务纳入营改增之日至2016年4月30日，按照有形动产租赁服务税目适用一般计税方法计税，适用13%的税率；自2016年5月1日起，按照建筑服务税目适用一般计税方法计税，税率为9%。

第二，湿租业务的服务地，如对应的工程项目所在地，与出租方机构所在地不在同一县（市、区）的，应按照现行政策的规定，办理《外管证》并报验登记，纳税义务发生时在服务发生地预缴增值税及其附加税费。一般计税方法预征率为2%，简易计税方法计税预征率为3%。

第三，发票开具方面，一般纳税人应在机构所在地自行开具发票，小规模纳税人不能自行开具发票的，可向服务发生地主管税务机关申请代开增值税发票。发票开具必须按照《国家税务总局关于全面推开营业税改征增值税试点有关税收征收管理事项的公告》（国家税务总局公告 2016 年第 23 号）的要求，在"备注栏"注明建筑服务发生地县（市、区）名称及项目名称。

6.4 设备抵免的基本规定与案例实操

6.4.1 设备抵免基本规定

企业自 2008 年 1 月 1 日起购置并实际使用列入《环境保护专用设备企业所得税优惠目录》《节能节水专用设备企业所得税优惠目录》和《安全生产专用设备企业所得税优惠目录》范围内的环境保护、节能节水和安全生产专用设备，可以按专用设备投资额的 10% 抵免当年企业所得税应纳税额；企业当年应纳税额不足抵免的，可以向以后年度结转，但结转期不得超过 5 个纳税年度。

其中，专用设备投资额，是指购买专用设备发票价税合计价格，但不包括按有关规定退还的增值税税款以及设备运输、安装和调试等费用。自 2009 年 1 月 1 日起，增值税一般纳税人购进固定资产发生的进项税额可从其销项税额中抵扣，因此自 2009 年 1 月 1 日起，纳税人购进并实际使用《环境保护专用设备企业所得税优惠目录》《节能节水专用设备企业所得税优惠目录》和《安全生产专用设备企业所得税优惠目录》范围内的专用设备并取得增值税专用发票的，在按照《财政部 国家税务总局关于执行环境保护专用设备企业所得税优惠目录 节能节水专用设备企业所得税优惠目录和安全生产专用设备企业所得税优惠目录有关问题的通知》（财税〔2008〕48 号）第二条规定进行税额抵免时，如增值税进项税额允许抵扣，其专用设备投资额不再包括增值税进项税额；如增值税进项税额不允许抵扣，其专用设备投资额应为增值税专用发票上注明的价税合计金额。企业购买专用设备取得普通发票的，其专用设备投资额为普通发票上注明的金额。

当年应纳税额，是指企业当年的应纳税所得额乘以适用税率，扣除依照《企业所得税法》和国务院有关税收优惠规定以及税收过渡优惠规定减征、免征税额后的余额。

企业利用自筹资金和银行贷款购置专用设备的投资额，可以按《企业所得税法》的规定抵免企业应纳所得税额；企业利用财政拨款购置专用设备的投资额，不得抵免企业应纳所得税额。

企业购置并实际投入使用、已开始享受税收优惠的专用设备，如从购置之日起 5

个纳税年度内转让、出租的,应在该专用设备停止使用当月停止享受企业所得税优惠,并补缴已经抵免的企业所得税税款。

依据上述政策规定,企业购入设备在实际投入使用的年度开始享受优惠,但需要留存以下资料备查:

(1) 购买并自身投入使用的专用设备清单及发票。

(2) 以融资租赁方式取得的专用设备的合同或协议。

(3) 专用设备属于《环境保护专用设备企业所得税优惠目录》《节能节水专用设备企业所得税优惠目录》或《安全生产专用设备企业所得税优惠目录》中的具体项目的说明。

(4) 专用设备实际投入使用时间的说明。

6.4.2 设备抵免案例实操

[例6.2] 2019年某甲建筑企业(以下简称甲公司)相关业务情况如下:

(1) 2019年6月5日,甲公司利用自有资金购入《环境保护专用设备企业所得税优惠目录》中所列的环保专用设备一套,并取得增值税专用发票,价款为1 000 000元,增值税为130 000元。

(2) 甲公司对该环保设备进行了安装调试,支付安装费100 000元。2019年6月30日,环保设备达到预定可使用状态。该设备预计可以使用10年,净残值率预计为10%,采用年限平均法计提折旧。

(3) 甲公司2019年账面利润为100 000元(未扣除所得税,下同),2020年发生亏损200 000元,2021年账面利润为800 000元。

为简化分析,假设不考虑企业所得税以外的其他税费,无其他纳税调整事项,甲公司在每年年末均预计未来期间能够产生足够的应纳税所得额用来抵扣已发生的亏损和税额抵免。

甲公司的会计及税务处理:

(1) 2019年度:

①购入环保设备时:

借:在建工程——环保专用设备	1 000 000
应交税费——应交增值税(进项税额)	130 000
贷:银行存款	1 130 000

②支付设备安装费时:

借:在建工程——环保专用设备	100 000
贷:银行存款	100 000

③环保设备达到预定可使用状态时:

环保设备的入账价值 = 1 000 000 + 100 000 = 1 100 000（元）

借：固定资产——环保专用设备　　　　　　　　　　1 100 000
　　贷：在建工程——环保专用设备　　　　　　　　　　　1 100 000

④环保设备从2019年7月开始计提折旧费用：

2019年应计提折旧 = [1 100 000 × (1 − 10%)] × 6 ÷ (10 × 12) = 49 500（元）

借：制造费用　　　　　　　　　　　　　　　　　　49 500
　　贷：累计折旧　　　　　　　　　　　　　　　　　　49 500

⑤2019年甲公司购入环保专用设备的入账价值及计提的折旧符合税收政策规定，不需要进行纳税调整。

根据上述设备抵免的相关规定，该专用设备投资额的10%可以从甲公司2019年度的应纳税额中抵免。本例中可以抵免的税款为100 000元（1 000 000 × 10%，不包括可以抵扣的增值税进项税额和安装支出等费用）。由于2019年盈利100 000元，当年可以抵免的所得税仅为25 000元（100 000 × 25%），尚有75 000元（100 000 − 25 000）在当年不能得到抵免，需要结转到以后年度。因此，2019年12月底，甲公司应确认与税款抵免相关的递延所得税资产为75 000元。

借：递延所得税资产——税款抵减　　　　　　　　　75 000
　　贷：所得税费用——递延所得税费用　　　　　　　　75 000

（2）2020年度：

由于甲公司2020年亏损200 000元，未抵免完的购置环保设备投资在2020年无法进行抵免，同时根据企业会计准则的规定，甲公司需要将可弥补的亏损确认为递延所得税资产的金额为50 000元（200 000 × 25%）。

借：递延所得税资产——可抵扣亏损　　　　　　　　50 000
　　贷：所得税费用——递延所得税费用　　　　　　　　50 000

（3）2021年度：

甲公司2021年盈利为800 000元，首先应弥补2020年亏损的200 000元，2021年应纳税所得额为600 000元（800 000 − 200 000）。抵免前应交企业所得税为150 000元（600 000 × 25%），尚未抵免的2019年环保设备投资75 000元可以全部予以抵免。因此，应将2019年、2020年确认的因亏损和专用设备投资额税款抵免而产生的递延所得税资产全部转回。

借：所得税费用——递延所得税费用　　　　　　　　125 000
　　贷：递延所得税资产——可抵扣亏损　　　　　　　　50 000
　　　　递延所得税资产——税款抵减　　　　　　　　　75 000

2021年应交企业所得税为75 000元（150 000 − 75 000）：

借：所得税费用——当期所得税费用　　　　　　　　75 000

贷：应交税费——应交所得税　　　　　　　　　　　　　　　75 000

甲公司如果在5个纳税年度内转让、出租专用设备，将不得享受税款抵免，应在该专用设备停止使用当月停止享受企业所得税优惠，并补缴已经抵免的企业所得税税款。

6.5　砂石料的资源税管理

砂石料是建筑施工的主要原材料，在各类建筑工程中应用比较广泛。建筑施工企业一般不直接从事开采砂石料的活动，仅在某些特殊情况下为了满足施工需要直接就地开采砂、石等非金属矿原矿，作为施工用初级施工材料，根据我国现行税收政策规定，企业自产自用砂石料时，应按相关条款，及时、足额缴纳资源税。同时，建筑企业购买砂石料不再需要资源税管理证明。

6.5.1　资源税的政策变化

6.5.1.1　《资源税法》新变化

2019年8月26日上午，第十三届全国人大常委会第十二次会议在北京人民大会堂闭幕。会议表决通过了《中华人民共和国资源税法》（以下简称《资源税法》），该税法于2020年9月1日起实施。

资源税自1984年开征以来，经过逐步的改革和完善，税制要素已基本合理，运行也比较平稳。按照落实税收法定原则的要求，这次立法保持了现行的税制框架和税负水平总体不变的原则，对不适应社会经济发展和改革的要求做了适当的调整，所以将《中华人民共和国资源税暂行条例》（以下简称《资源税暂行条例》）上升到了现在的《资源税法》。与资源税制度相比，《资源税法》主要有以下三个方面的变化：

一是统一了税目。按照现行制度的规定，中央层面列举了30多种主要资源的品目，没有列举的由省级人民政府具体确定。这次通过的《资源税法》对税目进行了统一的规范，将目前所有的应税资源产品都在税法中一一列明，所列的税目有164个，涵盖了所有已经发现的矿种和盐。

二是调整了具体税率确定的权限。按照现行制度规定，资源税按不同的资源品目分别实行固定税率和幅度税率，实行固定税率的包括原油、天然气、中重稀土等，其他资源实行幅度税率。对实行幅度税率的应税资源，由省级人民政府确定具体的税率。《资源税法》继续采用固定税率和幅度税率两类税率，对实行幅度税率的资源，按照落实税收法定原则的要求，明确其具体的适用税率由省级人民政府提出，报同级人大常委会决定。

三是规范了减免税政策。现行的资源税减免政策既有长期性的政策,也有阶段性的政策,《资源税法》对现行长期实行而且实践证明行之有效的优惠政策税法做出了明确的规定,包括对油气开采运输过程中自用资源和因安全生产需要抽采的煤成(层)气,免征资源税;对从低丰度油气田开采的原油、天然气,高含硫天然气,三次采油,从深水油气田开采的原油、天然气,稠油,高凝油,从衰竭期矿山开采的矿产品,减征资源税。同时,为了更好地适应实际需要,便于相机调控,税法授权国务院对有利于资源节约集约利用、保护环境等情形可以规定减免资源税,并报全国人大常委会备案。对共伴生矿、低品位矿、尾矿以及因意外事故和自然灾害等原因遭受重大损失的,税法授权各省、自治区、直辖市确定减免资源税的具体办法。

6.5.1.2 《资源税法》新征管

《资源税法》是贯彻习近平生态文明思想、落实税收法定原则、完善地方税体系的重要举措,是绿色税制建设的重要组成部分。相比《资源税暂行条例》,《资源税法》吸收了近年来税收征管与服务上的有效做法,践行了以纳税人为中心的服务理念,体现了深化"放管服"改革的要求,具体有以下三个新变化:

一是简并了征收期限,有利于减轻办税负担。《资源税暂行条例》规定的纳税期限是1日、3日、5日、10日、15日或者1个月,具体期限还要由主管税务机关根据实际情况核定,与大多数税种的申报期限不统一、不衔接。《资源税法》规定由纳税人选择按月或按季申报缴纳,并将申报期限由10日内改为15日内,与其他税种保持一致,这将明显降低纳税人的申报频次,切实减轻办税负担。

二是规范了税目、税率,有利于简化纳税申报。《资源税法》以正列举的方式统一规范了税目,分类确定了税率,为简化纳税申报提供了制度基础。税务部门将据此优化纳税申报表,提高征管信息化水平,为纳税人提供更加便捷高效的申报服务。

三是强化了部门协同,有利于维护纳税人权益。资源税征管工作专业性、技术性强,特别是对减免税情形的认定,需要有关部门的配合协助。例如,《资源税法》规定对衰竭期矿山开采的矿产品减征30%资源税,授权各省对低品位矿减免资源税,落实该政策的前提条件就是衰竭期矿山和低品位矿的认定。该税法明确规定,税务机关与自然资源等相关部门应当建立工作配合机制,良好的部门协作,有利于减少征纳争议,维护纳税人合法权益。

6.5.1.3 《资源税法》要点

(1)征收范围。资源税的征税范围为《资源税法》所附《资源税税目税率表》列举的能源矿产、金属矿产、非金属矿产、水气矿产和盐共164种应税资源。

(2)征税对象。《资源税法》所附《资源税税目税率表》规定资源税征税对象为原矿或者选矿。应税产品为矿产品的,包括原矿和选矿产品。

（3）征收方式。资源税采取从价计征为主、从量计征为辅的征收方式。煤、磷、金、铝土矿、重晶石等59个税目实行从价计征，应纳税额按照应税产品的销售额乘以具体适用税率计算；地热、石灰岩、其他粘土、砂石4个税目实行从量计征，应纳税额按照应税产品的销售数量乘以具体适用税率计算。

（4）减免范围。

①开采原油以及在油田范围内运输原油过程中用于加热的原油、天然气，免征资源税。

②煤炭开采企业因安全生产需要抽采的煤成（层）气，免征资源税。

③从低丰度油气田开采的原油、天然气，减征20%资源税。

④高含硫天然气、三次采油和从深水油气田开采的原油、天然气，减征30%资源税。

⑤稠油、高凝油减征40%资源税。

⑥从衰竭期矿山开采的矿产品，减征30%资源税。

⑦对青藏铁路公司及其所属单位运营期间自采自用的砂、石等材料免征资源税。

⑧自2018年4月1日至2021年3月31日，对页岩气资源税减征30%。

⑨自2014年12月1日至2023年8月31日，对充填开采置换出来的煤炭，资源税减征50%。

（5）优惠享受。纳税人符合资源税减免规定的，应当单独核算销售额或者销售数量，自行申报享受税收优惠政策，并将有关资料留存备查。

（6）纳税义务发生时间。纳税人销售应税产品的，纳税义务发生时间为收讫销售款或者取得索取销售款凭据的当日；自用应税产品的，纳税义务发生时间为移送应税产品的当日。

（7）纳税地点。纳税人应当向应税产品开采地或者生产地的税务机关申报缴纳资源税。

（8）纳税期限。资源税按月或者按季申报缴纳；不能按固定期限计算缴纳的，可以按次申报缴纳。纳税人按月或者按季申报缴纳的，应当自月度或者季度终了之日起15日内，向税务机关办理纳税申报并缴纳税款；按次申报缴纳的，应当自纳税义务发生之日起15日内，向税务机关办理纳税申报并缴纳税款。

（9）税目、税率适用。纳税人开采或者生产不同税目应税产品的，应当分别核算不同税目应税产品的销售额或者销售数量；未分别核算或者不能准确提供不同税目应税产品的销售额或者销售数量的，从高适用税率。纳税人开采或者生产同一税目下适用不同税率应税产品的，应当分别核算不同税率应税产品的销售额或者销售数量；未分别核算或者不能准确提供不同税率应税产品的销售额或者销售数量的，从高适用税率。

（10）自产、自用产品资源税。纳税人开采或者生产应税产品自用的，应当依照

《资源税法》缴纳资源税，但是自用于连续生产应税产品的，不缴纳资源税。纳税人自用应税产品应当缴纳资源税的情形，包括纳税人以应税产品用于非货币性资产交换、捐赠、偿债、赞助、集资、投资、广告、样品、职工福利、利润分配或者连续生产非应税产品等。

（11）未单独核算项目是否减免。纳税人的免税、减税项目，应当单独核算销售额或者销售数量；未单独核算或者不能准确提供销售额或者销售数量的，不予免税或者减税。纳税人开采或者生产同一应税产品，其中既有享受减免税政策的，又有不享受减免税政策的，按照免税、减税项目的产量占比等方法分别核算确定免税、减税项目的销售额或者销售数量。纳税人开采或者生产同一应税产品同时符合两项或者两项以上减征资源税优惠政策的，除另有规定外，只能选择其中一项执行。

（12）销售额的确认。资源税应税产品的销售额，按照纳税人销售应税产品向购买方收取的全部价款确定，不包括增值税税款。计入销售额中的相关运杂费用，凡取得增值税发票或者其他合法有效凭据的，准予从销售额中扣除。相关运杂费用是指应税产品从坑口或者洗选（加工）地到车站、码头或者购买方指定地点的运输费用、建设基金以及随运销产生的装卸、仓储、港杂费用。纳税人申报的应税产品销售额明显偏低且无正当理由的，或者有自用应税产品行为而无销售额的，主管税务机关可以按下列方法和顺序确定其应税产品销售额：

①按纳税人最近时期同类产品的平均销售价格确定。
②按其他纳税人最近时期同类产品的平均销售价格确定。
③按后续加工非应税产品销售价格，减去后续加工环节的成本利润后确定。
④按应税产品组成计税价格确定。

组成计税价格 = 成本 × (1 + 成本利润率) ÷ (1 − 资源税税率)

上述公式中的成本利润率由省、自治区、直辖市税务机关确定。
⑤按其他合理方法确定。

（13）销售数量的确认。应税产品的销售数量，包括纳税人开采或者生产应税产品的实际销售数量和自用于应当缴纳资源税情形的应税产品数量。

（14）混合销售资源税。纳税人外购应税产品与自采应税产品混合销售或者混合加工为应税产品销售的，在计算应税产品销售额或者销售数量时，准予扣减外购应税产品的购进金额或者购进数量；当期不足扣减的，可结转下期扣减。纳税人应当准确核算外购应税产品的购进金额或者购进数量，未准确核算的，一并计算缴纳资源税。纳税人核算并扣减当期外购应税产品购进金额、购进数量，应当依据外购应税产品的增值税发票、海关进口增值税专用缴款书或者其他合法有效凭据确定。

（15）原矿和选矿资源税。纳税人以自采原矿（经过采矿过程采出后未进行选矿或者加工的矿石）直接销售，或者自用于应当缴纳资源税情形的，按照原矿计征资源税。纳税人以自采原矿洗选加工为选矿产品（通过破碎、切割、洗选、筛分、磨矿、分级、提纯、脱水、干燥等过程形成的产品，包括富集的精矿和研磨成粉、粒级成型、切割成型的原矿加工品）销售，或者将选矿产品自用于应当缴纳资源税情形的，按照选矿产品计征资源税，在原矿移送环节不缴纳资源税。对于无法区分原生岩石矿种的粒级成型砂石颗粒，按照砂石税目征收资源税。

6.5.2 自产和外购砂石料管理

6.5.2.1 自产砂石料管理

根据《资源税法》第五条规定，纳税人开采或者生产应税产品自用的，应当依照本法规定缴纳资源税，但是自用于连续生产应税产品的，不缴纳资源税。建筑企业自产砂石料用于本单位项目，需要按照规定视同销售向应税产品开采地或者生产地的税务机关申报缴纳资源税，但如果自产砂石料自用于连续生产应税产品的，则不需要缴纳资源税。

建筑企业应做好自产砂石料的税务管理，需关注以下几点：

（1）自用范围。自用应税产品应当缴纳资源税的情形，包括纳税人以应税产品用于非货币性资产交换、捐赠、偿债、赞助、集资、投资、广告、样品、职工福利、利润分配或者连续生产非应税产品等。

（2）分别核算。建筑企业开采或者生产同一税目下适用不同税率应税产品的，应当分别核算不同税率应税产品的销售额或者销售数量；未分别核算或者不能准确提供不同税率应税产品的销售额或者销售数量的，从高适用税率。

（3）建立台账。建筑企业应税产品的销售数量，包括纳税人开采或者生产应税产品的实际销售数量和自用于应当缴纳资源税情形的应税产品数量。建筑企业应建立自产自用应税产品移送使用台账，避免因无法准确提供移送使用量的，采取折算比换算办法确定课税数量。

6.5.2.2 外购砂石料管理

根据《国家税务总局关于取消一批税务证明事项的决定》（国家税务总局令第46号）规定，2019年，国家税务总局认真贯彻落实党中央、国务院关于减税降费和减证便民决策部署，将取消税务证明事项作为增进减税降费便利化重要措施，研究决定再取消12项税务证明事项。其中，涉及资源税管理证明。建筑工程企业购买砂石料不再需要资源税管理证明，税务机关通过以下措施强化监管：

（1）进一步加强开采地源泉管控，对已纳入开采地正常税务管理或者在销售矿产品时开具增值税发票的纳税人，实行纳税人自主申报，不采用代扣代缴的征管方式。

（2）对于部分零散税源，确有必要的，可采用委托代征等替代管理方式。

（3）加强与矿产资源管理等部门的信息共享，加强资源税源头控管和风险防控。

第 7 章
建筑企业项目组织的税务管理

7.1 临建与驻地购建的税务管理

临时设施是指建筑业企业为保证施工和管理的进行而建造的各种简易设施,包括现场临时作业棚、机具棚、材料库、办公室、休息室、厕所、化灰池、储水池、沥青锅灶等设施,临时道路、围墙,临时给排水、供电、供热等管线,临时性简易周转房,以及现场临时搭建的职工宿舍、食堂、浴室、医务室、理发室、托儿所等临时福利设施。

7.1.1 临时设施购建的税务管理

7.1.1.1 增值税

临时设施的性质与房屋、建筑物既相似又有区别,临时设施在施工生产过程中发挥着劳动资料的作用,由于其建造标准较低,为临时性或半永久性的建筑物,不可能长时间使用,多数在项目完工后就需拆除清理。

(1) 临时设施允许一次性抵扣进项税额。财税〔2016〕36号文件对不动产的抵扣政策是:自取得之日起分两年从销项税额中抵扣,第一年抵扣比例为60%,第二年抵扣比例为40%。取得的形式包括自建。但由于临时设施临时性的特点,财税〔2016〕36号文件同时规定:在施工现场修建的临时建筑物、构筑物,其进项税额不适用上述分两年抵扣的规定。因此,购建临时设施取得的进项税不用分两年抵扣。

购入临时设施或2016年5月1日后新发生的临时设施自建工程时,外购的板房或者集装箱房屋属于货物,适用13%的税率,发生的地基基础及安装费用属于建筑服务,适用9%的税率或3%的征收率。以上费用发生时应及时取得专票,认证并申报抵扣,将对应的进项税额填报在《增值税纳税申报表附列资料(二)》"其中:本期认证相符且本期申报抵扣"栏次实现一次性抵扣。不需要填报《增值税纳税申报表附列资料(二)》的"(三)本期用于购建不动产的扣税凭证"以及"(四)本期不动产允许抵扣进项税额"等栏次,也不要填报《增值税纳税申报表附列资料(五)》。如果临时设施属于专用于简易计税方法计税项目情形,也应取得专票并申报抵扣,同时将相应进项税额转出,待以后用于(专用或兼用)一般计税项目时,再按照规定的方法转入抵扣。

(2)临时设施拆除后进项税额无须转出。财税〔2016〕36号文件规定:非正常损失的不动产,以及该不动产耗用的购进货物设计服务和建筑服务,进项税额不得从销项税额中抵扣。非正常损失,是指因管理不善造成货物被盗、丢失、霉烂变质,以及违反法律法规造成货物或者不动产被依法没收、销毁、拆除的情形。显然,临时设施的拆除不属于上述任何情形,因此拆除临时设施时已抵扣的进项税额无须转出。

7.1.1.2 企业所得税

根据《企业所得税法实施条例释义》解释,临时工棚、车棚等简易设施不属于建筑物,因此不受《企业所得税法》房屋、建筑物的最低折旧年限20年的限制。

7.1.1.3 房产税

根据《财政部 税务总局关于房产税若干具体问题的解释和暂行规定》(财税地字〔1986〕8号)规定,凡是在基建工地为基建工地服务的各种工棚、材料棚、休息棚和办公室、食堂、茶炉房、汽车房等临时性房屋,不论是施工企业自行建造还是由基建单位出资建造交施工企业使用的,在施工期间,一律免征房产税。但是,如果在基建工程结束以后,施工企业将这种临时性房屋交还或者估价转让给基建单位的,应当从基建单位接收的次月起,依照规定征收房产税。因此,建筑企业施工期间临时设施免征房产税,施工结束后使用的按规定征收房产税。

7.1.2 项目驻地租赁的税务管理

7.1.2.1 增值税

根据《国家税务总局关于发布〈纳税人提供不动产经营租赁服务增值税征收管理暂行办法〉的公告》(国家税务总局公告2016年第16号)第三条规定(见表7.1):

表 7.1　　　　　　　　　　　不动产出租增值税政策汇总

纳税人类型	房屋取得时间	计税方法	异地预缴增值税	申报税款
增值税一般纳税人	2016年4月30日以前	简易计税	应预缴税款 = 含税租金 ÷ (1+5%) × 5%	应纳税款 = 含税租金 ÷ (1+5%) × 5% – 已预缴税款
	2016年5月1日以后	一般计税	应预缴税款 = 含税租金 ÷ (1+9%) × 5%	应纳税款 = 含税租金 ÷ (1+9%) × 9% – 已预缴税款
小规模纳税人（非住房）		简易计税	应预缴税款 = 含税租金 ÷ (1+5%) × 5%	应纳税款 = 含税租金 ÷ (1+5%) × 5% – 已预缴税款
小规模纳税人（住房）		简易计税	应预缴税款 = 含税租金 ÷ (1+5%) × 1.5%	应纳税款 = 含税租金 ÷ (1+5%) × 1.5% – 已预缴税款
自然人个人（非住房）		简易计税	不预缴	应预缴税款 = 含税租金 ÷ (1+5%) × 5%
自然人个人（住房）		简易计税	不预缴	应预缴税款 = 含税租金 ÷ (1+5%) × 1.5%

（1）一般纳税人出租不动产，按照以下规定缴纳增值税。

一般纳税人出租其2016年4月30日前取得的不动产，可以选择适用简易计税方法，按照5%的征收率计算应纳税额。不动产所在地与机构所在地不在同一县（市、区）的，纳税人应按照上述计税方法向不动产所在地主管税务机关预缴税款，向机构所在地主管税务机关申报纳税。不动产所在地与机构所在地在同一县（市、区）的，纳税人向机构所在地主管税务机关申报纳税。

一般纳税人出租其2016年5月1日后取得的不动产，适用一般计税方法计税。目前税率为9%。不动产所在地与机构所在地不在同一县（市、区）的，纳税人应按照3%的预征率向不动产所在地主管税务机关预缴税款，向机构所在地主管税务机关申报纳税。不动产所在地与机构所在地在同一县（市、区）的，纳税人应向机构所在地主管税务机关申报纳税。一般纳税人出租其2016年4月30日前取得的不动产适用一般计税方法计税的，按照上述规定执行。

（2）小规模纳税人出租不动产，按照以下规定缴纳增值税。单位和个体工商户出租不动产（不含个体工商户出租住房），按照5%的征收率计算应纳税额。个体工商户出租住房，按照5%的征收率减按1.5%计算应纳税额。不动产所在地与机构所在地不在同一县（市、区）的，纳税人应按照上述计税方法向不动产所在地主管税务机关预缴税款，向机构所在地主管税务机关申报纳税。不动产所在地与机构所在地在同一县（市、区）的，纳税人应向机构所在地主管税务机关申报纳税。

（3）小规模纳税人出租不动产，符合条件免征增值税。根据《国家税务总局关于小规模纳税人免征增值税政策有关征管问题的公告》（国家税务总局公告2019年第4号）规定，小规模纳税人发生增值税应税销售行为，合计月销售额未超过10万元

(以 1 个季度为 1 个纳税期的，季度销售额未超过 30 万元，下同）的，免征增值税。小规模纳税人发生增值税应税销售行为，合计月销售额超过 10 万元，但扣除本期发生的销售不动产的销售额后未超过 10 万元的，其销售货物、劳务、服务、无形资产取得的销售额免征增值税。

公告明确，按照现行规定应当预缴增值税税款的小规模纳税人，凡在预缴地实现的月销售额未超过 10 万元的，当期无须预缴税款。

（4）其他个人出租不动产（不含住房），按照以下规定缴纳增值税。其他个人出租不动产（不含住房），按照 5% 的征收率计算应纳税额，向不动产所在地主管税务机关申报纳税。其他个人出租住房，按照 5% 的征收率减按 1.5% 计算应纳税额，向不动产所在地主管税务机关申报纳税。

其他个人，采取一次性收取租金形式出租不动产取得的租金收入，可在对应的租赁期内平均分摊，分摊后的月租金收入未超过 10 万元的，免征增值税（注意：不区分住房与非住房）。

（5）增值税发票开具注意事项。根据《国家税务总局关于全面推开营业税改征增值税试点有关税收征收管理事项的公告》（国家税务总局公告 2016 年第 23 号）规定，出租不动产，纳税人自行开具或者税务机关代开增值税发票时，应在"备注栏"注明不动产的详细地址。

个人出租住房适用优惠政策减按 1.5% 征收，纳税人自行开具或者税务机关代开增值税发票时，通过新系统中征收率减按 1.5% 征收开票功能，录入含税销售额，系统自动计算税额和不含税金额，发票开具不应与其他应税行为混开，应在"备注栏"注明不动产的详细地址。

其他个人委托房屋中介、住房租赁企业等单位出租不动产，需要向承租方开具增值税发票的，可以由受托单位代其向主管税务机关按规定申请代开增值税发票。

7.1.2.2 城市维护建设税及附加税

根据《财政部 国家税务总局关于纳税人异地预缴增值税有关城市维护建设税和教育费附加政策问题的通知》（财税〔2016〕74 号）规定：

（1）纳税人跨地区提供建筑服务、销售和出租不动产的，应在建筑服务发生地、不动产所在地预缴增值税时，以预缴增值税税额为计税依据，并按预缴增值税所在地的城市维护建设税适用税率和教育费附加征收率就地计算缴纳城市维护建设税和教育费附加。

（2）预缴增值税的纳税人在其机构所在地申报缴纳增值税时，以其实际缴纳的增值税税额为计税依据，并按机构所在地的城市维护建设税适用税率和教育费附加征收率就地计算缴纳城市维护建设税和教育费附加。

7.1.2.3 企业所得税

根据《企业所得税法实施条例》第十九条的规定，企业提供固定资产、包装物或者其他有形资产的使用权取得的租金收入，应按交易合同或协议规定的承租人应付租金的日期确认收入的实现。其中，如果交易合同或协议中规定租赁期限跨年度，且租金提前一次性支付的，根据《企业所得税法实施条例》第九条规定的收入与费用配比原则，出租人可对上述已确认的收入，在租赁期内，分期均匀计入相关年度收入。

出租方如为在我国境内设有机构场所且采取据实申报缴纳企业所得税的非居民企业，也按本条规定执行。

7.1.2.4 房产税

根据《中华人民共和国房产税暂行条例》（以下简称《房产税暂行条例》）规定：

（1）房产税由产权所有人缴纳。免租期的房产税由出租人按房产原值缴纳。

（2）产权属于全民所有的，由经营管理的单位缴纳。

（3）产权出典的，由承典人缴纳。

（4）产权所有人、承典人不在房产所在地的，或者产权未确定及租典纠纷未解决的，由房产代管人或者使用人缴纳。

（5）前款列举的产权所有人、经营管理单位、承典人、房产代管人或者使用人，统称为纳税义务人（以下简称纳税人）。

（6）房产税按年征收、分期缴纳。纳税期限由省、自治区、直辖市人民政府规定。

（7）房产税由房产所在地的税务机关征收。

（8）房产税纳税义务发生时间：纳税人出租出借房产的，为出租出借房产发生的次月起。

（9）税率：按照租金的12%缴纳。

其中，企事业单位、其他组织向个人出租的住房，按照租金的4%征收房产税；个人出租房屋，按照租金的4%征收房产税。

7.1.2.5 印花税

（1）纳税人：签订合同双方。

（2）税率：财产租赁合同包括租赁房屋、船舶、飞机、机动车辆、机械、器具、设备等合同，从性质上属于经营租赁合同，其适用税率为千分之一，计税依据为租赁金额。

（3）纳税地点：就地纳税。

7.1.2.6 难点解析

（1）无租使用其他单位房产涉及房产税。

①错将"有租"当"无租"。甲公司租用乙单位的办公楼，合同期限为3年，无租金。甲对该办公楼按照乙单位要求进行装修并购置办公设备，合同期满后，办公楼及办公设备均需无偿归还给乙单位。案例中乙单位并非真的没有取得租金，其中对房

屋的装修以及购置的办公设备可以视为甲单位付给乙单位的租金，这不是"无租"合同，而是"有租"合同。

②认为"无租"不缴纳房产税。根据规定"无租使用其他单位房产的应税单位和个人，依照房产余值代缴纳房产税"。也就是说，在无租使用情况下，房产税的纳税义务主体仍为产权所有人，只是由使用人代为缴纳房产税。房产税属于财产税，无租使用的房产，即使是使用人缴纳，也属于代扣代缴。

③认为"无租"和"免租"在缴纳房产税时是相同的。对于出租房产，租赁双方签订的租赁合同约定有免收租金期限的，免收租金期间由产权所有人按照房产原值缴纳房产税。而无租使用其他单位房产的应税单位和个人，依照房产余值代缴纳房产税。所以，两者在房产税缴纳问题上存在一定差异。

同时，无租使用需考虑增值税、企业所得税、城镇土地使用税等涉税问题。

（2）提前一次性收取多年房屋租金不同税种涉税问题。房屋租金收入涉及增值税、房产税、企业所得税（个人所得税）、附加税费等，由于不同税种对一次性收取多期租金的相关规定不同，因此在缴纳税费时需分税种考虑。

①增值税纳税人提供租赁服务采取预收款方式的，其纳税义务发生时间为收到预收款的当天，因此预收多年租金需在预收款时缴纳增值税。

②房产税实行按年计算，分期缴纳的征收办法，因此一次性收取多年租金，不用一次性缴纳房产税。

③根据《企业所得税法》规定，企业提供固定资产、包装物或者其他有形资产的使用权取得的租金收入，应按交易合同或协议规定的承租人应付租金的日期确认收入的实现。其中，如果交易合同或协议中规定租赁期限跨年度，且租金提前一次性支付的，根据《企业所得税法实施条例》第九条规定的收入与费用配比原则，出租人可对上述已确认的租金收入，在租赁期内，分期均匀计入相关年度收入总额计算缴纳企业所得税。

（3）尚未决算入账但分步投入使用房产涉及房产税。尚未决算入账，但已经投入使用的房产，国家税务总局没有明确规定预算价值和决算价值存在差额的情况下如何处理，各地对此出台的执行政策也有所不同。因此，以下地方政策仅供参考，具体业务还请企业与当地税务机关确认为妥。

第一，对工程决算前已经缴纳的税款不退不补。如《辽宁省房产税实施细则》第三条关于"工程尚未决算已经投入使用的新建房产，依照基建计划价值减除30%后的余值计税……已按计划价值或核定价值征纳税款的不再退补"的规定，对已经投入使用但工程尚未决算的，在工程决算前，暂按工程预算价值计算缴纳房产税；对工程决算后，应自工程决算之次月起，按固定资产决算价值计算缴纳房产税，对工程决算前已按预算价值计算缴纳的税款不应再多退少补。

第二，对工程决算前已经缴纳的税款多退少补。如根据《江苏省税务局关于房产税、车船使用税若干具体问题的解释和规定》，纳税单位新建、扩建、翻建的房屋，从建成验收的次月起缴纳房产税；未办验收手续而已经使用的，自使用的次月起缴纳房产税，其房产价格尚未入账的，可先按基建计划价格计算征税，待工程验收结算后，再按入账后价格进行调整，并办理税款的退补手续。

7.1.2.7 税务策划

对于城市、县城、建制镇和工矿区内的企业所有的房产来说，由于从价计征房产税的房屋原值是指"固定资产"账户中记载的房屋原值，因此合理确定房产原值对房产税的税负影响很大。企业如果在核算房产的造价时，没有意识到房产价值的高低对房产税将产生影响，那么许多错误的核算办法将导致未来过多的房产税支出。例如，如果将房产周围的道路及相关配套支出记入房产价值中，就会提高房产的原值；由于房屋内的上下水系统不可避免地与室外的上下水系统联结，以及房屋的供电系统与室外的供电系统联结，正确地划分房产的价值与室外公用设施的价值，防止虚增房产的价值，对于减少房产税的支出有着重大的意义。正确核算房屋配套设备的价值，防止抬高房产的原值，也是十分重要的。例如税法规定，新建房屋交付使用时，如中央空调设备已计算在房产原值之中，则房产原值应包括中央空调设备；如中央空调设备作为单项固定资产入账，单独核算并提取折旧，则房产原值不应包括中央空调设备。旧房安装空调设备，一般都作为单项固定资产入账，不应作为房产原值。

同时，对于大修停用半年以上的房产，企业应注意及时向主管税务机关提出申请，经税务机关审核，免征大修期间的房产税。

此外，企业应注意投资地点对房产税的影响。由于城市、县城、建制镇和工矿区内的房产才缴纳房产税，如果投资设立的企业不在城市、县城、建制镇和工矿区，则不需要缴纳房产税。所以，在选择投资地点时，应注意投资地点对房产税的影响。

[例7.1] 某建筑施工企业A公司将一层办公楼出租给B公司，年租金为500万元，其中包括物业费用50万元，A公司应缴纳房产税税费为60万元（500×12%）。

策划方案：由于A公司将物业费用并入收取的房租当中，无形中加大了房产税的计税基础，如果能将物业费用与房租费用分开收取，房租按每年450万元收取，物业费用由B公司单独与物业公司结算，则能减少A公司的房产税税费，A公司应缴纳房产税税费54万元（450×12%）。

综上，企业在实际操作中需充分考虑企业所得税、增值税、附加税等因素，在综合分析基础上进行合理选择。

[例7.2] 某建筑企业A公司计划将一栋办公楼出租给B公司，租赁期间为2019年1月1日至12月31日。由于办公楼需重新装修，承租人B公司要求A公司给予2个月的免租期，即交付房屋后不立即计租，而是从2019年3月1日开始计租。该办公

楼原值为1 000万元，计租期每月房租为60万元。A公司缴纳房产税额如下（当地政府规定的扣除比例为30%，暂不考虑其他税费）：

免租期应缴纳房产税＝1 000×(1－30%)×1.2%÷12×2＝1.4（万元）

计租期应缴纳房产税＝60×10×12%＝72（万元）

合计应缴纳房产税＝1.4＋72＝73.4（万元）

策划方案：将计租月份的房租在整个租赁期间进行均摊，适当降低每月租金，去除免租期间。则合同计租期变为2019年1月1日至12月31日，每月租金为50万元，租金总额依旧为600万元。A公司缴纳房产税额如下：

应缴纳房产税＝50×12×12%＝72（万元）

通过比较可以看出，利用策划方案后房产税较之前少交1.4万元。

综上，企业在实际操作中，需同时考虑增值税、企业所得税、城市维护建设税等各类税费，在综合分析的基础上进行合理选择。

[例7.3] 某集团下属的物资公司（一般纳税人）在城市郊区有1层2012年修建的库房，这层库房的原值为800万元，目前处于闲置状态，经管理层研究，决定出租给A材料公司用于存放易于保管的各类钢材，库房租金每年为100万元，应缴纳房产税额如下（当地政府规定的扣除比例为30%，暂不考虑其他税费）：

出租库房每年应纳税额为：房产税＝100×12%＝12（万元）

策划方案：将出租库房变为仓储服务，可与A材料公司协商，配备保管人员将库房改为仓库，为客户提供仓储服务，收取仓储费，仓储收入为110万元。

仓储方案中企业每年应缴纳的税款为：

房产自用，应纳房产税＝800×(1－30%)×1.2%＝6.72（万元）

通过比较可以看出，仓储方案比出租方案节约房产税5.28万元（12－6.72）。

综上，企业在实际操作中，需同时考虑增值税、企业所得税、城市维护建设税等各类税费，在综合分析的基础上进行合理选择。

7.1.3　施工临时占地的税务管理

7.1.3.1　临时占地的法律规定

（1）临时占地的法律依据。

《中华人民共和国土地管理法》（以下简称《土地管理法》）第五十七条规定，建设项目施工和地质勘查需要临时使用国有土地或者农民集体所有的土地的，由县级以上人民政府自然资源主管部门批准。其中，在城市规划区内的临时用地，在报批前，应当先经有关城市规划行政主管部门同意。土地使用者应当根据土地权属，与有关自然资源主管部门或者农村集体经济组织、村民委员会签订临时使用土地合同，并按照合同的约定支付临时使用土地补偿费。

临时使用土地的使用者应当按照临时使用土地合同约定的用途使用土地，并不得修建永久性建筑物。

临时使用土地期限一般不超过2年。

《中华人民共和国土地管理法实施条例》（以下简称《土地管理法实施条例》）第三十五条规定，在临时使用的土地上修建永久性建筑物、构筑物的，由县级以上人民政府土地行政主管部门责令限期拆除；逾期不拆除的，由作出处罚决定的机关依法申请人民法院强制执行。

《土地管理法实施条例》第二十八条规定，建设项目施工和地质勘查需要临时占用耕地的，土地使用者应当自临时用地期满之日起1年内恢复种植条件。

（2）申请临时占地的情形。按照《土地管理法》第五十七条的规定，只有在建设项目施工和地质勘查需要时，才可以申请临时使用国有土地或者农民集体所有的土地。

（3）临时占地的批准。按照《土地管理法》第五十七条的规定，因临时用地不改变土地使用性质和土地权属，故因建设项目施工和地质勘查需要，建设单位需要临时用地的应当向县级以上人民政府土地行政主管部门申请批准。其中，在城市规划区内的临时用地，在报批前，应当先经有关城市规划行政主管部门同意。

（4）临时占地需签订合同。按照《土地管理法》第五十七条的规定，若临时占用国家所有的土地，应当与有关土地行政主管部门签订临时使用土地合同，并按照合同的约定支付临时使用土地补偿费；若临时占用集体所有的土地，应当与农村集体经济组织、村民委员会签订临时使用土地合同，并按照合同的约定支付临时使用土地补偿费。所以，临时占地一般是有偿使用。

（5）临时占地的期限。按照《土地管理法》第五十七条的规定，临时占用土地的一般不超过2年。也就是说签订的临时使用土地合同的使用期限一般是2年。

（6）土地复垦。因为临时占地并不改变集体土地的所有权性质，故临时用地期限届满之后，要把土地归还给村集体，所以用地单位应当对所占土地进行复垦，恢复原貌交还给集体组织。另外还规定，建设项目施工和地质勘查需要临时占用耕地的，土地使用者应当自临时用地期满之日起1年内恢复种植条件。

（7）违法建设永久性建筑的处罚。按照《土地管理法实施条例》第三十五条的规定，在临时使用的土地上修建永久性建筑物、构筑物的，由县级以上人民政府土地行政主管部门责令限期拆除；逾期不拆除的，由作出处罚决定的机关依法申请人民法院强制执行。也就是说，强制拆除在临时使用的土地上修建的永久性建筑物、构筑物，应当申请人民法院强制执行，行政机关没有直接的强制执行权力。

7.1.3.2 耕地占用税基本规定

自2019年9月1日起，《中华人民共和国耕地占用税法》（以下简称《耕地占用税法》）已正式施行。与之配套的《中华人民共和国耕地占用税法实施办法》（以下简称《耕地占用税法实施办法》）及《国家税务总局关于耕地占用税征收管理有关事项的公告》（国家税务总局公告2019年第30号）同步实施。

（1）纳税人和征收范围。与《中华人民共和国耕地占用税暂行条例》（以下简称《耕地占用税暂行条例》）相比，纳税人没有变化。耕地占用税的纳税人，是指在中华人民共和国境内占用耕地（用于种植农作物的土地）建设建筑物、构筑物或者从事非农业建设的单位和个人。为了厘清各方纳税责任，《耕地占用税法实施办法》第二条对不同情形下的纳税人做出具体规定：

①经批准占用耕地的，纳税人为农用地转用审批文件中标明的建设用地人。

②农用地转用审批文件中未标明建设用地人的，纳税人为用地申请人，其中用地申请人为各级人民政府的，由同级土地储备中心、自然资源主管部门或政府委托的其他部门、单位履行耕地占用税申报纳税义务。

③未经批准占用耕地的，纳税人为实际用地人。

与《耕地占用税暂行条例》相比，《耕地占用税法》对征税范围做出部分调整：新增了"园地"，包括果园、茶园、橡胶园、其他园地；将"牧草地"调整为"草地"；对原"林地""牧草地"以及"渔业水域滩涂"的具体征收范围做了调整。《耕地占用税法》第十二条规定，占用园地、林地、草地、农田水利用地、养殖水面、渔业水域滩涂以及其他农用地建设建筑物、构筑物或者从事非农业建设的，也属于耕地占用税的征税范围。

《耕地占用税法》还规定了两类不征收耕地占用税的特殊情形：占用耕地建设农田水利设施不缴纳耕地占用税；占用园地、林地、草地、农田水利用地、养殖水面、渔业水域滩涂以及其他农用地建设直接为农业生产服务的生产设施的，不缴纳耕地占用税。

此外，《耕地占用税法》取消了《耕地占用税暂行条例》"占用前三年内曾用于种植农作物的土地视为耕地"的规定。

（2）征收方式和税额确定。依据《耕地占用税法》第三条规定，耕地占用税以纳税人实际占用的耕地面积为计税依据，按照规定的适用税额一次性征收，应纳税额为纳税人实际占用的耕地面积乘以适用税额。

与《耕地占用税暂行条例》相比，从量定额的征收方式没有发生改变，授权地方在税法规定的税额幅度内确定具体适用税额的规定也没有发生变化，但是调整了适用税额制定权，将具体适用税额决定权由省级人民政府调整至省级人民代表大会常务委员会决定。《耕地占用税法》将全国所有省份耕地占用税的平均税额分了9档，并附了《各省、自治区、直辖市耕地占用税平均税额表》，规定各地耕地占用税适用税额的平均水平不得低于平均税额表内的税额。同时规定，占用园地、林地、草地、农田水利用地、养殖水面、渔业水域滩涂以及其他农用地建设建筑物、构筑物或者从事非农业建设的,适用税额可以适当低于本地区确定的适用税额,但降低的部分不得超过50%。

(3) 主要减免优惠。《耕地占用税法》第七条规定了4项法定减免,与《耕地占用税暂行条例》相比有以下变化:

①将"养老院"扩展为"社会福利机构",将"医院"扩展为"医疗机构"。

②减征项目增加了"水利工程",水利工程占用耕地,减按每平方米2元的税额征收耕地占用税。

③对于农村居民占用耕地新建住宅减免耕地占用税优惠,在增加"在规定用地标准以内"和"自用"限定性条件的同时,做出了以下调整:增加了对于不超过原宅基地面积的部分免征耕地占用税的规定;删除了"鳏寡孤独"的优惠主体,同时增加了"因公牺牲军人遗属"的优惠主体;将"革命老根据地、少数民族聚居区和边远贫困山区生活困难的农村居民"修改为"农村最低生活保障条件的农村居民"。

《耕地占用税法实施办法》对具体免税项目做出了定义。对于依法设立的学校、幼儿园、社会福利机构、医疗机构,并不区分公办和私立,不区分国有、民营、外资,一视同仁给予免税待遇。对于公路线路、飞机场跑道、停机坪、港口、水利工程,都强调了依法登记或经批准。需要特别注意的是,学校内经营性场所和教职工住房、医疗机构内职工住房、专用铁路和铁路专用线、专用公路和城区内机动车道占用耕地的,应当按适用税额缴纳耕地占用税。

与《耕地占用税暂行条例》相同,《耕地占用税法》规定,对占用耕地从事特定项目给予免税优惠的,如果之后纳税人改变了原占地用途,不再属于免征或减征情形的,应自改变用途之日起30日内,按改变用途的实际占用耕地面积和改变用途时当地适用税额申报补缴耕地占用税。

(4) 已经缴纳耕地占用税的土地又用于免税项目的,耕地占用税是否可退。此前实践中,在办理农用地转用审批手续时,如果不能明确用于学校、医疗机构等免税项目建设,即使最终土地出让或划拨给建设用地人是用于学校、医疗机构等免税项目建设的,用地申请人在办理农用地转用审批手续时已经缴纳的耕地占用税也无法退还。针对这一问题,《耕地占用税法实施办法》做出了规定,区分农用地转用环节和供地环节,在农用地转用环节,用地申请人如果此时能够明确土地用于免税项目,则免征耕地占用税;如果当时不能明确土地将来具体的项目用途,则用地申请人需要按规定缴纳耕地占用税。但是,对农用地转用环节已经缴纳的耕地占用税,此后在供地环节可以明确用于免税项目的,准予退还。

(5) 临时占用耕地是否需要缴纳耕地占用税。依据《耕地占用税法》第十一条规定,纳税人因建设项目施工或者地质勘查临时占用耕地,应当依照本法的规定缴纳耕地占用税。纳税人在批准临时占用耕地期满之日起1年内依法复垦,恢复种植条件的,全额退还已缴纳的耕地占用税。

《耕地占用税暂行条例》规定"在批准临时占用耕地的期限内"恢复所占用耕地原状的，退还已经缴纳的耕地占用税，《耕地占用税法》将此期限修改为"在批准临时占用耕地期满之日起一年内"。此外，该法将税款退还条件由"恢复所占用耕地原状"修改为"依法复垦，恢复种植条件"，这一调整在立法技术上更加完善，可以涵盖更加广泛的符合立法目的的情形。此外，是否符合复垦条件，需要由自然资源主管部门会同有关行业管理部门认定，并出具验收合格确认书。

（6）耕地占用税的纳税义务发生时间和纳税地点。纳税人纳税义务的发生需要满足以下两个条件：存在占用耕地、园地、林地、草地、农田水利用地、养殖水面、渔业水域滩涂以及其他农用地的行为；占用耕地的目的是建设建筑物、构筑物或从事非农业建设。

依据《耕地占用税法》第十条规定，耕地占用税的纳税义务发生时间为纳税人收到自然资源主管部门办理占用耕地手续的书面通知的当日。纳税人应当自纳税义务发生之日起30日内申报缴纳耕地占用税。依据《耕地占用税法实施办法》第二十七条规定，未经批准占用耕地的，耕地占用税纳税义务发生时间为自然资源主管部门认定的纳税人实际占用耕地的当日；因挖损、采矿塌陷、压占、污染等损毁耕地的纳税义务发生时间为自然资源、农业农村等相关部门认定损毁耕地的当日。

与《耕地占用税暂行条例》相比，《耕地占用税法》将纳税义务发生时间由"收到土地管理部门的通知之日"修改为"收到自然资源主管部门办理占用耕地手续的书面通知的当日"。此前，在土地管理实践中，"通知"没有统一、固定的形式，为使纳税义务发生时间更具确定性并方便操作，自然资源部配合《耕地占用税法》实施增加了书面通知程序。需要注意的是，纳税人应当自纳税义务发生之日起30日内申报缴纳耕地占用税。逾期未申报缴纳的，将依照《中华人民共和国税收征收管理法》（以下简称《税收征收管理法》）等规定追究法律责任。

《耕地占用税法实施办法》第二十八条规定，纳税人占用耕地，应当在耕地所在地申报纳税。

（7）如何进行纳税申报，需要准备哪些材料。国家税务总局公告2019年第30号规定了纳税申报等具体操作事项，并附《耕地占用税纳税申报表》。此前，纳税人需要就每一个地块填写一张申报表。在实践中，一个耕地占用项目往往涉及多个地块，因此纳税人也就需要填报多张申报表。为简化申报，新修订的纳税申报表允许纳税人将一个批次项目涉及的多个地块汇总申报，不必每一个地块填写一张申报表。同时，在发票开具方面也更加灵活，纳税人既可以按批次汇总开票，也可以按地块或者征收品目分别开票。

在纳税申报方面，纳税人需要区分占用应税土地的不同情形，分别提交下列材料：

- 农用地转用审批文件复印件。
- 临时占用耕地批准文件复印件。
- 未经批准占用应税土地的，应提供实际占地的相关证明材料复印件。

在减免税方面，采取"自行判别、申报享受、有关资料留存备查"的办理方式。纳税人在享受优惠时不再需要提交相关证明材料。但需要注意，纳税人需保存好相关的材料，积极配合税务机关的查验。

在临时占用耕地复垦退税方面，纳税人应提供身份证明以备查验，并提交两项材料的复印件：

- 税收缴款书、税收完税证明。
- 复垦验收合格确认书。

7.1.3.3 耕地占用税税务实操

（1）纳税人实际占用耕地建设工业厂房，但尚未取得批准占用耕地的审批文件，需要缴纳耕地占用税吗？

根据《财政部 税务总局 自然资源部 农业农村部 生态环境部关于发布〈中华人民共和国耕地占用税法实施办法〉的公告》（财政部 税务总局 自然资源部 农业农村部 生态环境部公告2019年第81号）第二条规定："经批准占用耕地的，纳税人为农用地转用审批文件中标明的建设用地人；农用地转用审批文件中未标明建设用地人的，纳税人为用地申请人，其中用地申请人为各级人民政府的，由同级土地储备中心、自然资源主管部门或政府委托的其他部门、单位履行耕地占用税申报纳税义务。未经批准占用耕地的，纳税人为实际用地人。"

（2）纳税人略超出审批文件批准面积占用耕地建设工业厂房，缴纳耕地占用税时计税依据是否包括超出的部分？

《耕地占用税法》第三条规定："耕地占用税以纳税人实际占用的耕地面积为计税依据，按照规定的适用税额一次性征收，应纳税额为纳税人实际占用的耕地面积（平方米）乘以适用税额。"

《财政部 税务总局 自然资源部 农业农村部 生态环境部关于发布〈中华人民共和国耕地占用税法实施办法〉的公告》（财政部 税务总局 自然资源部 农业农村部 生态环境部公告2019年第81号）第三条规定："实际占用的耕地面积，包括经批准占用的耕地面积和未经批准占用的耕地面积。"

（3）纳税人占用耕地建设农田水利设施，需要缴纳耕地占用税吗？

根据《耕地占用税法》第二条第二款规定，占用耕地建设农田水利设施的，不缴纳耕地占用税。

（4）某建筑企业2018年6月因施工临时占用耕地搭建移动板房，2019年10月项目完工后将板房进行拆除，是否需要缴纳耕地占用税？恢复耕种条件后已缴纳的耕地占用税可以退还吗？

《耕地占用税法》第十一条规定："纳税人因建设项目施工或者地质勘查临时占用耕地，应当依照本法的规定缴纳耕地占用税。纳税人在批准临时占用耕地期满之日起一年内依法复垦，恢复种植条件的，全额退还已经缴纳的耕地占用税。"

《财政部 税务总局 自然资源部 农业农村部 生态环境部关于发布〈中华人民共和国耕地占用税法实施办法〉的公告》（财政部 税务总局 自然资源部 农业农村部 生态环境部公告2019年第81号）第十八条规定，临时占用耕地，是指经自然资源主管部门批准，在一般不超过2年内临时使用耕地并且没有修建永久性建筑物的行为。依法复垦应由自然资源主管部门会同有关行业管理部门认定并出具验收合格确认书。

（5）某建筑企业因在耕地下方作业，导致耕地发生塌陷损毁，该情况是否征收耕地占用税？

《财政部 税务总局 自然资源部 农业农村部 生态环境部关于发布〈中华人民共和国耕地占用税法实施办法〉的公告》（财政部 税务总局 自然资源部 农业农村部 生态环境部公告2019年第81号）第十九条规定，因挖损、采矿塌陷、压占、污染等损毁耕地属于《耕地占用税法》所称的非农业建设，应依照《耕地占用税法》规定缴纳耕地占用税；自自然资源、农业农村等相关部门认定损毁耕地之日起3年内依法复垦或修复，恢复种植条件的，比照《耕地占用税法》第十一条规定办理退税。

（6）纳税人占用乔木林地建设工业厂房，是否需要缴纳耕地占用税？相较于占用耕地是否有税收优惠政策？

《耕地占用税法》第十二条规定："占用园地、林地、草地、农田水利用地、养殖水面、渔业水域滩涂以及其他农用地建设建筑物、构筑物或者从事非农业建设的，依照本法的规定缴纳耕地占用税。

占用前款规定的农用地的，适用税额可以适当低于本地区按照本法第四条第二款确定的适用税额，但降低的部分不得超过百分之五十。具体适用税额由省、自治区、直辖市人民政府提出，报同级人民代表大会常务委员会决定，并报全国人民代表大会常务委员会和国务院备案。"

（7）纳税人占用乔木林地建设储存农用机具、苗木和木材的仓储设施，为周围林业生产服务，需要缴纳耕地占用税吗？

根据《耕地占用税法》第十二条第三款规定，占用园地、林地、草地、农田水利用地、养殖水面、渔业水域滩涂以及其他农用地建设直接为农业生产服务的生产设施的，不缴纳耕地占用税。

7.1.3.4 临时占地城镇土地使用税管理

城镇土地使用税是以城镇土地为征税对象，对拥有土地使用权的单位和个人征收的一种税。

（1）征税范围。城镇土地使用税的征税范围为：城市、县城、建制镇和工矿区内属于国家所有和集体所有的土地，不包括农村集体所有的土地。上述城市、县城、建制镇和工矿区分别按以下标准确认：

①城市是经国务院批准设立的市。

②县城是指县级人民政府所在地。

③建制镇是指经省、自治区、直辖市人民政府批准设立的建制镇。

④工矿区是指工商业比较发达，人口比较集中，符合国务院规定的建制镇标准，但尚未设立建制镇的大中型工矿企业所在地，工矿区需经省、自治区、直辖市人民政府批准。

对上述征税范围内的地下建筑用地暂按应征税款的 50% 征收城镇土地使用税。

（2）纳税义务人。城镇土地使用税的纳税义务人，是使用城市、县城、建制镇和工矿区土地的单位和个人，包括国有企业、集体企业、私营企业、股份制企业、外商投资企业、外国企业以及其他企业和事业单位、社会团体、国家机关、军队以及其他单位；所称个人，包括个体工商户以及其他个人。

纳税人通常包括以下几类：

①拥有土地使用权的单位和个人。

②拥有土地使用权的单位和个人不在土地所在地的，其土地的实际使用人和代管人为纳税人。

③土地使用权未确定或权属纠纷未解决的，其实际使用人为纳税人。

④土地使用权共有的，共有各方都是纳税人，由共有各方分别纳税。

⑤承租集体所有建设用地的，直接从集体经济组织承租土地的单位和个人为纳税人。

（3）计税依据与应纳税额。

（全年）应纳税额 = 实际占用应税土地面积（平方米）× 适用税额

①计税依据——实际占用的土地面积。

- 由省、自治区、直辖市人民政府确定的单位组织测定面积的，以测定面积为准。

- 尚未组织测量土地面积，但持有政府部门核发的土地使用证书的，以证书确认的土地面积为准。

- 尚未核发土地使用证书的，应由纳税人申报土地面积，并据此纳税，待核发土地使用证后再做调整。

- 对在城镇土地使用税征税范围内单独建造的地下建筑用地，按规定征收城镇土地使用税。其中，已取得地下土地使用权证的，按土地使用权证确认的面积计算应征税款;未取得地下土地使用权证或者地下土地使用权证未标明土地面积的,按地下建筑垂直投影面积计算应征收款。上述地下建筑用地暂按应征税款的50%征收城镇土地使用税。

②税率——实行有幅度的定额税率。
- 大城市:1.5元至30元。
- 中等城市:1.2元至24元。
- 小城市:0.9元至18元。
- 县城、建制镇、工矿区:0.6元至12元。

经济落后地区,税额可适当降低,但降低额不得超过税率表中规定的最低税额的30%。经济发达地区的适用税额可适当提高,但需报财政部批准。

(4)纳税时间与纳税地点。

①纳税人购置新建商品房,自房屋交付使用之次月起,缴纳城镇土地使用税。

②以出让或转让方式有偿取得土地使用权的,应由受让方从合同约定交付土地时间的次月起缴纳城镇土地使用税;合同未约定交付时间的,由受让方从合同签订的次月起缴纳城镇土地使用税。

③纳税人新征用的耕地,自批准征用之日起满1年时开始缴纳土地使用税。

④纳税人因土地的权利发生变化而依法终止城镇土地使用税纳税义务的,其应纳税款的计算应截止到土地权利发生变化的当月末。

⑤城镇土地使用税的纳税地点为土地所在地,由土地所在地的税务机关负责征收。土地管理机关应当向土地所在地的税务机关提供土地使用权属资料。纳税人使用的土地不属于同一省、自治区、直辖市管辖范围内的,由纳税人分别向土地所在地的税务机关申报缴纳;在同一省、自治区、直辖市管辖范围内,纳税人跨地区使用的土地,由各省、自治区、直辖市税务局确定纳税地点。

(5)纳税申报。城镇土地使用税按年计算、分期缴纳。具体纳税期限由省、自治区、直辖市人民政府确定。

[例7.4] 设在某城市的一家企业使用土地面积为10 000平方米,经省税务机关核定,该土地为应税土地,每平方米年税额为4元,该企业全年应交的土地使用税税额计算如下:

全年应交土地使用税税额 = 10 000 × 4 = 40 000(元)

(6)税收优惠。《中华人民共和国城镇土地使用税暂行条例》或其他法规中规定的统一免税项目包括:为了体现国家的产业政策,支持重点产业的发展,对石油、电力、煤炭等能源用地,民用港口、铁路等交通用地和水利设施用地,"三线调整企业"、盐业、采石场、邮电等一些特殊用地划分了征免界限和给予政策性减免税照顾。

《国家税务总局 财政部关于城市公交站场、道路客运站场、城市轨道交通系统城镇土地使用税优惠政策的通知》（财税〔2016〕16号）规定，在2016年1月1日至2018年12月31日期限内，对城市公交站场、道路客运站场、城市轨道交通系统运营用地，免征城镇土地使用税。建筑施工行业在采用PPP模式的情况下，可能会涉及此项优惠政策。

《财政部 税务总局关于去产能和调结构房产税城镇土地使用税政策的通知》（财税〔2018〕107号）规定，对按照去产能和调结构政策要求停产停业、关闭的企业，自停产停业次月起，免征房产税、城镇土地使用税。企业享受免税政策的期限累计不得超过两年。

《财政部 税务总局 科技部 教育部关于科技企业孵化器大学科技园和众创空间税收政策的通知》（财税〔2018〕120号）规定，自2019年1月1日至2021年12月31日，对国家级、省级科技企业孵化器、大学科技园和国家备案众创空间自用以及无偿或通过出租等方式提供给在孵对象使用的房产、土地，免征房产税和城镇土地使用税。

《财政部 税务总局关于延续供热企业增值税 房产税 城镇土地使用税优惠政策的通知》（财税〔2019〕38号）规定，自2019年1月1日至2020年12月31日，对"三北"地区向居民供热收取采暖费的供热企业，为居民供热所使用的厂房及土地免征房产税、城镇土地使用税；对供热企业其他厂房及土地，应当按照规定征收房产税、城镇土地使用税。

（7）城镇土地使用税的管理难点。

①一次性收取多期租金收入的纳税问题。在实际施工过程中，可能存在一次性收取多期城镇土地租金收入涉及增值税、土地使用税、企业所得税（个人所得税）、附加税费等，由于不同税种对一次性收取多期租金的相关规定不同，因此在缴纳税费时需分税种考虑。

- 增值税纳税人提供租赁服务采取预收款方式的，其纳税义务发生时间为收到预收款的当天，所以预收多年租金需在预收款时缴纳增值税。

- 城镇土地使用税实行按年计算、分期缴纳的征收办法，城镇土地使用税的计税依据为实际占用面积，跟租金收入无关，收取多期租金收入的情况下，城镇土地使用税不用一次缴纳。

- 企业所得税根据《国家税务总局关于贯彻落实企业所得税法若干税收问题的通知》（国税函〔2010〕79号）规定，企业提供固定资产、包装物或者其他有形资产的使用权取得的租金收入，应按交易合同或协议规定的承租人应付租金的日期确认收入的实现。其中，如果交易合同或协议中规定租赁期限跨年度，且租金提前一次性支付的，根据《企业所得税法实施条例》第九条规定的收入与费用配比原则，出租人可对上述已确认的租金收入，在租赁期内分期均匀计入相关年度收入总额计算缴纳企业所得税。

②使用权和使用的权利容易混淆。城镇土地使用税是对城镇土地使用权征收的财

产税。城镇土地使用权的取得方式主要有出让和转让两种方式。城镇土地使用权的出让是指国家以土地所有者的身份将土地使用权在一定年限内让与土地使用者,并由土地使用者向国家支付土地使用权出让金的行为,土地使用权出让应当签订合同;土地使用权的转让是指土地使用者将土地使用权再转让的行为,包括出售、交换和赠与。土地使用权转让时,应签订转让合同,土地使用权出让合同和登记文件中所载明的权利、义务随之转移。

在出租城镇土地使用权的情况下,承租人仅仅取得土地使用的权利,并未取得土地使用权,纳税人应为出租方。个别税务机关将使用的权利认定为取得使用权,认为承租方应缴纳城镇土地使用税。

7.2 间接费用的税务管理

工程项目的间接费用支出主要包括项目部临时设施摊销费用和组织、管理施工生产活动所发生的费用等,如管理人员薪酬、劳动保护费、固定资产折旧费及修理费、物料消耗、取暖费、水电费、办公费、差旅费、财产保险费、工程保修费、排污费、通行费等。

其中,临时设施摊销、管理人员薪酬、固定资产折旧费、差旅费中的交通费及餐饮费、排污费等费用属于不可抵扣进项税额的支出项目,应全额计入工程施工成本;劳动保护费、固定资产修理费、物料消耗、取暖费、水电费、办公费、差旅费中的住宿费、财产保险费、工程保修费、通行费等,属于可抵扣进项税额的支出项目,主要涉及取得增值税专用发票。

7.2.1 差旅费、过路费、劳保费的税务管理

7.2.1.1 差旅费的税务管理

(1)差旅费的概念。差旅费是指出差期间因办理公务而产生的交通费、住宿费和公杂费等各项费用。差旅费是行政事业单位和企业的一项重要的经常性支出项目。

(2)差旅费的报销范围。

①差旅费核算的内容:用于出差旅途中的费用支出,包括购买车、船、火车、飞机的票费,住宿费,伙食补助费及其他方面的支出。

②差旅费开支范围包括:城市间交通费、车辆费用、市内交通费、住宿费、补助和补贴及其他费用。

差旅费相关票据应包含的要素为出差人员姓名、地点、时间、任务、支付凭证等。

（3）差旅费的报销原则。

①差旅费必须在各部门预算总额内控制开支，超预算不得支出。

②员工出差必须事前提出书面申请，填制出差申请单，经其直属上级批准。凡未取得事先批准的，一律不予报销。

③员工出差途中，因工作需要临时增加出差行程到新的出差地点，经出差签批人书面/邮件确认后，其增加的行程作为另一次出差时间，与原出差时间不连续计算。

（4）差旅费的管控难点。标准的制定需要考虑因素较多，如地区、岗位、级别、出行方式等；预算划拨工作量大，包括事先预算、事中预估、审核、事后分析；核实报销要求高，要确定核销流程、审核要点、支付方式等。当然在实际操作中，财务部门要起到监督的作用，但是也有一个困惑是财务部要如何才能确定费用发生的真实性，如果每一笔差旅费用都由财务部门进行审核，那么会增加财务部门的工作负担，甚至会引发财务部门和业务部门的矛盾，同时也是对财务人员专业的一种挑战。

想要解决这些管控难点，就要制定一项适合集团的差旅费政策规范，需要财务部联合销售部门、人事行政部门，建立一套完整差旅费用申请报销体系和奖惩制度，既能有效的控制费用，又能切合实际有利于提高业务人员的积极性，促进销售。

（5）差旅费的税务管理。

①企业所得税。《企业所得税法》第八条规定：企业实际发生的与取得收入有关的、合理的支出，包括成本、费用、税金、损失和其他支出，准予在计算应纳税所得额时扣除。

《企业所得税法实施条例》第二十七条规定：《企业所得税法》第八条所称有关的支出，是指与取得收入直接相关的支出。《企业所得税法》第八条所称合理的支出，是指符合生产经营活动常规，应当计入当期损益或者有关资产成本的必要和正常的支出。《企业所得税法》及其实施条例对合理的差旅费支出允许税前扣除。

• 据实扣除。通常情况下，公司管理层和行政管理部门的人员因公出差发生的差旅费，计入"管理费用"科目；在销售产品/服务的过程中发生的差旅费，计入"销售费用"科目。在计算企业所得税时，实际发生的差旅费据实税前扣除。

• 不可直接扣除。制造企业因产品生产发生的差旅费，先计入"制造费用"科目，后计入存货成本；企业工程部门因施工建设发生的差旅费，先计入"在建工程"科目，后计入固定资产成本。这类计入资产成本的差旅费，均不可直接在税前扣除。

②增值税。《财政部　税务总局　海关总署关于深化增值税改革有关政策的公告》（财政部　税务总局　海关总署公告 2019 年第 39 号）第六条所称"国内旅客运输服务"，限于与本单位签订了劳动合同的员工，以及本单位作为用工单位接受的劳务派遣员工发生的国内旅客运输服务。

纳税人购进国内旅客运输服务，以取得的增值税电子普通发票上注明的税额为进项税额的,增值税电子普通发票上注明的购买方"名称""纳税人识别号"等信息,应当与实际抵扣税款的纳税人一致,否则不予抵扣。

纳税人允许抵扣的国内旅客运输服务进项税额,是指纳税人2019年4月1日及以后实际发生,并取得合法有效增值税扣税凭证注明的或依据其计算的增值税税额。以增值税专用发票或增值税电子普通发票为增值税扣税凭证的,为2019年4月1日及以后开具的增值税专用发票或增值税电子普通发票。

- 关于国内旅客运输服务的抵扣范围。财政部、税务总局、海关总署公告2019年第39号明确,允许抵扣的国内旅客运输服务,限于与本单位签订了劳动合同的员工,以及本单位作为用工单位接受的劳务派遣员工发生的国内旅客运输服务。主要需考虑:一是遵循增值税基本规定。纳税人实际接受或负担的、与其生产经营相关的购进项目,才允许抵扣进项税额。员工以其单位经营活动为目的发生的旅客运输服务,与本单位生产经营相关。二是遵循经济业务实际。考虑到实际业务中,以劳务派遣形式用工时,派遣人员直接受用工单位指派进行业务活动,与单位员工工作性质一致。

- 关于旅客运输服务增值税电子普通发票的开具要求。增值税电子普通发票通过增值税电子发票系统开具,可以选择开具给个人或单位。财政部、税务总局、海关总署公告2019年第39号明确了纳税人购进国内旅客运输服务,以增值税电子普通发票作为抵扣凭证的相关要求。即,纳税人购进国内旅客运输服务,以取得的增值税电子普通发票上注明的税额为进项税额的,增值税电子普通发票上注明的购买方"名称""纳税人识别号"等信息,应当与实际抵扣税款的纳税人一致。

- 关于旅客运输服务进项税抵扣的衔接。按照现行政策规定,自2019年4月1日起,一般纳税人购进国内旅客运输服务,其进项税额允许从销项税额中抵扣。遵循纳税义务发生时间的基本原则,财政部、税务总局、海关总署公告2019年第39号明确,纳税人允许抵扣的国内旅客运输服务进项税额,是指纳税人2019年4月1日及以后实际发生,并取得现行合法有效的增值税扣税凭证抵扣的增值税税额。其中,以增值税专用发票或增值税电子普通发票为增值税扣税凭证的,增值税专用发票或增值税电子普通发票的开具时间应为2019年4月1日及以后。

- 计算与抵扣。《国家税务总局关于国内旅客运输服务进项税抵扣等增值税征管问题的公告》(国家税务总局公告2019年第31号)颁布前,财政部、税务总局、海关总署公告2019年第39号就已明确了包括增值税专用发票,增值税电子普通发票,注明旅客身份信息的航空运输电子客票行程单、火车票、公路和水路等其他客票皆可抵扣进项税。具体如下:

取得增值税电子普通发票的,为发票上注明的税额(开票日期是2019年4月1日及以后)。

飞机票——航空运输电子客票行程单。取得注明旅客身份信息的航空运输电子客

票行程单的,为按照下列公式计算进项税额:

航空旅客运输进项税额=(票价+燃油附加费)÷(1+9%)×9%

取得注明旅客身份信息的铁路车票的。按照下列公式计算进项税额:

铁路旅客运输进项税额=票面金额÷(1+9%)×9%

取得注明旅客身份信息的公路、水路等其他客票的。按照下列公式计算进项税额:

公路、水路等其他旅客运输进项税额=票面金额÷(1+3%)×3%

③个人所得税。

- 按照企业差旅费管理规定,凭票实报实销的差旅费,员工取得的报销款不征收个人所得税。

- 企业按照管理规定给员工发放的误餐补助、差旅费津贴,不征收个人所得税。

- 特别提示:企业发给员工的午餐补助(如每月餐补300元,注意不是"误餐补助")、交通补助等福利,应当计入当月工资、薪金计算个人所得税。

7.2.1.2 过路费的税务管理

(1)过路费的概念。过路费指通过某条路段需要缴纳费用,一般用于国道收费站之类的地方,国家征收的路费不是无限的,当国家收回建路的费用,收费站将自然拆除。

(2)过路费涉及的增值税。根据《财政部 国家税务总局关于进一步明确全面推开营改增试点有关劳务派遣服务、收费公路通行费抵扣等政策的通知》(财税〔2016〕86号)规定的收费公路通行费抵扣及征收政策:

①一般纳税人支付的道路、桥、闸通行费,暂凭取得的通行费发票(不含财政票据,下同)上注明的收费金额按照下列公式计算可抵扣的进项税额:

高速公路通行费可抵扣进项税额=高速公路通行费发票上注明的金额÷(1+3%)×3%

一级公路、二级公路、桥、闸通行费可抵扣进项税额=一级公路、二级公路、桥、闸通行费发票上注明的金额÷(1+5%)×5%

通行费是指有关单位依法或者依规设立并收取的过路、过桥和过闸费用。

②一般纳税人收取试点前开工的一级公路、二级公路、桥、闸通行费,可以选择适用简易计税方法,按照5%的征收率计算缴纳增值税。

试点前开工,是指相关施工许可证注明的合同开工日期在2016年4月30日前。

7.2.1.3 劳保费的税务管理

(1)劳动保护费(劳保费)的概念及范围。劳动防护用品是指由用人单位为劳动者配备的,使其在劳动过程中免遭或者减轻事故伤害及职业病危害的个体防护装备。具体包括:工作服、手套、洗衣粉等劳保用品,解毒剂等安全保护用品,清凉饮料等防暑降温用品,以及按照原劳动等部门规定的范围对接触有毒物质、矽尘作业、放射线作业、潜水和沉箱作业、高温作业等5类工种享受的由劳动保护费开支的保健食品待遇。

需特别提醒的是：劳动防护用品与职工福利费的区别（企业购买时应该标明是劳保用品还是职工福利费性质）。关注"福利"二字，"福利性质用品"属于职工福利费，如人人都可以提回家的洗衣粉就是职工福利费，生产车间的人员发放的洗衣粉就是劳动防护用品。劳动防护用品，不是劳动保护费，直接发货币的"劳动保护费"应该属于职工福利费。

（2）劳保费的税务管理。

①企业所得税。企业发生的合理的劳动保护支出，准予税前扣除。当然也需要取得相关的税前扣除凭证（如发票等）。

②增值税。企业发生的合理的劳动保护支出，取得合规的进项税额抵扣凭证（如增值税专用发票），可以按规定抵扣进项税额。

③个人所得税。国家税务总局在2010年4月14日以回答纳税人提问形式做出了解答：个人因工作需要，从单位取得并实际属于工作条件的劳动保护用品，不属于个人所得，不征收个人所得税。

但是，要区别劳动防护用品和"劳动保护费"，"劳动保护费"需要按规定合并工资、薪金缴纳个人所得税，比如高温补贴费，按当地规定是否合并工资、薪金缴纳个税（一些省份规定了在规定额度发放的高温补贴、取暖费等免征个人所得税，各地额度也不一致）。

7.2.2 津贴、补贴的税务管理

7.2.2.1 津贴、补贴的概念

津贴作为一种辅助形式，是对劳动者额外劳动付出的一种补偿，一般是指补偿劳动者在特殊条件下的劳动消耗及生活费额外支出的工资。津贴的种类很多，主要有矿山井下津贴、高温津贴、野外工作津贴、林区津贴、艰苦气象台站津贴、基础设施建设工程流动施工津贴、保健津贴、医疗卫生津贴等。

补贴是为了补偿物价变动而设置的补偿，主要有生活费补贴和价格补贴。

7.2.2.2 津贴、补贴的税务处理

个人所得税。《国家税务总局关于生活补助费范围确定问题的通知》（国税发〔1998〕155号）规定，下列收入不属于免税的福利费范围，应当并入纳税人的工资、薪金收入计征个人所得税：

①从超出国家规定的比例或基数计提的福利费、工会经费中支付给个人的各种补贴、补助。

②从福利费和工会经费中支付给单位职工的人人有份的补贴、补助。

③单位为个人购买汽车、住房、电子计算机等不属于临时性生活困难补助性质的支出。

诸如防暑降温费、食堂补贴（午餐补贴）、采暖补贴、交通补贴等各项人人有份的补贴、补助不属于上述免征个人所得税的福利费范围，应并入职工当月工资、薪金所得计征个人所得税。

《个人所得税法》第四条第三项规定：按照国家统一规定发给的补贴、津贴免征个人所得税。不属于工资、薪金性质的补贴、津贴或者不属于纳税人本人工资、薪金所得项目的收入如下，不征税：

①独生子女补贴。

②执行公务员工资制度未纳入基本工资总额的补贴、津贴差额和家属成员的副食品补贴。

③托儿补助费。

④差旅费津贴、误餐补助。

⑤公务员工作性津贴、生活性补贴、艰苦边远地区补贴。

7.2.3 财产保险费的税务处理

7.2.3.1 财产保险费的概念

财产损失保险是以各类有形财产为保险标的的保险，包括企业财产保险、家庭财产保险、运输工具保险、货物运输保险、工程保险、特殊风险保险和农业保险等。农业保险是农业生产者以支付保险费为代价把农业生产经营过程中由于灾害事故造成的财产损失转嫁给保险人的一种制度安排。

7.2.3.2 财产保险费的税务处理

税法关于财产保险费用在计算企业所得税应纳税所得额时准予扣除的规定十分明确。《企业所得税法实施条例》第四十六条规定："企业参加财产保险，按规定交纳的保险费，准予扣除。"

《保险法》第十二条规定："财产保险是以财产及其有关利益为保险标的的保险。"第九十五条第一款第（二）项规定："财产保险业务，包括财产损失保险、责任保险、信用保险、保证保险等保险业务。"

7.2.4 跨法人人员调派的税务管理

实务中有时会发生跨法人人员调派的情形，以下将通过案例解析这种情形下的相关税务处理方法。

[例7.5] 集团公司（母公司）派集团的一部分人员去外地子公司担任管理人员，这些人员的社保和合同都在集团公司（母公司），但是工资由各地子公司承担，那么是否可以由各个子公司代扣代缴个人所得税，并将工资表作为各子公司企业所得税税前扣除凭证？

从个人所得税方面分析：

外派人员是与集团公司（母公司）签订的劳动合同，由集团派到下属子公司任职，提供管理服务，通过进一步沟通了解到这些人员没有再跟子公司签订劳动合同，因此与子公司并无雇用关系，其行为是代表集团公司（母公司）为子公司提供服务。因此，子公司应该将实际负担的这些人员的工资费用支付给集团公司（母公司），由集团公司（母公司）发放并代扣代缴个人所得税。

从增值税及发票方面分析：

《增值税暂行条例》第一条规定，在中华人民共和国境内销售货物或者加工、修理修配劳务，销售服务、无形资产、不动产以及进口货物的单位和个人，为增值税的纳税人，应当依照本条例缴纳增值税。

《中华人民共和国发票管理办法》（以下简称《发票管理办法》）第十九条规定：销售商品、提供服务以及从事其他经营活动的单位和个人，对外发生经营业务收取款项，收款方应当向付款方开具发票；特殊情况下，由付款方向收款方开具发票。

因此，集团公司（母公司）派员工到子公司任职其取得的收入，应由集团公司（母公司）开具发票，由集团公司（母公司）申报缴纳增值税。

从企业所得税方面分析：

根据《国家税务总局关于母子公司间提供服务支付费用有关企业所得税处理问题的通知》（国税发〔2008〕86号）的规定，集团公司（母公司）向其子公司提供各项服务，双方应签订服务合同或协议，明确规定提供服务的内容、收费标准及金额等。集团公司（母公司）为其子公司提供各种服务发生的费用，应按照独立企业之间公平交易原则确定服务的价格，作为企业正常的劳务费用进行税务处理。母子公司未按照独立企业之间的业务往来收取价款的，税务机关有权予以调整。

对于子公司而言，子公司申报税前扣除向母公司支付的服务费用时，应向主管税务机关提供与集团公司（母公司）签订的服务合同或者协议等与税前扣除该项费用相关的材料。不能提供相关材料的，支付的服务费用不得税前扣除。

7.3 研发费的税务管理

7.3.1 高新技术企业研发费管理

7.3.1.1 基本规定

符合条件的高新技术企业，减按15%的税率征收企业所得税。高新技术企业条件中，研究开发费用占销售收入的比例应达到规定要求，具体为近三个会计年度［企业申报前的连续三个会计年度（不含申报年）］（实际经营期不满三年的按实际经营时间计算）的研究开发费用总额占销售收入总额的比例应符合如下要求：

①最近一年销售收入小于5 000万元（含）的企业，比例不低于5%。

②最近一年销售收入为5 000万元至2亿元（含）的企业，比例不低于4%。

③最近一年销售收入为2亿元以上的企业，比例不低于3%。

其中，企业在中国境内发生的研究开发费用总额占全部研究开发费用总额的比例不低于60%。

企业在中国境内发生的研究开发费用是指企业内部研究开发活动实际支出的全部费用与委托境内其他机构或个人进行的研究开发活动所支出的费用之和，不包括委托境外机构或个人完成的研究开发活动所发生的费用。按国家税务总局公告2015年第97号规定："受托研发的境外机构是指依照外国和地区（含港澳台）法律成立的企业和其他取得收入的组织。受托研发的境外个人是指外籍（含港澳台）个人"。

近三个会计年度是指企业申报前的连续三个会计年度（不含申报年），实际经营期不满三年的按实际经营时间计算。

销售收入为主营业务收入与其他业务收入之和。

主营业务收入与其他业务收入按照企业所得税年度纳税申报表的口径计算。

7.3.1.2 研发活动

研发活动是指企业为获得科学与技术新知识，创造性运用科学技术新知识，或实质性改进技术、产品（服务）、工艺而持续进行的具有明确目标的系统性活动。

研发活动不包括下列一般的知识性、技术性活动：

①企业产品（服务）的常规性升级。

②对某项科研成果的直接应用，如直接采用公开的新工艺、材料、装置、产品、服务或知识等。

③企业在商品化后为顾客提供的技术支持活动。

④对现存产品、服务、技术、材料或工艺流程进行的重复或简单改变。

⑤市场调查研究、效率调查或管理研究。

⑥作为工业（服务）流程环节或常规的质量控制、测试分析、维修维护。

⑦社会科学、艺术或人文方面的研究。

⑧法律、行政法规和国务院财税主管部门规定不允许企业所得税税前扣除的费用和支出项目，不得计算加计扣除；已计入无形资产但不属于允许加计扣除研发费用范围的，企业摊销时不得计算加计扣除。

7.3.1.3 研究开发费用的归集

企业的研究开发费用是以单个研发活动为基本单位分别进行测度并加总计算的。

企业应对包括直接研究开发活动和可以计入的间接研究开发活动所发生的费用进行归集，并填写《高新技术企业认定申请书》中的《企业年度研究开发费用结构明细表》。

企业应按照《企业年度研究开发费用结构明细表》设置高新技术企业认定专用研究开发费用辅助核算账目，提供相关凭证及明细表，并按要求进行核算。

（1）人员人工费用。包括企业科技人员的工资薪金、基本养老保险费、基本医疗保险费、失业保险费、工伤保险费、生育保险费和住房公积金，以及外聘科技人员的劳务费用。

（2）直接投入费用。直接投入费用是指企业为实施研究开发活动而实际发生的相关支出。包括：

①直接消耗的材料、燃料和动力费用。

②用于中间试验和产品试制的模具、工艺装备开发及制造费，不构成固定资产的样品、样机及一般测试手段购置费，试制产品的检验费。

③用于研究开发活动的仪器、设备的运行维护、调整、检验、检测、维修等费用，以及通过经营租赁方式租入的用于研发活动的固定资产租赁费（包含仪器、设备、房屋）。

（3）折旧费用与长期待摊费用。

折旧费用是指用于研究开发活动的仪器、设备和在用建筑物的折旧费。

长期待摊费用是指研发设施的改建、改装、装修和修理过程中发生的长期待摊费用。

（4）无形资产摊销费用。无形资产摊销费用是指用于研究开发活动的软件、知识产权、非专利技术（专有技术、许可证、设计和计算方法等）的摊销费用。

（5）设计费用。设计费用是指为新产品和新工艺进行构思、开发和制造，进行工序、技术规范、规程制定、操作特性方面的设计等发生的费用。包括为获得创新性、创意性、突破性产品进行的创意设计活动发生的相关费用。

（6）装备调试费用与试验费用。装备调试费用是指工装准备过程中研究开发活动发生的费用，包括研制特殊、专用的生产机器，改变生产和质量控制程序，或制定新方法及标准等活动发生的费用。

为大规模批量化和商业化生产进行的常规性工装准备和工业工程发生的费用不能计入归集范围。

试验费用包括新药研制的临床试验费、勘探开发技术的现场试验费、田间试验费等。

（7）委托外部研究开发费用。委托外部研究开发费用是指企业委托境内外其他机构或个人进行研究开发活动发生的费用（研究开发活动成果为委托方企业拥有，且与该企业的主要经营业务紧密相关）。委托外部研究开发费用的实际发生额应按照独立交易原则确定，按照实际发生额的80%计入委托方研发费用总额。

（8）其他费用。其他费用是指上述费用之外与研究开发活动直接相关的其他费用，包括技术图书资料费，资料翻译费，专家咨询费，高新科技研发保险费，研发成果的检索、论证、评审、鉴定、验收费用，知识产权的申请费、注册费、代理费，会议费，差旅费和通信费等。此项费用一般不得超过研究开发总费用的20%，另有规定的除外。

7.3.1.4 高新技术企业认定、减免税备案时研发费管理

经认定的高新技术企业，在年度纳税申报前办理减免税备案时，应同时附报《企业年度研究开发费用结构明细表》。该表应按年度区分研发项目，分别将实际发生的符合高新技术企业规定的研究开发费用，根据研发费四级子科目相关内容按高新技术企业研发费口径进行归集填列。

7.3.2 研发费加计扣除税务管理

7.3.2.1 适用范围

（1）适用企业、行业。研发费用加计扣除政策适用于会计核算健全、实行查账征收并能够准确归集研发费用的居民企业。按核定征收方式缴纳企业所得税的企业不能享受此项优惠政策。其中，烟草制造业、住宿和餐饮业、批发和零售业、房地产业、租赁和商务服务业、娱乐业六大行业不属于研发费用加计扣除行业范围。

（2）六大行业判断。不适用税前加计扣除政策行业的企业是指以上述六个行业业务为主营业务，其研发费用发生当年的主营业务收入占企业按《企业所得税法》第六条规定计算的收入总额减除不征税收入和投资收益的余额50%（不含）以上的企业。

在判定主营业务时，应将企业当年取得的各项不适用加计扣除行业业务收入汇总确定。

在计算收入总额时，应注意收入总额的完整性和准确性，税收上确认的收入总额不能简单等同于会计收入，重点关注税会收入确认差异及调整情况。收入总额按《企业所得税法》第六条的规定计算。从收入总额中减除的投资收益包括税法规定的股息、红利等权益性投资收益以及股权转让所得。

7.3.2.2 研发费用的核算管理

（1）基本规定。

①遵照国家统一会计制度：企业应按照国家财务会计制度要求，对研发支出进行会计处理。

②设置研发支出辅助账：对享受加计扣除的研发费用，按研发项目设置辅助账，准确归集核算当年可加计扣除的各项研发费用实际发生额。企业在一个纳税年度内进行多项研发活动的，应按照不同研发项目分别归集可加计扣除的研发费用。

③研发与生产分别核算：企业应对研发费用和生产经营费用分别核算，准确、合理归集各项费用支出，对划分不清的，不得实行加计扣除。

（2）研发支出辅助账基本核算流程。

①四种形式的研发支出辅助账。研发支出辅助账分别是自主研发"研发支出"辅助账、委托研发"研发支出"辅助账、合作研发"研发支出"辅助账、集中研发"研发支出"辅助账。

根据研发项目的形式，在立项后按照项目分别设置辅助账（具体参照国家税务总局公告2015年第97号附件样式，企业也可以根据自己的实际情况，在样式框架内增加有关项目，但不得减少和合并有关项目），由企业留存备查。从凭证级别记录各个项目的研发支出，并将每笔研发支出按照可加计扣除的六大类研发费用类别进行归类。

②研发支出辅助账汇总表。年度终了后，根据所有项目辅助账贷方发生余额汇总填制《研发支出辅助账汇总表》，并在报送《年度财务会计报告》的同时随附注一并报送主管税务机关。

③研发项目可加计扣除研究开发费用情况归集表。用于填报计算本年度享受研发费用加计扣除优惠政策的金额，包括本年度研发支出费用化加计扣除的部分，和本年度及以前年度研发费用资本化在本年度加计摊销的部分，最后作为附列资料随企业年度纳税申报表一并报送主管税务机关。

（3）研究阶段与开发阶段的区分。企业开展研发活动中实际发生的研发费用形成无形资产的，其税收上资本化的时点应与会计处理保持一致。企业内部研究开发项目的支出，应当区分研究阶段支出与开发阶段支出。

①研究阶段支出。研究阶段是指为获取新的科学或技术知识并理解它们而进行的独创性的有计划调查，主要是指为获取相关知识而进行的活动。

对于企业内部研究开发项目，研究阶段的有关支出，应当在发生时全部费用化，计入当期损益（管理费用）。

②开发阶段支出。开发阶段是指在进行商业性生产或使用前，将研究成果或其他知识应用于某项计划或设计，以生产出新的或具有实质性改进的材料、装置、产品等，包括生产前或使用前的原型和模型的设计、建造和测试、小试、中试和试生产设施等。

对于企业内部研究开发项目，开发阶段的支出同时满足了下列条件的才能资本化，确认为无形资产，否则应当计入当期损益（管理费用）。

- 完成该无形资产以使其能够使用或出售，在技术上具有可行性。
- 具有完成该无形资产并使用或出售的意图。
- 无形资产产生经济利益的方式，包括能够证明运用该无形资产生产的产品存在市场或无形资产自身存在市场，无形资产将在内部使用的，应当证明其有用性。
- 有足够的技术、财务资源和其他资源支持，以完成该无形资产的开发，并有能力使用或出售该无形资产。

- 归属于该无形资产开发阶段的支出能够可靠地计量。

③无法区分研究阶段和开发阶段的支出。无法区分研究阶段和开发阶段的支出，应当在发生时费用化，计入当期损益（管理费用）。

(4) 允许加计扣除的研发费用。研发费用的具体范围包括：

①人员人工费用。直接从事研发活动人员的工资薪金、五险一金，以及外聘研发人员的劳务费用。

- 直接从事研发活动的人员包括研究人员、技术人员、辅助人员。研究人员是指主要从事研究开发项目的专业人员；技术人员是指具有工程技术、自然科学和生命科学中一个或一个以上领域的技术知识和经验，在研究人员指导下参与研发工作的人员；辅助人员是指参与研究开发活动的技工。外聘研发人员是指与本企业或劳务派遣企业签订劳务用工协议（合同）和临时聘用的研究人员、技术人员、辅助人员。

接受劳务派遣的企业按照协议（合同）约定支付给劳务派遣企业，且由劳务派遣企业实际支付给外聘研发人员的工资薪金等费用，属于外聘研发人员的劳务费用。

- 工资薪金包括按规定可以在税前扣除的对研发人员股权激励的支出。
- 直接从事研发活动的人员、外聘研发人员同时从事非研发活动的，企业应对其人员活动情况做必要记录，并将其实际发生的相关费用按实际工时占比等合理方法在研发费用和生产经营费用间分配，未分配的不得加计扣除。

②直接投入费用。指研发活动直接消耗的材料、燃料和动力费用；用于中间试验和产品试制的模具、工艺装备开发及制造费，不构成固定资产的样品、样机及一般测试手段购置费，试制产品的检验费；用于研发活动的仪器、设备的运行维护、调整、检验、维修等费用，以及通过经营租赁方式租入的用于研发活动的仪器、设备租赁费。

- 以经营租赁方式租入的用于研发活动的仪器、设备，同时用于非研发活动的，企业应对其仪器设备使用情况做必要记录，并将其实际发生的租赁费按实际工时占比等合理方法在研发费用和生产经营费用间分配，未分配的不得加计扣除。
- 企业研发活动直接形成产品或作为组成部分形成的产品对外销售的，研发费用中对应的材料费用不得加计扣除。

产品销售与对应的材料费用发生在不同纳税年度且材料费用已计入研发费用的，可在销售当年以对应的材料费用发生额直接冲减当年的研发费用，不足冲减的，结转以后年度继续冲减。

③折旧费用，指用于研发活动的仪器、设备的折旧费。

- 用于研发活动的仪器、设备，同时用于非研发活动的，企业应对其仪器设备使用情况做必要记录，并将其实际发生的折旧费按实际工时占比等合理方法在研发费用和生产经营费用间分配，未分配的不得加计扣除。

- 企业用于研发活动的仪器、设备，符合税法规定且选择加速折旧优惠政策的，在享受研发费用税前加计扣除政策时，就税前扣除的折旧部分计算加计扣除。

④无形资产摊销，指用于研发活动的软件、专利权、非专利技术（包括许可证、专有技术、设计和计算方法等）的摊销费用。

- 用于研发活动的无形资产，同时用于非研发活动的，企业应对其无形资产使用情况做必要记录，并将其实际发生的摊销费按实际工时占比等合理方法在研发费用和生产经营费用间分配，未分配的不得加计扣除。
- 用于研发活动的无形资产，符合税法规定且选择缩短摊销年限的，在享受研发费用税前加计扣除政策时，就税前扣除的摊销部分计算加计扣除。

⑤新产品设计费、新工艺规程制定费、新药研制的临床试验费、勘探开发技术的现场试验费，指企业在新产品设计、新工艺规程制定、新药研制的临床试验、勘探开发技术的现场试验过程中发生的与开展该项活动有关的各类费用。

⑥其他相关费用。与研发活动直接相关的其他费用，如技术图书资料费，资料翻译费，专家咨询费，高新科技研发保险费，研发成果的检索、分析、评议、论证、鉴定、评审、评估、验收费用，知识产权的申请费、注册费、代理费，差旅费和会议费等。此项费用总额不得超过可加计扣除研发费用总额的10%。

企业在一个纳税年度内进行多项研发活动的，应按照不同研发项目分别归集可加计扣除的研发费用。在计算每个项目其他相关费用的限额时应当按照以下公式计算：

其他相关费用限额 =《通知》第一条第一项允许加计扣除的研发费用中的第1项至第5项的费用之和 × 10% ÷ (1 − 10%)

其中，《通知》是指《财政部　国家税务总局　科技部关于完善研究开发费用税前加计扣除政策的通知》（财税〔2015〕119号）。

当其他相关费用实际发生数小于限额时，按实际发生数计算税前加计扣除数额；当其他相关费用实际发生数大于限额时，按限额计算税前加计扣除数额。

（5）其他事项。

①企业取得的政府补助，会计处理时采用直接冲减研发费用方法且税务处理时未将其确认为应税收入的，应按冲减后的余额计算加计扣除金额。

②企业取得研发过程中形成的下脚料、残次品、中间试制品等特殊收入，在计算确认收入当年的加计扣除研发费用时，应从已归集研发费用中扣减该特殊收入，不足扣减的，加计扣除研发费用按零计算。

③失败的研发活动发生的研发费用可享受税前加计扣除政策。

7.3.2.3　委托研发

企业委托境外进行研发活动发生的费用，按照费用实际发生额的80%计入委托方的委托境外研发费用。委托境外研发费用不超过境内符合条件的研发费用2/3的部分，可以按规定在企业所得税前加计扣除。

企业应在年度申报享受优惠时，按照《国家税务总局关于发布修订后的〈企业所得税优惠政策事项办理办法〉的公告》（国家税务总局公告 2018 年第 23 号）的规定办理有关手续，并留存备查以下资料：

①企业委托研发项目计划书和企业有权部门立项的决议文件。

②委托研究开发专门机构或项目组的编制情况和研发人员名单。

③经科技行政主管部门登记的委托境外研发合同。

④"研发支出"辅助账及汇总表。

⑤委托境外研发银行支付凭证和受托方开具的收款凭据。

⑥当年委托研发项目的进展情况等资料。

7.3.2.4 优惠享受

（1）根据《财政部 税务总局 科技部关于提高研究开发费用税前加计扣除比例的通知》（财税〔2018〕99 号）规定，企业开展研发活动中实际发生的研发费用，未形成无形资产计入当期损益的，在按规定据实扣除的基础上，在 2018 年 1 月 1 日至 2020 年 12 月 31 日期间，再按照实际发生额的 75% 在税前加计扣除；形成无形资产的，在上述期间按照无形资产成本的 175% 在税前摊销。

（2）企业为获得创新性、创意性、突破性的产品进行创意设计活动发生的相关费用，可按照规定进行税前加计扣除。创意设计活动是指多媒体软件和动漫游戏软件开发，数字动漫和游戏设计制作，房屋建筑工程设计（绿色建筑评价标准为"三星"）、风景园林工程专项设计，工业设计、多媒体设计、动漫及衍生产品设计、模型设计等。

（3）科技型中小企业开展研发活动中实际发生的研发费用，在 2017 年 1 月 1 日至 2019 年 12 月 31 日，未形成无形资产计入当期损益的，在按规定据实扣除的基础上，再按照实际发生额的 75% 在税前加计扣除；形成无形资产的，按照无形资产成本的 175% 在税前摊销。

7.3.2.5 科技型中小企业

（1）科技型中小企业的标准。根据《科技部 财政部 国家税务总局关于印发〈科技型中小企业评价办法〉的通知》（国科发政〔2017〕115 号）规定，科技型中小企业须同时满足以下条件：

①中国境内（不包括港、澳、台地区）注册的居民企业。

②职工总数不超过 500 人、年销售收入不超过 2 亿元、资产总额不超过 2 亿元。

③企业提供的产品和服务不属于国家规定的禁止、限制和淘汰类。

④企业在填报上一年及当年内未发生重大安全、重大质量事故和严重环境违法、科研严重失信行为，且企业未列入经营异常名录和严重违法失信企业名单。

⑤企业根据科技型中小企业评价指标进行综合评价所得分值不低于 60 分，且科技

人员指标得分不得为 0。

（2）科技型中小企业评价指标。根据国科发政〔2017〕115 号文件规定，科技型中小企业评价指标具体包括科技人员、研发投入、科技成果三类，满分为 100 分。其中，科技人员指标满分为 20 分，研发投入指标满分为 50 分，科技成果指标满分为 30 分。

科技型中小企业评价指标体现了国家对科技型企业的评价导向，由企业填写《科技型中小企业信息表》，进行自我评价。

（3）科技型中小企业的认定方式。国科发政〔2017〕115 号文件规定，科技型中小企业评价工作采取企业自主评价、省级科技管理部门组织实施、科技部服务监督的工作模式。

具体流程是：

①企业自主评价，并在线填报《科技型中小企业信息表》。

②省级科技管理部门组织有关单位对企业填报的《科技型中小企业信息表》内容是否完整进行确认。内容不完整的，在服务平台上通知企业补正。

③信息完整且符合条件的，由省级科技管理部门在服务平台公示 10 个工作日。

④公示无异议的企业，纳入信息库并在服务平台公告；有异议的，由省级科技管理部门组织有关单位进行核实处理。

⑤省级科技管理部门为入库企业赋予科技型中小企业入库登记编号。取得科技型中小企业入库登记编号的企业即为科技型中小企业，可享受科技型中小企业研发费用 75% 加计扣除优惠政策。

（4）可以直接确认符合科技型中小企业的规定。根据国科发政〔2017〕115 号文件第八条规定，符合科技型中小企业条件"第（一）~（四）项条件的企业，若同时符合下列条件中的一项，可直接确认符合科技型中小企业条件：

（一）企业拥有有效期内高新技术企业资格证书；

（二）企业近五年内获得过国家级科技奖励，并在获奖单位中排在前三名；

（三）企业拥有经认定的省部级以上研发机构；

（四）企业近五年内主导制定过国际标准、国家标准、行业标准。"

（5）科技型中小企业季度预缴时不享受研发费用加计扣除政策。根据《国家税务总局关于发布修订后的〈企业所得税优惠政策事项办理办法〉的公告》（国家税务总局公告 2018 年第 23 号）的规定，研发费用加计扣除政策属于汇算清缴享受的优惠项目，即季度预缴申报时，允许据实计算扣除，在年度汇算清缴申报时，再依照规定享受加计扣除优惠政策。

7.3.2.6 优惠享受管理

（1）自行判别。根据国家税务总局公告 2018 年第 23 号规定，企业应当根据经营情况以及相关税收规定自行判断是否符合优惠事项规定的条件。

(2) 申报享受。研发费用加计扣除实行申报享受，按照国家税务总局公告2018年第23号规定，研发费用加计扣除优惠不属于定期减免税事项，在费用化项目发生当期或者资本化项目形成无形资产后的摊销期间，符合条件的可以按照《企业所得税优惠事项管理目录（2017年版）》（以下简称《目录》）列示的时间自行计算减免税额，并通过填报企业所得税纳税申报表享受税收优惠。

(3) 留存备查资料。企业对优惠事项留存备查资料的真实性、合法性承担法律责任。企业留存备查资料应从企业享受优惠事项当年的企业所得税汇算清缴期结束次日起保留10年。

根据国家税务总局公告2015年第97号规定，企业应保留下列留存备查资料：

①自主、委托、合作研究开发项目计划书和企业有权部门关于自主、委托、合作研究开发项目立项的决议文件。

②自主、委托、合作研究开发专门机构或项目组的编制情况和研发人员名单。

③经科技行政主管部门登记的委托、合作研究开发项目的合同。

④从事研发活动的人员和用于研发活动的仪器、设备、无形资产的费用分配说明（包括工作使用情况记录）。

⑤集中研发项目研发费用决算表、集中研发项目费用分摊明细情况表和实际分享收益比例等资料。

⑥"研发支出"辅助账。

⑦企业如果已取得地市级（含）以上科技行政主管部门出具的鉴定意见，应作为资料留存备查。

⑧省级税务机关规定的其他资料。

7.4 共同费用的税务管理

在建筑领域，选择简易计税和一般计税计征增值税是专门针对项目而言，而不是针对企业而言的，即有的项目选择一般计税计征增值税，有的项目选择简易计税计征增值税。因此，一个建筑企业或一个房地产企业存在有的项目选择简易计税计征增值税，有的项目选择一般计税计征增值税。对于不同项目共同发生的成本费用，例如办公用的水电费用、共同管理人员的差旅费用、办公设备费用、周转使用的机械设备费用和周转材料费用，在这些共同成本费用中，哪些共同成本费用的增值税进项税额完全可以抵扣，哪些共同成本费用的增值税进项税额不可以全部扣除，不可以全部扣除增值税进项税额的共同成本费用如何在简易计税项目和一般计税项目中进行分摊抵扣,以上问题的处理是增值税纳税申报管理中不可忽略的重要内容,如果处理不当,将面临税务稽查风险。

7.4.1 共同费用抵扣的风险点

实践中,对简易计税和一般计税项目共同费用的增值税进项税额抵扣风险点归纳如下:

(1) 建筑企业自购建筑机械设备、周转材料既用于一般计税项目也用于简易计税项目的增值税进项税额抵扣的风险。

根据财税〔2016〕36 号文件附件 1《营业税改征增值税试点实施办法》第二十七条第 (一) 项规定,涉及的固定资产、无形资产、不动产的进项税额不得从销项税额中抵扣的关键条件是专用于简易计税方法计税项目、免征增值税项目、集体福利或者个人消费的进项税额不得从销项税额中抵扣。换句话说,如果施工企业购买的固定资产、无形资产(不包括其他权益性无形资产)、不动产既用于一般计税方法计征增值税的项目也用于简易计税方法计征增值税的项目,不属于"专用于"的情形,可以抵扣增值税进项税额。

建筑企业自购建筑机械设备、周转材料既用于一般计税项目也用于简易计税项目的增值税进项税额完全可以抵扣。

基于以上税收政策的分析,建筑企业自购塔吊、升降机等机械设备和脚手架、挡板等周转材料,在既用于一般计税项目也用于简易计税项目的情况下,该自购机械设备和周转材料的增值税进项税额完全可以抵扣。

(2) 建筑企业工地上搭建的活动板房、指挥部等临时建筑物增值税进项税额抵扣的风险。

根据财税〔2016〕36 号文件附件 2《营业税改征增值税试点有关事项的规定》第一条第 (四) 项第 1 款和财政部、税务总局、海关总署公告 2019 年第 39 号第五条以及财税〔2016〕36 号文件附件 1《营业税改征增值税试点实施办法》第二十七条第 (一) 项的规定,建筑企业自 2016 年 5 月 1 日起,在施工现场修建的活动板房、工程指挥部用房等临时建筑物或不动产,如果仅仅用于简易计税项目,则其增值税进项税额不可以抵扣;如果用于一般计税项目,或既用于一般计税项目也用于简易计税项目,则其增值税进项税额可以抵扣,但不适用"取得之日起分 2 年从销项税额中抵扣,第一年抵扣比例为 60%,第二年抵扣比例为 40%"的规定,可以自取得之日起的当年全部一次性抵扣。

(3) 如果建筑企业施工地从事施工的项目是选择一般计税方法计征增值税的,则施工地上修建的临时建筑物的增值税进项税额在进项税额自取得之日起的当年全部一次性抵扣。

如果建筑企业施工地从事施工的项目是选择简易计税方法计征增值税的,则施工地上修建的临时建筑物的增值税进项税额不可以抵扣,也不可以在其他选择一般计税方法计征增值税的项目中销项税额抵扣。

施工完毕,建筑企业工地上修建的临时建筑物拆除不属于非正常损失,临时建筑物已经抵扣过的增值税进项税额不进行增值税进项税额转出处理。

(4) 一般计税和简易计税项目共同管理费用的增值税进项税额抵扣风险。

①共同管理费用的增值税进项税额在简易计税和一般计税项目中分配。在企业经营管理中,如果建筑企业和房地产企业发生的共同管理费用,例如水电费用、差旅费用、培训费用、咨询顾问费用、会议费用、办公楼的装修费用等,既服务于简易计税项目也服务于一般计税项目,则以上共同管理费用中的增值税进项税额必须在一般计税项目和简易计税项目中按照一定的分摊方法进行分摊,分摊给简易计税项目的管理费用中的增值税进项税额不可以抵扣,只有分摊给一般计税项目的管理费用中的增值税进项税额才可以抵扣。

②分配方法。根据财税〔2016〕36号文件附件1《营业税改征增值税试点实施办法》第二十九条的规定,适用一般计税方法的纳税人,兼营简易计税方法计税项目、免征增值税项目而无法划分不得抵扣的进项税额,按照下列公式计算不得抵扣的进项税额:

不得抵扣的进项税额=当期无法划分的全部进项税额×(当期简易计税方法计税项目销售额+免征增值税项目销售额)÷当期全部销售额

主管税务机关可以按照上述公式依据年度数据对不得抵扣的进项税额进行清算。

③增值税进项税额的抵扣处理。由于管理费用实际发生时不可能分别向一般计税项目和简易计税项目开具增值税专用发票,而开具的增值税专用发票在增值税纳税申报时需一次性享受抵扣增值税进项税额,因此只能在年底对于简易计税项目分配的已经抵扣的增值税进项税额作转出处理。

7.4.2 共同费用抵扣风险管理

7.4.2.1 集中采购建筑材料费用的应对方法:分项目结算材料款、分项目开发票

实践中存在一般计税项目和简易计税项目所使用的建筑材料,由企业的采购部门集中统一采购的现象。如果存在集中采购的行为,则建筑企业和房地产企业往往签订一份集中采购的框架协议,分项目的进度分次供货到建筑工地。为了防范增值税进项税额抵扣的税务风险,可以选择以下方法:

(1) 负责材料采购部门分一般计税项目和简易计税项目向材料供应商发出材料供应进度计划。

（2）工程项目部材料员分一般计税项目和简易计税项目验收送到施工场地的建筑材料，并按照一般计税项目和简易计税项目编制材料验收确认单，最后经材料供应商和工程项目部负责人签字确认。

（3）分一般计税项目和简易计税项目进行建筑材料款结算，分一般计税项目和简易计税项目开具发票。其中，要求材料供应商向简易计税项目开具增值税普通发票，向一般计税项目开具增值税专用发票。

7.4.2.2 既用于一般计税项目也用于简易计税项目的周转材料、建筑机械设备增值税进项税额抵扣的税务方法

（1）建筑企业在与设备、材料供应商签订采购合同时，必须在采购合同中约定"设备和材料用途"条款，该条款约定"用于××一般计税项目使用"或"既用于××一般计税项目也用于××简易计税项目使用"的字样。

（2）建筑企业加强对周转材料和建筑机械设备的领用管理，在实际经营中，建筑企业要分项目做好设备、周转材料领用登记手续。

（3）建筑企业财务部要按照不同的项目分项目计提设备的累计折旧费用和周转材料的摊销费用记录。

7.4.2.3 一般计税项目和简易计税项目共同管理费用的增值税进项税抵扣稽查的方法

（1）在一个会计年度内，如果一般计税项目和简易计税项目共同管理费用较少，例如，发生的培训费用和出差住宿费用，公司财务部报销制度规定每次1万元以内的培训费用和出差住宿费用索取增值税普通发票后到财务部报销。

（2）如果一般计税项目和简易计税项目的共同管理费用索取的是增值税专用发票，则一定要先抵扣增值税进项税额，到年底申报12月的增值税时，要对一年中的一般计税项目和简易计税项目共同管理费用中已经抵扣过的总的增值税进项税额依照税法的规定进行计税分摊，将简易计税项目分摊的不得抵扣的进项税额进行转出处理。

第 8 章
建筑企业工程结算的税务管理

8.1 预收款税务管理

根据财建〔2004〕369 号文件附件《建设工程价款结算暂行办法》第十二条规定，建筑企业"包工包料工程的预付款按合同约定拨付，原则上预付比例不低于合同金额的 10%，不高于合同金额的 30%，对重大工程项目，按年度工程计划逐年预付"。在具备施工条件的前提下，发包人应在双方签订合同后的一个月内或不迟于约定的开工日期前的 7 天内预付工程款。

8.1.1 预收款增值税管理

8.1.1.1 政策依据

财税〔2016〕36 号文件附件 1《营业税改征增值税试点实施办法》第四十五条第二项规定，纳税人提供建筑服务、租赁服务采取预收款方式的，其纳税义务发生时间为收到预收款的当天。而财税〔2017〕58 号文件第二条规定将《营业税改征增值税试点实施办法》（财税〔2016〕36 号文件附件 1）第四十五条第（二）项修改为"纳税人提供租赁服务采取预收款方式的，其纳税义务发生时间为收到预收款的当天"。基于此规定，自 2017 年 7 月 1 日起，建筑企业收到业主或发包方的预收账款的增值税纳税义务发生时间不是收到预收账款的当天，即建筑企业收到业主或发包方预收账款时，没有发生增值税纳税义务，不向业主或发包方开具增值税发票。此处需要注意的是，不发生纳税义务的预收款，仅指工程实际开工前发包方支付的款项，财建〔2004〕369 号文件附件提到的"对重大工程项目，按年度工程计划逐年预付"的预付款，应属于应税行为发生后收到的款项，收到之日纳税义务即发生。

8.1.1.2 纳税义务发生时间的确定

既然建筑企业收到业主或发包方的预收账款的增值税纳税义务时间不是收到预收账款的当天，那到底什么时候缴纳增值税呢？基于以上税法规定，建筑企业预收账款的增值税纳税义务时间分为以下两种情况：

一是如果业主或发包方强行要求建筑企业开具发票，则该预收账款的增值税纳税义务时间为建筑企业开具发票的当天。

二是如果业主或发包方支付预付款给建筑企业不要求建筑企业开具发票的，则建筑企业收到预收款的增值税纳税义务时间为已经发生建筑应税服务并与业主或发包方进行工程进度结算签订进度结算书，或者按照建筑施工合同中的"工程结算和工程款支付"条款约定："预收账款"扣减发包方确认施工企业已完工的工程计量的一定比例的工程进度款时，在财务上将"预收账款"科目结转到"工程结算"科目的当天。

8.1.1.3 预缴增值税的纳税地点和预缴时间

（1）政策依据。根据财税〔2017〕58 号文件第三条规定，纳税人提供建筑服务取得预收款，应在收到预收款时，以取得的预收款扣除支付的分包款后的余额，按照以下两种情况预缴增值税。

一是按照现行规定应在建筑服务发生地预缴增值税的项目，纳税人收到预收款时，如果是适用一般计税方法计税的项目，则按照 2% 预征率在建筑服务发生地预缴增值税；如果是适用简易计税方法计税的项目，则按照 3% 预征率在建筑服务发生地预缴增值税。

二是按照现行规定无须在建筑服务发生地预缴增值税的项目［纳税人在同一地级行政区范围内跨县（市、区）提供建筑服务］，纳税人收到预收款时，如果是适用一般计税方法计税的项目，则按照 2% 预征率在建筑企业机构所在地预缴增值税；如果是适用简易计税方法计税的项目，则按照 3% 预征率在建筑企业机构所在地预缴增值税。

（2）纳税地点。建筑企业无论是否发生总分包业务，都要预缴增值税，具体的预缴增值税的纳税地点分两种情况。

一是如果建筑企业跨省（自治区、直辖市）和跨地级行政区提供建筑服务（按照现行规定应在建筑服务发生地预缴增值税的项目），则建筑企业都要在工程施工所在地税务局进行预缴增值税；

二是按照现行规定无须在建筑服务发生地预缴增值税的项目［纳税人在同一地级

行政区范围内跨县（市、区）提供建筑服务］，建筑企业都要在建筑企业机构所在地进行预缴增值税。

（3）风险防范。基于以上税收政策规定，建筑企业无论是否发生总分包业务，都要预缴增值税，对于建筑企业而言的纳税风险在于，不论企业是否收到了预付款，企业在开具发票的当天都应当预缴增值税，导致企业还没有获得实质性收入便要缴纳税款，占用了企业的资金流。收到了预收款时，确定销项税额，由于没有开工建设，因此当期进项税额为零，此刻如果没有进项税额抵扣，企业必须全额缴纳销项税，会增加企业的税负，对于现金流本来就不充裕的建筑企业而言，无疑加重了现金吃紧的状况。

建筑企业为了防范收到业主预收款产生的增值税销项税额与进项税额的"倒挂"问题，节约资金流，提高资金的使用效益，可以采用下列办法进行防范调整：

①在企业收到预付款时，根据《财政部 国家税务总局关于建筑服务等营改增试点政策的通知》（财税〔2017〕58号）规定，建筑企业并没有发生纳税义务，因此可以向对方企业解释，不开具发票，以开具具有效力的收据代替。

②如果企业强行非要开具发票，可以要求材料供应商等开具增值税专用发票进行进项认证抵扣，然后等到该一般计税项目开工，产生增值税进项税额有抵扣时的增值税申报当月，把前面简易计税项目发生的已经抵扣过的增值税进项税额进行转出处理。

（4）纳税时间。《纳税人跨县（市、区）提供建筑服务增值税征收管理暂行办法》（国家税务总局2016年公告第17号）第三条规定，纳税人跨县（市、区）提供建筑服务，应按照财税〔2016〕36号文件规定的纳税义务发生时间和计税方法，向建筑服务发生地主管税务机关预缴税款，向机构所在地主管税务机关申报纳税。第十二条规定，纳税人跨县（市、区）提供建筑服务，按照本办法应向建筑服务发生地主管税务机关预缴税款而自应当预缴之月起超过6个月没有预缴税款的，由机构所在地主管税务机关按照《税收征收管理法》及相关规定进行处理。

根据以上税法、文件和财税〔2017〕58号文件第三条规定，将建筑企业"预收账款"预缴增值税的时间总结如下：

一是如果建筑企业收到发包方支付"预收账款"且发包方强行要求建筑企业开具增值税发票的，则建筑企业收到"预收账款"预缴增值税的纳税时间是为建筑企业开具增值税发票的当天。

二是如果建筑企业收到发包方支付"预收账款"且发包方不要求建筑企业开具增值税发票的，则建筑企业收到"预收账款"预缴增值税的纳税时间是为建筑企业收到"预收账款"的当天。

三是跨省（自治区、直辖市）和不同地级行政区提供建筑服务的建筑企业在工程施工所在地税务局预缴增值税的截止时间为:自应当预缴增值税之月起不超过6个月。

8.1.2 预缴增值税管理

8.1.2.1 政策依据

根据财税〔2017〕58号文件第三条和《纳税人跨县(市、区)提供建筑服务增值税征收管理暂行办法》(国家税务总局公告2016年第17号)第四条、第五条、第七条规定,建筑企业预缴增值税的纳税金额计算如下:

(1)总分包业务的预缴增值税计算公式:

一般计税项目应预缴增值税税款 = (预收账款 - 支付的分包款) ÷ (1 + 税率9%) × 2%

简易计税项目应预缴增值税税款 = (预收账款 - 支付的分包款) ÷ (1 + 征收率3%) × 3%

(2)非总分包业务的预缴增值税计算公式:

一般计税项目应预缴增值税税款 = 预收账款 ÷ (1 + 税率9%) × 2%

简易计税项目应预缴增值税税款 = 预收账款 ÷ (1 + 征收率3%) × 3%

8.1.2.2 预交增值税的抵扣处理

(1)按照工程项目分别计算、分别预交。建筑企业取得的全部价款和价外费用扣除支付的分包款后的余额为负数的,可结转下次预缴税款时继续扣除。建筑企业应按照工程项目分别计算应预缴税款,分别预缴。建筑企业一个项目预缴的增值税,不能抵减另外一个项目应预缴的增值税。只有在建筑企业注册地申报增值税时,且都是一般计税方法的项目之间,每个项目在工程所在地已经预缴的增值税才可以抵减在建筑企业注册地申报缴纳的增值税。

(2)总包差额预缴增值税的凭证要求。建筑企业如果存在总分包业务,该分包方向总承包方开具增值税发票时,必须在增值税发票上的"备注栏"中注明建筑服务发生地所在县(市、区)、项目的名称,否则总包在差额预缴增值税时不可以扣除分包额。

8.1.2.3 预缴增值税的附件税的处理

根据《财政部 国家税务总局 关于纳税人异地预缴增值税有关城市维护建设税和教育费附加政策问题的通知》(财税〔2016〕74号)第一条规定,建筑企业跨地区提供建筑服务应在建筑服务发生地预交增值税时,以预缴增值税税额为计税依据,并按预缴增值税所在地的城市维护建设税适用税率和教育费附加征收率就地计算缴纳城市维护建设税和教育费附加。在建筑企业机构所在地(一般计税项目)按照以下公式计算缴纳城市维护建设税和教育费附加。

城市维护建设税 = (增值税销项税税额 - 增值税进项税税额 - 异地预缴增值税税

额)×机构所在地城市维护建设税适用税率

教育费附加=(增值税销项税税额-增值税进项税税额-异地预缴增值税税额)×机构所在地教育费附加征收率

[例8.1] 某建筑企业2020年5月1日与业主签订工程施工承包合同,工程采取一般计税方法,合同含税价为10 900万元,2020年5月19日收到预收款1 090万元,2020年5月28日工程开工,根据合同约定,工程计量款达到3 270万元之后在次月工程进度款中一次性抵扣。[根据新收入准则应用指南的规定,企业因转让商品(服务)收到的预收款适用新收入准则应用指南进行会计处理时,不再使用"预收账款"及"递延收益"科目,而是使用"合同负债"科目]

情形一:收款开具不征税发票(增值税预缴略,下同)。

①2020年5月19日收款时。

借:银行存款　　　　　　　　　　　　　　　　　10 900 000
　　贷:合同负债　　　　　　　　　　　　　　　　10 900 000

②计量达到3 270万元时,假定按计量开票和收款,则为:

借:应收账款　　　　　　　　　　　　　　　　　32 700 000
　　贷:合同结算——价款结算　　　　　　　　　　30 000 000
　　　　应交税费——应交增值税(销项税额)　　　 2 700 000

借:银行存款　　　　　　　　　　　　　　　　　32 700 000
　　贷:应收账款　　　　　　　　　　　　　　　　32 700 000

收入确认应当按照履约进度,此处略。

③次月计量工程款假定为1 090万元,则为:

借:应收账款　　　　　　　　　　　　　　　　　10 900 000
　　贷:合同结算——价款结算　　　　　　　　　　10 000 000
　　　　应交税费——待转销项税额　　　　　　　　　 900 000

④抵扣预收款,此时纳税义务发生,应向业主开具9%税率发票。

借:合同负债　　　　　　　　　　　　　　　　　10 900 000
　　贷:应收账款　　　　　　　　　　　　　　　　10 900 000

借:应交税费——待转销项税额　　　　　　　　　　　900 000
　　贷:应交税费——应交增值税(销项税额)　　　　　900 000

情形二:收款开具9%税率发票。

①2020年5月19日收款时,开具发票,纳税义务发生。

借:银行存款　　　　　　　　　　　　　　　　　10 900 000
　　贷:合同负债　　　　　　　　　　　　　　　　10 900 000

借:应交税费——待转销项税额　　　　　　　　　　　900 000

贷：应交税费——应交增值税（销项税额） 900 000

为了利于施工企业和业主之间的对账，本书阐述时仍将合同负债反映为价税合计数，销项税额对应借方科目确定为"应交税费——待转销项税额"。报表列示时，可将合同负债和待转销项税额抵消以1 000万元的净额，在"合同负债"或者"其他非流动负债"项目列示。

②计量达到3 270万元时，假定按计量开票和收款，则为：

借：应收账款 32 700 000
 贷：合同结算——价款结算 30 000 000
   应交税费——应交增值税（销项税额） 2 700 000
借：银行存款 32 700 000
 贷：应收账款 32 700 000

收入确认应当按照履约进度，此处略。

③次月计量工程款假定为1 090万元，则为：

借：应收账款 10 900 000
 贷：合同结算——价款结算 10 000 000
   应交税费——待转销项税额 900 000

此时，"应交税费——待转销项税额"科目贷方发生额为900 000元，余额为0。

④抵扣预收款，不用再开具发票。

借：合同负债 10 900 000
 贷：应收账款 10 900 000

8.2 质量保证金税务处理

8.2.1 政策依据

《住建部 财政部印发建设工程质量保证金管理办法的通知》（建质〔2017〕138号）第二条规定，建设工程质量保证金（以下简称保证金）是指发包人与承包人在建设工程承包合同中约定，从应付的工程款中预留，用以保证承包人在缺陷责任期内对建设工程出现的缺陷进行维修的资金。

《最高人民法院关于审理建设工程施工合同纠纷案件适用法律问题的解释（二）》（法释〔2018〕20号）第九条规定，发包人将依法不属于必须招标的建设工程进行招标后，与承包人另行订立的建设工程施工合同背离中标合同的实质性内容，当事人请求以中标合同作为结算建设工程价款依据的,人民法院应予支持,但发包人与承包人因客观情况发生了在招标投标时难以预见的变化而另行订立建设工程施工合同的除外。

8.2.2 增值税纳税义务时间

增值税方面,根据国家税务总局公告2016年第69号的规定,纳税人提供建筑服务,被工程发包方从应支付的工程款中扣押的质押金、保证金,未开具发票的,以纳税人实际收到质押金、保证金的当天为纳税义务发生时间。即,质保金只要没有提前开票,它就是在实际收到时才发生纳税义务,而且是收到多少,发生多少的纳税义务。

8.2.3 质保金的会计核算

适用新收入准则的建筑企业,质量缺陷责任期到达之前,质保金用"合同结算"科目核算,质量缺陷责任期到达之后未发生质量缺陷或已履行维修义务后,自"合同结算"科目转入"应收账款"科目。

根据新收入准则的规定,企业已向客户转让商品(或服务)而有权收取对价的权利在"合同资产"科目核算,仅取决于时间流逝因素的权利在"应收账款"科目核算。

但由于建筑企业的工程计量和收入确认的特殊性,根据新收入准则应用指南,建筑企业通常应设置"合同结算"科目,以反映同一合同下涉及与客户结算对价的合同资产或者合同负债,期末报表列示时,根据本科目余额方向和流动性,分别列示在"合同资产""合同负债""其他非流动资产""其他非流动负债"等报表项目。

[例8.2] 某建筑企业适用新收入准则,所属某工程项目为一般计税项目,该合同整体构成单项履约义务,合同含税价为10 900万元,工程已于2019年12月31日竣工结算,业主已支付97%工程款共计10 573万元,剩余3%的保证金共计327万元,根据合同约定,质量缺陷责任期为两年,期满之后半年内无息返还保证金。不考虑与质保金无关的其他业务。

情形一:建筑企业提前开具了发票。

(1) 2019年12月31日结算时即发生纳税义务。

借:合同结算——收入结转　　　　　　　　　　　　　3 000 000
　　贷:主营业务收入　　　　　　　　　　　　　　　　3 000 000
借:应交税费——待转销项税额　　　　　　　　　　　　270 000
　　贷:应交税费——应交增值税(销项税额)　　　　　270 000

2019年年末报表列示,"其他非流动资产"项目列示327万元。

(2) 2021年12月31日质量缺陷责任期满,未发生质量缺陷。

借:应收账款　　　　　　　　　　　　　　　　　　　3 270 000

贷：合同结算——价款结算　　　　　　　　　　　　　　　3 000 000
　　　应交税费——待转销项税额　　　　　　　　　　　　　270 000

（3）2022 年 6 月 30 日实际收回时。

借：银行存款　　　　　　　　　　　　　　　　　　　　　3 270 000
　　贷：应收账款　　　　　　　　　　　　　　　　　　　 3 270 000

情形二：建筑企业未提前开具发票。

（1）2019 年 12 月 31 日结算时未发生纳税义务。

借：合同结算——收入结转　　　　　　　　　　　　　　　3 000 000
　　贷：主营业务收入　　　　　　　　　　　　　　　　　 3 000 000

2019 年年末报表列示，"其他非流动资产"项目列示 300 万元。

（2）2021 年 12 月 31 日质量缺陷责任期满，未发生质量缺陷。

借：应收账款　　　　　　　　　　　　　　　　　　　　　3 270 000
　　贷：合同结算——价款结算　　　　　　　　　　　　　 3 000 000
　　　　应交税费——待转销项税额　　　　　　　　　　　　 270 000

（3）2022 年 6 月 30 日实际收回时。

借：银行存款　　　　　　　　　　　　　　　　　　　　　3 270 000
　　贷：应收账款　　　　　　　　　　　　　　　　　　　 3 270 000

借：应交税费——待转销项税额　　　　　　　　　　　　　　270 000
　　贷：应交税费——应交增值税（销项税额）　　　　　　　 270 000

8.3　延期收付款利息税务管理

发票的开具属于增值税的范畴，发票的使用却不仅仅局限于增值税，除作为进项税额抵扣凭证以外，还担负着会计原始凭证和企业所得税税前扣除凭证等重要角色，而不同角色之间又可能出现冲突，建筑企业需要加以关注。下面我们通过一个案例阐述存在延期付款利息时，建筑企业应当如何进行财税处理。

[例 8.3]　2019 年 10 月 1 日，某建筑企业自一般纳税人供应商处采购 200 吨钢材，单价为 5 000 元/吨，总价为 100 万元，钢材已经验收入库且投入使用到一般计税工程项目。合同约定的付款日期到达以后，建筑企业因资金紧张无法按时支付货款，经双方协商，供应商同意延期半年支付，但建筑企业需要承担延期支付的资金利息 10 万元，半年之后，建筑企业支付货款本息 110 万元，取得对方开具的增值税专用发票。那么，这 10 万元利息在发票上应如何体现，账务如何处理，企业所得税税前应如何

列支?

[分析]

(1) 发票开具方面,应遵循增值税政策的规定,根据《增值税暂行条例实施细则》第十二条规定,延期付款利息属于价外费用范畴,属于增值税销售额的组成部分,因此这10万元不属于贷款服务,而是属于销售钢材的价外费用,应选择与钢材相同的税收编码开票,按照与钢材相同的税率即13%计算销项税额。

实务中,为了保证票面货物数量单价与合同和实物管理相一致,建议将发票开成两行,如图8.1所示,第一行据实开具,规格型号、单位、数量、单价等与合同约定及材料验收单据保持一致;第二行选择钢材的税收分类编码和税率,品名自定义为延期付款利息。

××市增值税专用发票

货物或应税劳务、服务名称	规格型号	单位	数量	单价	金额	税率	税额
*黑色金属冶炼压延品*钢材	HRB400E	吨	200	5 000	884 955.75	13%	115 044.25
*黑色金属冶炼压延品*延期付款利息			1	100 000	88 495.58	13%	11 504.43
合计					973 451.33		126 548.67
价税合计(大写)		壹佰壹拾万元整			(小写)		¥1 100 000.00

图8.1 发票样式

取得增值税专用发票注明的进项税额为126 548.67元,可以全部在销项税额中抵扣。

(2) 会计核算方面,延期付款利息的不含税金额仍然要计入财务费用,不属于可以资本化的支出,不能计入存货的成本。

(3) 企业所得税扣除方面,材料采购成本可以据实扣除,对于延期付款利息,有两种观点:一是作为《企业所得税法实施条例》第三十八条规定的"非金融企业向非金融企业借款的利息支出",不超过按照金融企业同期同类贷款利率计算的数额的部分允许扣除,超过部分纳税调增。二是将延期付款利息与实际资金借贷的利息相区分,按照"企业实际发生的与取得收入有关的、合理的支出"据实在企业所得税税前扣除。

除了延期付款利息属于价外费用以外,实务中类似的问题还有很多,如:供应商接受建筑企业的商业承兑汇票付款,但需要建筑企业额外支付贴现息;分包方在质量安全方面表现卓著,总包在合同价款之外支付的奖励款;分包方或者供应商因建筑企业履行合同违约而要求支付的赔偿金、违约金。以上问题都可以按照延期付款利息所述的思路进行处理。

8.4 工程进度款税务管理

工程价款结算是承包商在工程实施过程中,依据承包合同关于付款条款的规定和已完成的工程量,并按照规定的程序向建设单位收取价款的经济活动。实践中施工企业与发包方进行工程进度结算,工程进度款支付情况可以分为两种:业主已经支付的部分工程款和业主拖欠施工企业的部分工程款,针对不同的支付情况进行的增值税处理也不相同。

8.4.1 增值税纳税义务时间

根据税收政策规定,施工企业与房地产企业或发包方进行工程进度结算时,增值税纳税义务时间为工程结算书签订之日,具体分为以下两种情况:

(1) 业主已经支付的部分工程款的增值税纳税义务时间为收到工程款的当天。

(2) 业主拖欠施工企业的部分工程款,增值税纳税义务时间分两种情况考虑:

一是如果建筑承包合同中没标明发包方拖欠的部分工程款未来收款的时间,则增值税纳税义务时间为工程结算书签订之日。

二是如果建筑承包合同中标明发包方拖欠的部分工程款未来收款的时间,则增值税纳税义务时间为工程结算书或建筑承包合同标明的未来收款的时间。

8.4.2 业主支付和未支付工程款的发票开具技巧

(1) 业主已经支付的部分工程款的增值税纳税义务时间是收到工程款的当天。具体开票方法如下:

①当施工企业对该项目选择一般计税方法计征增值税时,施工企业必须向业主开具税率为 9% 的增值税专用发票(在业主依照税法规定可以抵扣增值税进项税额的情况下)或 9% 税率的增值税普通发票(在业主依照税法规定不可以抵扣增值税进项发票的情况下)。

②当施工企业对该项目选择简易计税方法计征增值税时,施工企业必须向业主开具税率为 3% 的增值税专用发票(在业主依照税法规定可以抵扣增值税进项发票的情况下)或 3% 税率的增值税普通发票(在业主依照税法规定不可以抵扣增值税进项发票的情况下)。

(2) 业主拖欠施工企业的部分工程进度款,如果建筑承包合同中没标明发包方拖欠的部分工程款未来收款的时间,则增值税纳税义务时间为工程结算书签订之日。具体的开票方法如下:

①当施工企业对该项目选择一般计税方法计征增值税时，施工企业必须向业主开具税率为9%的增值税专用发票（在业主依照税法规定可以抵扣增值税进项发票的情况下）或9%税率的增值税普通发票（在业主依照税法规定不可以抵扣增值税进项发票的情况下）。

②当施工企业对该项目选择简易计税方法计征增值税时，施工企业必须向业主开具税率为3%的增值税专用发票（在业主依照税法规定可以抵扣增值税进项发票的情况下）或3%税率的增值税普通发票（在业主依照税法规定不可以抵扣增值税进项发票的情况下）。

（3）如果建筑承包合同标明发包方拖欠的部分工程款未来收款的时间，则增值税纳税义务时间为工程结算书或建筑承包合同标明的未来收款的时间。施工企业由于还没有发生增值税纳税义务时间，因此不为业主开具增值税发票。等到业主将拖欠的工程款付给施工企业时再按照以下两种情况开具增值税发票：

①当施工企业对该项目选择一般计税方法计征增值税时，施工企业必须向业主开具税率为9%的增值税专用发票（在业主依照税法规定可以抵扣增值税进项发票的情况下）或9%税率的增值税普通发票（在业主依照税法规定不可以抵扣增值税进项发票的情况下）。

②当施工企业对该项目选择简易计税方法计征增值税时，施工企业必须向业主开具税率为3%的增值税专用发票（在业主依照税法规定可以抵扣增值税进项发票的情况下）或3%税率的增值税普通发票（在业主依照税法规定不可以抵扣增值税进项发票的情况下）。

（4）业主或发包方拖欠施工企业的部分工程进度款（含增值税）是否向发包方或业主开具增值税专用发票，需要从以下两方面分析：

一方面，如果施工企业账上等待抵扣的增值税进项税大于或等于发包方拖欠施工企业的部分工程进度款÷(1+9%)×9%时，则施工企业向发包方全额开具工程结算款（含增值税）的增值税发票。具体开票方法如下：

①施工企业对该项目选择一般计税方法计征增值税时，施工企业必须向业主开具税率为9%的增值税专用发票（在业主依照税法规定可以抵扣增值税进项发票的情况下）或9%税率的增值税普通发票（在业主依照税法规定不可以抵扣增值税进项发票的情况下）。

②当施工企业对该项目选择简易计税方法计征增值税时，施工企业必须向业主开具税率为3%的增值税专用发票（在业主依照税法规定可以抵扣增值税进项发票的情况下）或3%税率的增值税普通发票（在业主依照税法规定不可以抵扣增值税进项发票的情况下）。

另一方面，如果施工企业账上等待抵扣的增值税进项税小于或等于发包方拖欠施工企业的部分工程进度款÷(1+9%)×9%时,则施工企业向发包方开具发包方已经支付工程进度款(含增值税)的增值税。具体开票方法如下:

①当施工企业对该项目选择一般计税方法计征增值税时,施工企业必须向业主开具税率为9%的增值税专用发票(在业主依照税法规定可以抵扣增值税进项发票的情况下)或9%税率的增值税普通发票(在业主依照税法规定不可以抵扣增值税进项发票的情况下)。

②当施工企业对该项目选择简易计税方法计征增值税时,施工企业必须向业主开具税率为3%的增值税专用发票(在业主依照税法规定可以抵扣增值税进项发票的情况下)或3%税率的增值税普通发票(在业主依照税法规定不可以抵扣增值税进项发票的情况下)。

[例8.4] 某房地产企业与建筑总承包方进行工程进度结算,结算价为1 000万元(含增值税),房地产企业支付500万元(含增值税)给施工企业,拖欠施工企业500万元(含增值税)工程款,假设本施工企业选择一般计税方法计征增值税。

(1) 建筑企业增值税纳税义务时间:

本案例中的施工企业收到房地产公司支付的500万元工程进度结算款时,施工企业必须发生了增值税纳税义务,增值税纳税义务时间是施工企业收到房地产公司支付500万元工程进度结算款的当天。施工企业必须向房地产公司开具500万元的增值税专用发票,在工程所在地税务局,按照"500万元÷(1+9%)×2%"计算预缴增值税,扣除工程所在地预缴的增值税后,在施工企业所在地税务局申报缴纳增值税。

房地产公司拖欠施工企业的工程进度款为500万元的增值税纳税义务时间从以下两个方面判断:

一是如果施工企业与房地产公司在建筑合同中约定:工程进度结算的时间,按照结算工程款的一定比例进行支付,剩下的工程结算款于工程最后验收合格后(或者于工程最后验收合格并经相关政府部门审计后)进行支付,则房地产公司拖欠施工企业的工程进度款500万元的增值税纳税义务时间为今后工程最后验收合格后的当天。

二是如果施工企业与房地产公司在建筑合同中虽然约定按照结算工程款的一定比例进行支付,但没有约定剩下的工程结算款于工程最后验收合格后(或者于工程最后验收合格并经相关政府部门审计后)进行支付,则房地产公司拖欠施工企业的工程进度款500万元的增值税纳税义务时间为施工企业与房地产公司进行1 000万元工程进度结算书或1 000万元的工程进度审批单签订之日。

(2) 业主拖欠施工企业工程款的发票开具。

本案例中的施工企业收到房地产企业的500万元(含增值税),必须向房地产企业开具500万元(含增值税)的9%税率的增值税专用发票。

房地产企业拖欠施工企业的500万元(含增值税)是否向房地产企业开具增值税

专用发票，需要从以下两方面分析：

一是如果施工企业账上等待抵扣的增值税进项税大于或等于82.57万元[1 000÷(1+9%)×9%]时，则施工企业向房地产企业开具1 000万元（含增值税）的9%税率的增值税专用发票。

二是如果施工企业账上等待抵扣的增值税进项税小于或等于41.28万元[500÷(1+9%)×9%]时，则施工企业向房地产企业开具500万元（含增值税）的9%税率的增值税专用发票。

8.5 增值税留抵退税的管理

通过允许增量留抵税额退税可以引导企业增大投资、研发，扩大再生产，为企业带来成长能力及经济的活力，促进经济增长及扩大就业。财政部、国家税务总局、海关总署公告2019年第39号提出的增值税试行新增留抵退税制度既是对我国现代增值税制度的完善，同时也对建筑企业产生了重大影响，因此建筑企业应积极运用政策的红利，增强可持续性发展的能力。

8.5.1 增值税留抵退税政策概述

根据财政部、税务总局、海关总署公告2019年第39号规定，自2019年4月1日起，试行增值税期末留抵税额退税制度。

8.5.1.1 申请留抵退税纳税人需具备的条件

同时符合以下条件的纳税人，可以向主管税务机关申请退还增量留抵税额：

（1）自2019年4月税款所属期起，连续六个月（按季纳税的，连续两个季度）增量留抵税额均大于零，且第六个月增量留抵税额不低于50万元。

（2）纳税信用等级为a级或者b级。

（3）申请退税前36个月未发生骗取留抵退税、出口退税或虚开增值税专用发票情形的。

（4）申请退税前36个月未因偷税被税务机关处罚两次及以上的。

（5）自2019年4月1日起未享受即征即退、先征后返（退）政策的。

8.5.1.2 允许退还的增量留抵税额的计算

纳税人当期允许退还的增量留抵税额，按照以下公式计算：

允许退还的增量留抵税额＝增量留抵税额×进项构成比例×60%

进项构成比例，为2019年4月至申请退税前一税款所属期内已抵扣的增值税专用发票（含税控机动车销售统一发票）、海关进口增值税专用缴款书、解缴税款完税凭证注明的增值税额占同期全部已抵扣进项税额的比重。

8.5.1.3 申请留抵退税纳税人的审核

在办理留抵退税过程中，税务机关对纳税人是否符合留抵退税条件、当期可退还增量留抵税额等进行审核确认，并区分不同情形进行处理：

（1）准予办理留抵退税。对于符合退税条件，且不存在公告所列情形的，税务机关应在一定期限内完成审核，并向纳税人出具准予留抵退税的《税务事项通知书》。

（2）暂停（终止）办理留抵退税。对于符合退税条件，但纳税人存在增值税涉税风险疑点，或存在未处理的相关涉税事项等情形的，明确先暂停为其办理留抵退税。

①如果风险疑点排除且相关事项处理完毕，仍符合留抵退税条件的，税务机关继续为其办理留抵退税。

②如果风险疑点排除且相关事项处理完毕后，不再符合留抵退税条件的，税务机关不予办理留抵退税。

③如果在进行风险排查时，发现纳税人涉嫌增值税重大税收违法的，终止为其办理留抵退税。在税务机关对纳税人涉嫌增值税重大税收违法问题核实处理完毕后，纳税人仍符合留抵退税条件的，可重新申请办理留抵退税。

（3）不予办理留抵退税。经税务机关审核，对不符合留抵退税条件的纳税人，不予办理留抵退税，并向纳税人出具不予留抵退税的《税务事项通知书》。

8.5.1.4 申请办理

（1）纳税人申请办理留抵退税的时间要求。纳税人申请办理留抵退税，应在符合条件的次月起，在申报期内完成本期申报后，通过电子税务局或办税服务厅提交《退（抵）税申请表》，并对如何填写该表进行详细说明。此外，纳税人适用免抵退税办法的，可以在同一申报期内，既申报免抵退税又申请留抵退税；当期可申报免抵退税的出口销售额为零的，应办理免抵退税零申报。

（2）纳税人进行相关留抵退税税务处理。纳税人应在收到税务机关准予留抵退税的《税务事项通知书》当期，按照税务机关核准的允许退还的增量留抵税额，冲减期末留抵税额，并在办理增值税纳税申报时，相应填写《增值税纳税申报表附列资料（二）（本期进项税额明细）》第22栏"上期留抵税额退税"。

8.5.2 留抵退税难点解析

（1）与2018年相比，2019年4月1日起试行的增值税期末留抵税额退税制度还区分行业吗？是否所有行业都可以申请留抵退税？

2019年4月1日起试行的增值税期末留抵税额退税制度，是全面试行留抵退税制度，不再区分行业，只要增值税一般纳税人符合规定的条件，都可以申请退还增值税增量留抵税额。

（2）什么是增量留抵？为什么只对增量部分给予退税？

增量留抵税额，是指与2019年3月底相比新增加的期末留抵税额。对增量部分给予退税，一方面是基于鼓励企业扩大再生产的考虑，另一方面是基于财政可承受能力的考虑，若一次性将存量和增量的留抵税额全部退税，财政短期内不可承受。因而2019年4月1日起试行的增值税期末留抵税额退税制度只对增量部分实施留抵退税，存量部分视情况逐步消化。

（3）2019年4月1日以后新设立的纳税人，如何计算增量留抵税额？

2019年4月1日以后新设立的纳税人，2019年3月底的留抵税额为0，因此其增量留抵税额即当期的期末留抵税额。

（4）退税计算方面，进项构成比例是什么意思？应该如何计算？

进项构成比例，是指2019年4月至申请退税前一税款所属期内已抵扣的增值税专用发票（含税控机动车销售统一发票）、海关进口增值税专用缴款书、解缴税款完税凭证注明的增值税额占同期全部已抵扣进项税额的比重。计算时，需要将上述发票汇总后计算所占的比重。

（5）退税流程方面，为什么必须要在申报期内提出申请？

留抵税额是个时点数，会随着增值税一般纳税人每一期的申报情况发生变化，因而提交留抵退税申请必须在申报期内完成，以免对退税数额计算和后续核算产生影响。

（6）申请留抵退税的增值税一般纳税人，若同时发生出口货物劳务、发生跨境应税行为，应如何申请退税？

增值税一般纳税人出口货物劳务、发生跨境应税行为，适用免抵退税办法的，办理免抵退税后，仍符合留抵退税规定条件的，可以申请退还留抵税额，也就是说要按照"先免抵退税，后留抵退税"的原则进行判断；同时，适用免退税办法的，相关进项税额不得用于退还留抵税额。

（7）增值税一般纳税人取得退还的留抵税额后，若当期又产生新的留抵税额，是否可以继续申请退税？

增值税一般纳税人取得退还的留抵税额后，又产生新的留抵税额，要重新按照退税资格条件进行判断，若符合条件则可继续申请退税，特别要注意的是，"连续六个月增量留抵税额均大于零"的条件中"连续六个月"是不可重复计算的，即此前已申请退税"连续六个月"的计算期间，不能再次计算，纳税人一个会计年度中，申请退税最多两次。

（8）加计抵减额可以申请留抵退税吗？

加计抵减政策属于税收优惠，按照纳税人可抵扣的进项税额的10%计算，用于抵减纳税人的应纳税额。但加计抵减额并不是纳税人的进项税额，从加计抵减额的形成机制来看，加计抵减不会形成留抵税额，因而也不能申请留抵退税。

第 9 章
建筑企业区域经营的税务管理

9.1 跨区域经营税务管理

9.1.1 跨区域涉税事项报验

9.1.1.1 政策依据

根据《国家税务总局关于创新跨区域涉税事项报验管理制度的通知》（税总发〔2017〕103 号）的规定，自 2017 年 10 月 30 日起，纳税人跨省（自治区、直辖市和计划单列市）临时从事生产经营活动的，纳税人跨区域经营前不再开具相关证明，只需向机构所在地的税务机关填报《跨区域涉税事项报告表》。纳税人在省（自治区、直辖市和计划单列市）内跨县（市）临时从事生产经营活动的，根据实际情况是否属于实施跨区域涉税事项报验管理，由各省（自治区、直辖市和计划单列市）税务机关自行确定。

9.1.1.2 跨区域涉税事项报验管理的有效期

以跨区域经营合同执行期限作为有效期限。合同延期的，纳税人可以向经营地或机构所在地的税务机关办理报验管理有效期限延期手续。

9.1.1.3 跨区域涉税事项报验管理信息电子化

跨区域报验管理事项的报告、报验、延期、反馈等信息，可以通过信息系统在机构所在地和经营地的税务机关之间进行传递。

9.1.1.4 跨区域涉税事项报告、报验及反馈

（1）《跨区域涉税事项报告表》填报。具备网上办税条件的，纳税人可通过网上办税系统，自主填报《跨区域涉税事项报告表》。不具备网上办税条件的，纳税人可以向主管税务机关（办税服务厅）填报《跨区域涉税事项报告表》，并出示加载统一社会信用代码的营业执照副本（未换照的出示税务登记证副本），或者加盖纳税人公章的副本复印件（以下统称税务登记证件）；已实行实名办税的纳税人只需填报《跨区域涉税事项报告表》。

（2）跨区域涉税事项报验。跨区域涉税事项由纳税人首次在经营地办理涉税事宜时，应向经营地的税务机关报验。纳税人报验跨区域涉税事项时，应当出示税务登记证件。

（3）跨区域涉税事项信息反馈。纳税人跨区域经营活动结束以后，应当结清经营地的税务机关的应纳税款以及其他涉税事项，并向经营地的税务机关填报《经营地涉税事项反馈表》。经营地的税务机关在核对《经营地涉税事项反馈表》之后，应当及时将相关信息反馈给机构所在地的税务机关。纳税人不需要另行向机构所在地的税务机关反馈。

（4）跨区域涉税事项反馈信息的处理。机构所在地的税务机关设置专岗，负责接收经营地的税务机关反馈信息，及时以适当方式告知纳税人，并适时对纳税人已抵减税款、经营地已预缴税款和应预缴税款进行分析、比对，发现疑点的，及时推送至风险管理部门或者稽查部门组织应对。

9.1.2 跨区域增值税风险管理

9.1.2.1 增值税涉税风险

（1）总公司中标分公司（财务独立核算）施工的项目不可以在工程所在地差额预缴增值税。根据国家税务总局公告2016年第17号第四条第（一）项规定，总分包企业要差额计征预交增值税的前提条件是，总包方必须到与其不在同一地级行政区域范围跨县（市、区）提供建筑服务。因此，在税收征管实践中，存在总公司与分公司（财务独立核算）签订转包合同，总公司在计征增值税和工程所在地预缴增值税时，其销售额不能扣除分包额，必须全额缴纳增值税的税收风险。

（2）总公司全额给业主开具发票，分公司全额给总公司开具的发票，是虚开发票行为。总公司与业主或发包方签订的建筑总承包合同，总公司给业主或发包方开具增值税发票；财务独立核算的分公司分别与供应商、机械设备出租方签订进项类合同，这些成本进项发票会开给分公司，增值税销项发票的抬头是分公司的名字，但是为了实现增值税抵扣的链条不断，分公司给总公司全额开具增值税专用发票。这种开票方

法,表面上理顺了财务独立核算的分公司实现了增值税抵扣,但是不合法。总公司根本没有参与施工活动,具体的施工活动全是分公司开展的,总公司给发包方开具增值税专用发票或增值税普通发票,显然是在没有真实交易活动下的开票行为,依据《发票管理办法》和最高人民法院印发《关于适用〈全国人民代表大会常务委员会关于惩治虚开、伪造和非法出售增值税专用发票犯罪的决定〉的若干问题的解释》的通知(法发〔1996〕30号)第一条规定了总公司构成虚开增值税专用发票罪的行为。

9.1.2.2 增值税风险管控方法

(1)《国家税务总局关于进一步明确营改增有关征管问题的公告》(国家税务总局公告2017年第11号)第二条规定:"建筑企业与发包方签订建筑合同后,以内部授权或者三方协议等方式,授权集团内其他纳税人(以下称'第三方')为发包方提供建筑服务,并由第三方直接与发包方结算工程款的,由第三方缴纳增值税并向发包方开具增值税发票,与发包方签订建筑合同的建筑企业不缴纳增值税。发包方可凭实际提供建筑服务的纳税人开具的增值税专用发票抵扣进项税额。"

根据此规定,可采用以下两步法进行操作:

第一步,在招投标环节,总公司或母公司与发包方或业主进行招投标。

第二步,在合同签订环节,如果中标,则总公司或母公司与发包方或业主需先签订总承包合同,然后,总公司、分公司与发包方或业主,或者母公司、子公司(孙公司)与发包方或业主签订三方协议,协议需明确以下三点:

①总公司授权分公司或者母公司授权子公司(孙公司)为发包方提供建筑服务,或者总公司与分公司、母公司与子公司(孙公司)签订授权协议,授权集团内分公司或子公司(孙公司)为发包方提供建筑服务。

②分公司或子公司(孙公司)直接与发包方结算工程款。

③分公司或子公司缴纳增值税并向发包方或业主开具增值税发票。

符合以上合同签订条件的,则与发包方签订建筑合同的总公司或母公司不缴纳增值税。发包方可凭实际提供建筑服务的分公司或子公司开具的增值税专用发票抵扣进项税额。

(2)建筑总公司中标分公司施工的项目,分公司抵扣增值税的税务风险防范要点是"四流合一"。

①合同流管控。实际施工过程中,所有的采购合同、劳务分包合同、租赁合同、劳动合同等合同的签订,在总公司授权下,由分公司对外统一签订。

②资金流管控。所有的采购材料和设备的资金与租赁款、农民工工资或劳务分包款的支付,统一由分公司的银行账户对外公对公支付给材料和设备供应商、劳务公司、农民工等。同时,发包方直接将工程款支付给分公司而不能支付给总公司。

③发票流管控。收入发票由分公司直接开具给发包方或建设单位;成本发票由材

料和设备供应商与出租方、劳务公司直接开具增值税专用（普通）发票给分公司。发包方或建设单位凭收到分公司开具的增值税专用发票抵扣增值税进项税额。

④劳务流、物流管控。发包方直接与分公司进行工程计量、签订工程进度结算书或最终工程决算书，绝对不可以与总公司进行工程计量和签订工程进度结算书和最终工程决算书。材料、设备供应商直接发货给分公司，分公司在项目工地上与材料供应商或设备供应商签订材料、设备验收确认单，分公司直接与材料、设备供应商进行材料、设备款结算，签订材料、设备货款结算书。劳务公司直接与分公司进行劳务工程量计量、劳务款结算，签订劳务款进度结算书或劳务款最终决算书。

（3）项目部预缴增值税的管控方法。根据国家税务总局公告 2017 年第 11 号第三条、国家税务总局公告 2016 年第 17 号附件第三条规定，总公司中标分公司（财务独立核算）施工的项目（分公司直接管辖下的项目）的所在地与分公司注册地在同一地级行政区域之内的同一个地方，预缴增值税的纳税管理方法如下：

①分公司在管辖分公司的所在地税务部门（其实是项目所在地的税务部门）预缴增值税。如果适用一般计税方法计税的项目，则按照 2% 预征率在建筑企业机构所在地预缴增值税；如果适用简易计税方法计税的项目，则按照 3% 预征率在建筑企业机构所在地预缴增值税。

②预缴增值税金额的计算。如果分公司发生分包业务情况下的预缴增值税计算公式：

一般计税项目应预缴增值税税款 =（收到工程款或预收账款 − 支付的分包款）÷（1 + 税率 9%）× 2%

简易计税项目应预缴增值税税款 =（收到工程款或预收账款 − 支付的分包款）÷（1 + 征收率 3%）× 3%

如果分公司没有发生分包业务情况下的预缴增值税计算公式：

一般计税项目应预缴增值税税款 = 收到工程款或预收账款 ÷（1 + 税率 9%）× 2%

简易计税项目应预缴增值税税款 = 收到工程款或预收账款 ÷（1 + 征收率 3%）× 3%

9.1.3　跨区域所得税风险管理

9.1.3.1　企业所得税的基本规定

《国家税务总局关于跨地区经营建筑企业所得税征收管理问题的通知》（国税函〔2010〕156 号）第三条规定："建筑企业总机构直接管理的跨地区设立的项目部，应按项目实际经营收入的 0.2% 按月或按季由总机构向项目所在地预分企业所得税，并由项目部向所在地主管税务机关预缴。"

9.1.3.2　企业所得税风险管控方法

根据国税函〔2010〕156 号文件第六条、税总发〔2017〕103 号文件第二条第二款和第三款、国家税务总局公告 2012 年第 57 号附件第二十四条规定，基于分公司管辖下项目部所在地地方政府要求将工程项目涉及的各项税收全部留在工程项目所在地财政部门的考虑，总公司中标分公司施工的项目的企业所得税纳税管控方法如下：

（1）分公司不向总公司所在地的税务机关填报《跨区域涉税事项报告表》。

（2）分公司不提供汇总纳税企业分支机构所得税分配表，不提供总公司相关证据证明其为总公司的分公司（二级分支机构）身份。

（3）在同时符合以上两种情形时，分公司应视同独立纳税人计算并就地缴纳企业所得税。

（4）分公司的收入（产值）不并入总公司收入（产值），不在总公司缴纳企业所得税。

9.1.3.3　下列九种分支机构无须就地分摊缴纳企业所得税

（1）所缴税款为中央独占收入的企业的分支机构。具体是指：国有邮政、银行、资产管理、石油、天然气、电力等企业缴纳的企业所得税全额上缴中央国库，为中央独占收入，其分支机构的企业所得税由总机构统一进行预缴和汇算清缴。

（2）三级及以下分支机构。总机构和具有主体生产经营职能的二级分支机构，就地分摊缴纳企业所得税。

三级及以下分支机构几乎全部都是办事处的形式，无须就地分摊缴纳企业所得税税款，其经营收入、职工工资和资产总额统一计入具有主体生产经营职能的二级分支机构。

（3）不具有主体生产经营职能，并且在当地不缴纳增值税的产品售后服务、内部研发、仓储等汇总纳税企业内部辅助性的二级分支机构。

（4）上年度认定为"小型微利企业"的企业二级分支机构。

（5）新设立的二级分支机构设立当年。需要注意的是，当年由于企业重组等原因从其他企业取得之前已经存在的，并作为本企业二级分支机构的，总机构、二级分支机构之间，发生企业合并、企业分立、企业管理层级变更等形成的新设立或存续的二级分支机构，不视同当年新设立的二级分支机构，需要按规定计算分摊并就地缴纳企业所得税。

（6）当年撤销的企业二级分支机构自办理注销税务登记之日所属企业所得税预缴期间起。

（7）汇总纳税企业在中国境外设立的不具有法人资格的二级分支机构。

（8）按地方税务机关的规定无须就地分摊预缴的分支机构。由于仅在同一省、自治区、直辖市和计划单列市内设立企业分支机构的，其企业所得税征收管理办法，由各税务局参照国家税务总局公告 2012 年第 57 号联合制定。

地方税务机关可能会规定在同一省、自治区、直辖市和计划单列市内的企业总分机构，分支机构可以不就地分摊缴纳企业所得税。

如：广州市内的企业总分机构，总、分支机构的企业所得税由总机构汇总申报缴纳，分支机构不需进行预缴申报。

(9) 不满足视同二级分支机构条件的总机构部门。总机构设立的具有主体生产经营职能的部门，若是其营业收入、职工薪酬和资产总额与管理职能部门分开进行核算，可以将该部门视同一个二级分支机构，按规定计算分摊并就地缴纳企业所得税；若不能分开进行核算的，则不能视同二级分支机构，无须就地分摊缴纳企业所得税。

9.2 区域性税收优惠管理

9.2.1 西部大开发税收优惠

西部地区包括重庆市、四川省、贵州省、云南省、西藏自治区、陕西省、甘肃省、宁夏回族自治区、青海省、新疆维吾尔自治区、新疆生产建设兵团、内蒙古自治区和广西壮族自治区。湖南省湘西土家族苗族自治州、湖北省恩施土家族苗族自治州、吉林省延边朝鲜族自治州，可以比照西部地区的税收政策执行。自2021年1月1日起，江西省赣州市也可比照西部地区的税收政策执行。

9.2.1.1 关税

根据《财政部 海关总署 国家税务总局关于深入实施西部大开发战略有关税收政策问题的通知》（财税〔2011〕58号）规定，自2011年1月1日起对西部地区内资鼓励类产业、外商投资鼓励类产业及优势产业的项目在投资总额内进口的自用设备，在政策规定范围内免征关税。

根据《财政部 海关总署 国家税务总局关于赣州市执行西部大开发税收政策问题的通知》（财税〔2013〕4号）规定，自2012年1月1日起对赣州市内资鼓励类产业、外商投资鼓励类产业及优势产业的项目在投资总额内进口的自用设备，在政策规定范围内免征关税。

9.2.1.2 企业所得税

(1) 税率优惠。根据财税〔2011〕58号文件规定，自2011年1月1日至2020年12月31日，对设在西部地区的鼓励类产业企业减按15%的税率征收企业所得税。上述鼓励类产业企业是指以《西部地区鼓励类产业目录》中规定的产业项目为主营业务，且其主营业务收入占企业收入总额70%以上的企业。其中，收入总额指《企业所得税法》第六条规定的收入总额。

根据财税〔2013〕4号文件规定，自2012年1月1日至2020年12月31日，对设在赣州市的鼓励类产业的内资企业和外商投资企业减按15%的税率征收企业所得税。所称鼓励类产业的内资企业是指以《产业结构调整指导目录》中规定的鼓励类产业项目为主营业务，且其主营业务收入占企业收入总额70%以上的企业。鼓励类产业的外商投资企业是指以《外商投资产业指导目录》中规定的鼓励类项目和《中西部地区外商投资优势产业目录》中规定的江西省产业项目为主营业务，且其主营业务收入占企业收入总额70%以上的企业。

根据《财政部 税务总局 国家发展改革委关于延续西部大开发企业所得税政策的公告》（财政部 税务总局 国家发展改革委公告2020年第23号）规定，自2021年1月1日至2030年12月31日，对设在西部地区的鼓励类产业企业减按15%的税率征收企业所得税。所称鼓励类产业企业是指以《西部地区鼓励类产业目录》中规定的产业项目为主营业务，且其主营业务收入占企业收入总额60%以上的企业。

（2）"两免三减半"政策。对西部地区2010年12月31日前新办的、根据《财政部 国家税务总局 海关总署关于西部大开发税收优惠政策问题的通知》（财税〔2001〕202号）第二条第三款规定可以享受企业所得税"两免三减半"优惠的交通、电力、水利、邮政、广播电视企业，其享受的企业所得税"两免三减半"优惠可以继续享受到期满为止。

（3）重难点问题。

①可与税法规定的减免优惠叠加享受。根据《财政部 国家税务总局关于执行企业所得税优惠政策若干问题的通知》（财税〔2009〕69号）规定，凡是符合西部大开发15%优惠税率条件的企业，同时又符合《企业所得税法》及其实施条例和国务院规定的各项税收优惠条件的，可以同时享受。

②优惠区外的机构不适用西部大开发税收优惠税率。《国家税务总局关于深入实施西部大开发战略有关企业所得税问题的公告》（国家税务总局公告2012年第12号）第六条明确了总分机构在享受西部大开发税收优惠时的计算原则和计算方式。企业应当注意的是，无论是总机构还是二级分支机构，仅就设在优惠地区的总机构和分支机构（不含优惠地区外设立的二级分支机构在优惠地区内设立的三级以下分支机构）的所得确定适用15%优惠税率。由于三级及以下分支机构不就地预缴企业所得税，其经营收入、职工工资和资产总额统一计入二级分支机构，因此不能单独享受优惠政策。

总机构和分支机构设在贵州省的企业，需享受西部大开发税收优惠的，由总机构统一向总机构主管税务机关申请办理有关审核确认或备案手续。总机构设在贵州省以外的企业，其设在贵州省的二级分支机构需享受西部大开发税收优惠的，应由二级分支机构向其主管税务机关申请办理有关审核确认或备案手续。该二级分支机构主管税务机关应将二级分支机构享受西部大开发税收优惠情况及时函告总机构所在地主管税务机关。

(4) 申请备案。

①申请享受西部大开发税收优惠政策的企业应当向主管税务机关提出书面申请，填报《企业享受西部大开发税收优惠政策申请审批表》，同时附送营业执照、税务登记证复印件和本企业属于国家鼓励类产业、产品、技术的相关材料。

②初次申请享受西部大开发税收优惠政策的企业，其申请材料报主管税务机关审核确认，第二年及以后年度实行备案管理。

9.2.2 经济特区和上海浦东新区新设立高新技术企业税收优惠

9.2.2.1 享受主体

法律设置的发展对外经济合作和技术交流的特定地区，是指深圳、珠海、汕头、厦门和海南经济特区；国务院已规定执行上述地区特殊政策的地区，是指上海浦东新区。

9.2.2.2 优惠内容——企业所得税

对经济特区和上海浦东新区内在2008年1月1日（含）之后完成登记注册的国家需要重点扶持的高新技术企业（以下简称新设高新技术企业），在经济特区和上海浦东新区内取得的所得，自取得第一笔生产经营收入所属纳税年度起，第一年至第二年免征企业所得税，第三年至第五年按照25%的法定税率减半征收企业所得税。

该优惠政策自2008年1月1日起执行。

9.2.2.3 享受条件

国家需要重点扶持的高新技术企业，是指拥有核心自主知识产权，同时符合《中华人民共和国企业所得税法实施条例》第九十三条规定的条件，并按照《高新技术企业认定管理办法》认定的高新技术企业。

经济特区和上海浦东新区内新设高新技术企业同时在经济特区和上海浦东新区以外的地区从事生产经营的，应当单独计算其在经济特区和上海浦东新区内取得的所得，并合理分摊企业的期间费用；没有单独计算的，不得享受企业所得税优惠。

经济特区和上海浦东新区内新设高新技术企业在按照《国务院关于经济特区和上海浦东新区新设立高新技术企业实行过渡性税收优惠的通知》（国发〔2007〕40号）的规定享受过渡性税收优惠期间，由于复审或抽查不合格而不再具有高新技术企业资格的，从其不再具有高新技术企业资格年度起，停止享受过渡性税收优惠；以后再次被认定为高新技术企业的，不得继续享受或者重新享受过渡性税收优惠。

9.2.3 宁夏、广西、西藏企业所得税地方分享部分税收优惠

依照《中华人民共和国民族区域自治法》的规定，实行民族区域自治的自治区、

自治州、自治县的自治机关对本民族自治地方的企业应缴纳的企业所得税中属于地方分享的部分，可以决定减征或者免征。自治州、自治县决定减征或者免征的，须报省、自治区、直辖市人民政府批准。

9.2.3.1 广西壮族自治区企业所得税税收优惠

（1）企业所得税优惠政策及经济贡献奖励。

①新设立的符合广西自贸试验区主导产业方向的电子信息、装备制造、新能源汽车、人工智能、生物医药、绿色化工、现代物流、数字经济、文化创意、医疗康养、融资租赁、人力资源服务等企业，经认定为高新技术企业或符合享受西部大开发企业所得税优惠政策条件的，自取得第一笔主营业务收入起，免征地方分享部分企业所得税5年（相当于对应税所得额按9%的税率征收企业所得税），且对其自取得第一笔主营业务收入起5年内，按其当年对地方经济贡献的70%予以奖励，扶持企业创新发展，推动服务业升级发展。着力引进和培育一批新兴产业领军企业，扶持一批"瞪羚企业""独角兽企业"发展，加快培育经济发展新动能。

②对新设立的持牌法人金融机构，按其实缴注册资本的2%给予落户奖励，后续增资的按照新增实缴注册资本的1.5%给予奖励，每家企业奖励金额最高不超过5 000万元。对直接隶属于金融机构总部单独设立结算中心等中后台服务机构的，按其实缴注册资本的0.5%给予落户奖励，每家企业奖励金额最高不超过500万元。

③在各片区新设立的贸易类企业，自其取得第一笔主营业务收入起5年内，当年形成地方经济贡献50万元（含）以上的，按其当年对地方经济贡献的60%给予奖励，扶持企业做优做强。支持各片区设立外向型中小企业资金池，对中小企业、轻资产企业、外贸综合服务平台等提供供应链融资、出口信用保险保单融资、出口退税周转、关税保险等支持。对外贸孵化基地和在各片区注册的通过"经认证的经营者"（AEO）的企业，予以重点支持。

④结合中国—东盟信息港建设，支持开展跨境信息基础设施建设、经贸服务、技术合作、信息共享等，鼓励发展数字经济新平台、新业态。对各片区管理机构签约引进的以互联网、新媒体等为依托的新经济服务平台类企业、电商企业、区块链企业，自设立之日起5年内，按其当年对地方经济贡献的70%予以奖励，扶持企业开展创新创业活动。

⑤鼓励开展国际产能合作，支持国内外企业以中国和东盟为主要市场、以广西地区为基地，将制造业的重要环节布局在广西自贸试验区内，打造内联外合、承上接下的区域性国际加工制造基地。鼓励围绕跨境产业链重要环节发展加工贸易产业，提高加工贸易增值率（不低于8%）。鼓励发展边境贸易商品落地加工产业，带动沿边产业发展。鼓励以跨境产业链带动跨境物流、跨境贸易、跨境金融服务、合作研发、服务外包等跨境服务链发展，支持在各片区内设立产业投资基金、风险投资基金、研发中

心、设计中心、检测维修中心、国家级实验室、展示营销中心、结算中心、人力资源服务机构等,支持依托中国—东盟博览会和中国—东盟商务与投资峰会,推动会展业集聚发展。上述产业中未能列入《西部地区鼓励类产业目录》的,新设立的企业符合广西自贸试验区产业布局、环保、能耗要求的,视其对国际产能合作或沿边经济发展的综合贡献,自取得第一笔主营业务收入起5年内,按其当年对地方经济贡献的50%~70%予以奖励,支持企业延伸产业链、提升附加值,具体由各片区管理机构确定。对跨境产业链相关企业在国际贸易"单一窗口"、通关便利化、贸易投资便利化、检验检疫、跨境资金灵活使用等方面予以重点倾斜,支持打造中国—东盟贸易投资促进中心。

⑥对新设立的大宗商品交易平台企业,5年内按其当年对地方经济贡献的70%予以奖励,扶持平台形成集聚效应。对新设立的开展权益类交易平台企业,实缴注册资本在2 000万元以上的,自设立之日起5年内,按其当年对地方经济贡献的70%予以奖励,奖励金额最高不超过300万元。对新设立的大宗商品交易平台、权益类交易平台、保税交割、供应链服务、区域性结算中心等企业,按规定暂停征收地方水利建设基金。

⑦着力吸引总部企业落户。对各片区引进的世界500强企业(按《财富》杂志排位)、中国企业500强(按中国企业联合会、中国企业家协会排位)、跨国公司(商务部认定或备案)、行业领军企业(按中国企业联合会、中国企业家协会排位)、"隐形冠军"(在某一细分领域处于绝对领先地位的中小企业)及大型央企等总部企业,以及区域性总部(履行跨两个或两个以上国家/地区或省份综合管理职能的企业法人)、功能性总部(履行部分总部职能的企业法人),实缴注册资本在5 000万元以内的,按1%给予补助;5 000万元至2亿元的,按2%给予补助;超过2亿元的,按3%给予补助。总部企业落户开办补助资金累计最高不超过1亿元,分5年支付,每年支付20%。

⑧给予总部经济贡献激励。对新设立的上述总部企业,自设立年度起5年内,以其对地方经济贡献予以奖励支持,年度地方经济贡献100万~500万元的,按其当年对地方经济贡献的60%予以奖励;年度地方经济贡献500万元以上的,按其当年对地方经济贡献的70%予以奖励,加快推动面向中国和东盟两个市场的总部经济在广西自贸试验区集聚发展。

⑨支持开展市场化招商。支持与各片区管理机构签署委托协议的招商公司、国内外投资咨询机构、基金公司、行业龙头企业等开展招商引资工作。对在各片区新设立的上述企业,招商引资收入占其主营业务收入70%及以上的,经各片区管理机构认定,自设立之日起5年内按其缴纳企业所得税地方分享部分予以奖励。

⑩对经各片区管理机构认定的产业链龙头企业引进的上下游合作伙伴(不含房地产)在各片区注册经营,被引进企业实际投资额达到5 000万元以上且投资产业不涉

及禁止类的,按实际投资额的1%给予产业链龙头企业一次性奖励,奖励金额最高不超过3 000万元。对与各片区管理机构签署战略合作协议,参与各片区整体开发或"区中园"开发,从事基础设施建设、搭建公共服务平台、开展产业导入等业务,项目实际投资总额不低于20亿元的企业,经各片区管理机构认定,5年内按其当年对地方经济贡献超过2018年增量部分的70%予以奖励,扶持各片区滚动开发。支持各片区开发运营公司上市。

(2)个人所得税优惠政策。对符合广西自贸试验区鼓励发展的产业以及各片区开发战略合作伙伴、招商合作伙伴,其企业高管(董事长、副董事长、总经理、副总经理、监事会主席、总经济师、总会计师或相当层级职务的人员)、骨干科研人才以及其他急需紧缺专业人才,自2019年8月30日起5年内,对其在广西自贸试验区缴纳个人所得税地方分享部分最高可按100%给予奖励。其中,港澳籍人才可选择按照内地与港澳地区税负差额给予奖励;外籍人才可选择按照超过15%部分税负差额给予奖励。人才奖励条件由各片区管理机构发布。

9.2.3.2 宁夏回族自治区企业所得税税收优惠(见表9.1)

表9.1 宁夏回族自治区办理企业所得税地方分享部分优惠政策事项留存备查资料清单

序号	文件名称	文件号	涉及条款	相关条款主要内容	留存备查资料
1	自治区人民政府关于加快文化产业发展的若干政策意见的通知	宁政发〔2009〕8号	二、税收政策	(十一)投资额在300万元以上的新办文化企业,自获利年度起,其实际缴纳的企业所得税地方留成部分,5年内继续用于该企业扩大再生产	1. 新办企业取得第一笔生产经营收入凭证; 2. 企业注册资金工商认缴登记信息资料; 3. 所属行业说明; 4. 获利年度情况说明
				(十二)新办的文化企业自工商登记之日起3年内,可免征企业所得税地方留成部分	1. 工商登记证件复印件; 2. 所属行业说明
2	自治区人民政府办公厅关于印发《自治区财政支持节能减排工作意见的通知》	宁政办发〔2009〕45号	二、建立支持节能减排工作的财税政策环境	(十五)实行企业所得税地方留成部分全部免征优惠政策。对自治区内生产制造节能设备或产品的企业,所生产设备、产品对推进自治区节能减排工作作用明显,或对推进自治区节能减排工作效果特别显著,但因价格等因素制约其推广的重大节能设备和产品,经自治区财政、经济和信息化委、环境保护、国税、地税等部门共同量化认定,自认定起三年内,企业所得税地方留成部分全部免征	自治区财政、工业和信息化、环境保护、税务等部门联合认定文件

续表

序号	文件名称	文件号	涉及条款	相关条款主要内容	留存备查资料
3	自治区人民政府关于印发《宁夏回族自治区发展汽车产业的若干规定》的通知	宁政发〔2009〕49号	第三章 优惠政策	第十一条 对汽车企业应缴纳的企业所得税中属于地方分享的部分予以五年免征	1. 在发展改革或工业和信息化部门立项的备案文件复印件以及企业取得的其他相关资质证书复印件等；2. 取得第一笔生产经营收入凭证
4	自治区人民政府办公厅关于加快新能源装备制造业发展的意见	宁政办发〔2010〕98号	五、政策措施	（三）实行税收优惠政策。对新能源装备制造成套企业和关键部件专业制造企业，从生产之日起，免征企业所得税地方分享部分	1. 在发展改革或工业和信息化部门立项的备案文件复印件以及企业取得的其他相关资质证书复印件等；2. 取得第一笔生产经营收入凭证
5	自治区人民政府关于金融支持小型微型企业和"三农"发展的若干实施意见	宁政发〔2012〕72号	二、拓宽小型微型企业和"三农"发展的多元化融资渠道	（九）做大做强小额贷款公司。对设立在中部干旱带、南部山区和对口帮扶生态移民的小额贷款公司，自注册登记之日起5年内免征企业所得税地方留成部分	1. 成立小额贷款公司的备案文件复印件以及企业取得的其他相关资质证书复印件等；2. 工商登记证件复印件
6	自治区人民政府关于促进贺兰山东麓葡萄产业及文化长廊发展的意见	宁政发〔2012〕85号（宁政发〔2014〕45号修改）	三、主要措施	（十）规划区内从事鼓励类葡萄、文化、旅游等产业的企业，自取得第一笔生产经营收入所属纳税年度起，免征企业所得税地方分享部分5年；企业从事符合条件的公共基础设施项目、节能节水项目及环境保护项目所得可自项目取得第一笔生产经营收入所属纳税年度起，第一年至第三年免征企业所得税，第四年至第六年减半征收企业所得税	1. 企业取得第一笔生产经营收入凭证；2.《企业所得税优惠政策事项办理办法》（国家税务总局公告2018年第23号发布，以下简称《办理办法》）中规定的从事符合条件的公共基础设施项目、节能节水项目及环境保护项目所得定期减免的留存备查资料
7	自治区人民政府关于印发《宁夏回族自治区"飞地工业园"发展优惠政策》的通知	宁政发〔2012〕96号	第十二条	第十二条 进入"飞地工业园"的企业享受国家西部大开发、《宁夏回族自治区招商引资优惠政策》和当地招商引资优惠政策	1. 属于"飞地工业园"进驻企业的证明材料；2. 享受招商引资税收优惠规定的留存备查资料

续表

序号	文件名称	文件号	涉及条款	相关条款主要内容	留存备查资料
8	自治区人民政府关于印发《宁夏回族自治区招商引资优惠政策（修订）》的通知	宁政发〔2012〕97号	第二章 财税和金融优惠政策	第七条 属于鼓励类的新办工业企业或者新上工业项目，除享受西部大开发的优惠税率外，从取得第一笔收入的纳税年度起，第1年至第3年免征企业所得税地方分享部分，第4年至第6年减半征收企业所得税地方分享部分	1. 属于招商引资企业的证明材料； 2. 在发展改革或工业和信息化部门立项的备案文件复印件； 3. 企业取得第一笔生产经营收入凭证； 4.《办理办法》规定享受西部大开发优惠所需留存备查资料； 5. 项目所得分项目核算资料、合理分摊期间共同费用的核算资料
				第八条 新办的投资在3 000万元以上（权益性出资人实际出资中固定资产、无形资产等非货币性资产的累计出资额占新办企业注册资金的比例不得超过25%）的工业企业以及从事不属于国家鼓励类的项目，或者投资在3 000万元以上的新上非鼓励类工业项目（该项目收入占企业收入总额的70%以上），从其取得第一笔收入的纳税年度起，第1年至第3年，免征企业所得税地方分享部分	1. 属于招商引资企业的证明材料； 2. 在发展改革或工业和信息化部门立项的备案文件复印件； 3. 企业取得第一笔生产经营收入凭证； 4. 企业注册资金工商认缴登记信息资料； 5. 所从事行业不属于限制性行业的说明； 6. 项目所得分项目核算资料、合理分摊期间共同费用的核算资料
				第十条 新办的现代服务业企业，从其取得第一笔收入纳税年度起，免征企业所得税地方分享部分5年	1. 属于招商引资企业的证明材料； 2. 所属行业说明； 3. 企业取得第一笔生产经营收入凭证

续表

序号	文件名称	文件号	涉及条款	相关条款主要内容	留存备查资料
8	自治区人民政府关于印发《宁夏回族自治区招商引资优惠政策（修订）》的通知	宁政发〔2012〕97号	第二章财税和金融优惠政策	第十一条 在南部山区（包括固原市原州区、西吉县、隆德县、泾源县、彭阳县、同心县、盐池县、红寺堡区、海原县）新办的不属于国家禁止或限制的工业企业，从取得第一笔收入的纳税年度起，第1年至第3年免征企业所得税地方分享部分；第4年至第7年，减半征收企业所得税地方分享部分	1.属于招商引资企业的证明材料； 2.所从事行业不属于限制性行业的说明； 3.企业取得第一笔生产经营收入凭证
				第十二条 企业收购、兼并自治区境内资不抵债和长期亏损企业，从收购、兼并的次年起，第1年至第3年免征企业所得税地方分享部分，第4年至第6年减半征收企业所得税地方分享部分	1.属于招商引资企业的证明材料； 2.收购、兼并方案； 3.完成收购、兼并年度的说明
9	自治区人民政府关于印发宁夏慈善园区招善引资优惠政策的通知	宁政发〔2012〕106号	第二章财税和税收优惠政策	第五条 入园企业自取得第一笔收入起免征企业所得税地方留成部分5年，6~10年内减半征收企业所得税地方留成部分	1.属于入园企业的证明材料； 2.企业取得第一笔生产经营收入凭证
10	自治区人民政府关于加快固原盐化工循环经济扶贫示范区发展的若干意见	宁政发〔2012〕126号	二、加大示范区企业税收减免力度	（五）在示范区投资、合资、合作新办的现代服务企业，从其取得第一笔收入的纳税年度起，免征地方分享部分企业所得税5年	1.属于示范区进驻企业的证明材料； 2.企业取得第一笔生产经营收入凭证
11	自治区人民政府关于印发银川综合保税区优惠政策的通知	宁政发〔2013〕86号	第三条	第三条 被认定为高新技术企业的，除减按15%的税率征收企业所得税外，从其取得的第一笔经营收入的纳税年度起，免征企业所得税地方留成部分3年	1.属于入园企业的证明材料； 2.企业取得第一笔生产经营收入凭证； 3.《办理办法》规定享受高新技术企业优惠需留存备查资料

续表

序号	文件名称	文件号	涉及条款	相关条款主要内容	留存备查资料
12	自治区党委人民政府关于加快发展非公有制经济的若干意见	宁党发〔2013〕7号	五、减轻税费负担	（二十四）落实西部大开发税收优惠政策。对自治区新办的大中型非公有制企业，自取得第一笔收入的纳税年度起，免征地方分享部分企业所得税5年；已注册成立的非公有制企业，凡符合西部大开发鼓励类目录的，执行西部大开发15%的优惠税率，同时符合自治区招商引资政策的，可再执行自治区招商引资税收优惠政策	1. 属于大中型非公企业的说明材料； 2. 企业取得第一笔生产经营收入凭证； 3. 《办理办法》规定享受西部大开发优惠所需留存备查资料； 4. 属于招商引资企业证明材料
13	关于融入"一带一路"加快开放宁夏的意见	宁党发〔2015〕22号	五、加快引进来走出去	12. 加大招商引资力度。对在宁投资新办且从事国家不限制或鼓励发展的产业，符合西部大开发税收优惠政策的企业，除减按15%税率征收企业所得税外，从其取得第一笔生产经营收入纳税年度起，第1年至第3年免征企业所得税地方分享部分，第4年至第6年减半征收企业所得税地方分享部分	1. 属于招商引资企业的证明材料； 2. 所从事行业不属于限制性行业的说明； 3. 《办理办法》规定享受西部大开发优惠所需留存备查资料； 4. 企业取得第一笔生产经营收入凭证
			六、加快推进人文交流	14. 深化科技和人才交流合作。实施"大众创业、万众创新"带头人行动，深化科技特派员、农村科技创新创业工作，支持事业单位、科技人员开展创新创业活动，对创办的科技合作实体，凡被认定为高新技术企业的，除减按15%税率征收所得税外，对所得地方分享部分给予"三免三减半"优惠	《办理办法》规定享受高新技术企业优惠需留存备查资料
			七、加快优化开放环境	19. 推动金融服务便利化。对新设立的银行、证券、保险、信托、期货、财务、金融租赁、融资租赁、消费金融、资产管理、第三方支付、小额贷款、融资性担保以及股权投资类企业等现代金融服务企业，从取得第一笔收入纳税年度起，免征企业所得税地方分享部分五年	1. 符合税收优惠条件确认函； 2. 企业取得第一笔生产经营收入凭证

续表

序号	文件名称	文件号	涉及条款	相关条款主要内容	留存备查资料
14	自治区人民政府办公厅关于转发自治区财政厅扶财税支持小微企业做大做强的意见的通知	宁政办发〔2015〕102号	一、财税政策支持推动个体工商户转型升级	（一）个体工商户升级为小微企业的以个体工商户转企前一年度缴纳入库的个人所得税地方留成部分为基数，企业所得税地方留成增量部分转企后前3年给予免征，后2年减半征收	1. 个体工商户升级为小微企业的情况说明； 2.《办理办法》规定享受小型微利企业税收优惠需留存备查资料
			二、财政政策扶持小微企业转型升级为规模以上企业	（十六）支持小微企业升级为规模以上工业企业。对小微企业首次入规模的企业上年度缴纳入库的企业所得税地方留成部分为基数，增量部分前3年给予免征，后2年减半征收	1. 小微企业首次入规模企业的情况说明； 2.《办理办法》规定享受小型微利企业税收优惠需留存备查资料
15	自治区人民政府办公厅关于进一步加快云计算产业发展的若干意见	宁政办发〔2015〕149号		七、投资在1 000万元及以上的云计算企业，从投产运营之日起，免交企业所得税地方分享部分5年	1. 项目属于云计算企业的证明材料； 2. 企业取得第一笔生产经营收入凭证； 3. 企业注册资金工商认缴登记信息资料
16	自治区人民政府办公厅关于支持农民工等人员返乡创业的实施意见	宁政办发〔2015〕164号	二、完善扶持政策（七）落实税费减免政策	对返乡农民工等人员返乡投资兴办且从事国家不限制或鼓励发展的产业，从其取得第一笔生产经营收入所属纳税年度起，第1年至第3年免征企业所得税地方分享部分	1. 所从事行业不属于限制性行业的说明； 2. 企业取得第一笔生产经营收入凭证
17	自治区人民政府办公厅关于加快发展服务贸易的实施意见	宁政办发〔2015〕168号	四、政策措施	（三）扩大税收支持范围。符合西部大开发税收优惠政策的现代服务企业，从其取得第一笔生产经营收入所属纳税年度起，第1年至第3年免征企业所得税地方分享部分；第4年至第6年，减半征收企业所得税地方分享部分	1. 所属行业说明； 2. 企业取得第一笔生产经营收入凭证； 3.《办理办法》规定享受西大开发优惠所需留存备查资料

续表

序号	文件名称	文件号	涉及条款	相关条款主要内容	留存备查资料
18	关于力争提前两年实现"两个确保"脱贫目标的意见	宁党发〔2016〕9号	二、实施精准扶贫方略,实现贫困人口精准脱贫 3.发展生产脱贫	对在贫困县和各生态移民安置区投资兴办、符合西部大开发税收优惠或高新技术条件的企业,除减按15%税率征收企业所得税外,从其取得第一笔生产经营收入所属纳税年度起,企业所得税地方分享部分实行"三免三减半"优惠	1.企业取得第一笔生产经营收入凭证; 2.《办理办法》规定享受高新技术企业优惠需留存备查资料; 3.《办理办法》规定享受西部大开发优惠需留存备查资料
19	自治区人民政府办公厅关于进一步印加强农业招商引资工作的意见	宁政办发〔2016〕11号	三、优惠政策(八)税费政策	符合西部大开发企业税收优惠政策的企业,除减按15%税率征收企业所得税外,从取得第一笔生产经营收入所属纳税年度起,第1年至第3年免征企业所得税地方分享部分,第4年至第6年减半征收企业所得税地方分享部分	1.企业取得第一笔生产经营收入凭证; 2.属于招商引资企业的证明材料; 3.《办理办法》规定享受西部大开发优惠需留存备查资料
20	自治区人民政府关于促进创业投资持续健康发展的实施意见	宁政发〔2017〕43号	四、加强政府引导和政策扶持(九)完善创业投资税收政策	依法享受"西部大开发税收优惠政策"各项优惠政策,除减按15%税率征收企业所得税外,从其取得第一笔生产经营收入所属纳税年度起,第1年至第3年免征企业所得税地方分享部分;第4年至第6年,减半征收企业所得税地方分享部分	1.《办理办法》规定享受西部大开发优惠需留存备查资料; 2.企业取得第一笔生产经营收入凭证
21	自治区党委人民政府关于推进创新驱动战略的实施意见	宁党发〔2017〕26号	二、坚持以企业为主体增强创新发展能力(八)大力培育科技型企业	对区外科技型企业、创新团队和技术成果持有人,来宁设立科技型企业的,落地后即认定为自治区科技型中小企业,对符合西部大开发税收优惠政策的,除减按15%税率征收企业所得税外,从其取得第一笔生产经营收入所属纳税年度起,第1年至第3年免征企业所得税地方分享部分;第4年至第6年,减半征收企业所得税地方分享部分	1.《办理办法》规定享受西部大开发优惠需留存备查资料; 2.企业取得第一笔生产经营收入凭证

续表

序号	文件名称	文件号	涉及条款	相关条款主要内容	留存备查资料
22	自治区党委办公厅 自治区人民政府办公厅印发《关于实施人才强区工程助推创新驱动发展战略的意见》的通知	宁党办〔2018〕1号	三、创新人才政策，激发人才活力	引进人才创办的高新技术企业，企业所得税减按15%的税率征收，首次认定的高新技术企业地方分享部分免征3年	《办理办法》规定享受高新技术企业优惠需留存备查资料

9.2.4 新疆困难地区税收优惠

新疆困难地区税收优惠政策主要关注点为企业所得税。

(1)"两免三减半"政策。根据《财政部 国家税务总局关于新疆困难地区新办企业所得税优惠政策的通知》（财税〔2011〕53号）规定，自2010年1月1日至2020年12月31日，对在新疆困难地区新办的属于《新疆困难地区重点鼓励发展产业企业所得税优惠目录》（以下简称《目录》）范围内的企业，自取得第一笔生产经营收入所属纳税年度起，第一年至第二年免征企业所得税，第三年至第五年减半征收企业所得税。

其中，新疆困难地区包括南疆三地州（喀什地区、和田地区和克孜勒苏柯尔克孜自治州）、其他国家扶贫开发重点县和边境县市。属于《目录》范围内的企业是指以《目录》中规定的产业项目为主营业务，其主营业务收入占企业收入总额70%以上的企业。第一笔生产经营收入，是指新疆困难地区重点鼓励发展产业项目已建成并投入运营后取得的第一笔收入。

享受企业所得税定期减免税政策的企业，在减半期内，按照企业所得税25%的法定税率计算的应纳税额减半征税。

(2)五年内免征政策。根据《财政部 国家税务总局关于新疆喀什 霍尔果斯两个特殊经济开发区企业所得税优惠政策的通知》（财税〔2011〕112号）规定，自2010年1月1日至2020年12月31日，对在新疆喀什、霍尔果斯两个特殊经济开发区内新办的属于《目录》范围内的企业，自取得第一笔生产经营收入所属纳税年度起，五年内免征企业所得税。

9.2.5 横琴、平潭、前海鼓励类产业税收优惠

9.2.5.1 增值税和消费税

(1) 退税政策。根据《财政部 海关总署 国家税务总局关于横琴 平潭开发有关增值税和消费税政策的通知》(财税〔2014〕51号)规定,内地销往横琴新区(以下简称横琴)、平潭综合实验区(以下简称平潭)与生产有关的货物,视同出口,实行增值税和消费税退税政策,但下列货物不包括在内:

①财政部和国家税务总局规定不适用增值税退(免)税和免税政策的出口货物。

②横琴、平潭的商业性房地产开发项目采购的货物。商业性房地产开发项目,是指兴建(包括改扩建)宾馆饭店、写字楼、别墅、公寓、住宅、商业购物场所、娱乐服务业场馆、餐饮业店馆以及其他商业性房地产项目。

③附件《内地销往横琴、平潭不予退税的货物清单》中列举的其他货物。

④被取消退税或免税资格的企业购进的货物。

增值税应退税额 = 购进货物的增值税专用发票注明的金额 × 购进货物适用的增值税退税率

从一般纳税人购进的按简易办法征税的货物和从小规模纳税人购进的货物,其适用的增值税退税率按照购进货物适用的征收率和退税率孰低的原则确定。

消费税应退税额 = 购进货物的消费税专用缴款书上注明的消费税额

内地货物销往横琴、平潭,适用增值税和消费税退税政策的,必须办理出口报关手续(水、蒸汽、电力、燃气除外)。

内地销往横琴、平潭的适用增值税和消费税退税政策的货物,销售企业在取得出口货物报关单(出口退税专用)后,应在中国电子口岸数据中心予以确认,并将取得的上述关单提供给横琴、平潭的购买企业,由横琴、平潭的购买企业向税务机关申报退税。申报退税时,应提供购进货物的出口货物报关单(出口退税专用)、进境货物备案清单、增值税专用发票、消费税专用缴款书(仅限于消费税应税货物)以及税务机关要求提供的其他资料。

税务机关应对企业申报退税的资料,与对应的电子信息进行核对无误后,按规定办理退税。

(2) 免税政策。横琴、平潭各自的区内企业之间销售其在本区内的货物,免征增值税和消费税。但上述企业之间销售的用于其本区内商业性房地产开发项目的货物,以及被取消退税或免税资格的企业销售的货物,应按规定征收增值税和消费税。

横琴、平潭的企业应单独核算按照财税〔2014〕51号文件规定退税或免税的货物。主管税务机关发现企业未按规定单独核算的,取消其享受财税〔2015〕51号文件规定的退税和免税资格2年,并按规定予以处罚。

9.2.5.2 企业所得税

（1）税率优惠。根据《关于广东横琴新区 福建平潭综合实验区 深圳前海深港现代服务业合作区企业所得税优惠政策及优惠目录的通知》（财税〔2014〕26号）规定，对设在横琴新区、平潭综合实验区和前海深港现代服务业合作区的鼓励类产业企业减按15%的税率征收企业所得税。其中，鼓励类产业企业是指以所在区域《企业所得税优惠目录》中规定的产业项目为主营业务，且其主营业务收入占企业收入总额70%以上的企业。

（2）重点、难点问题。

①企业在优惠区域内、外分别设有机构。企业在优惠区域内、外分别设有机构的，仅就其设在优惠区域内的机构的所得确定适用15%的企业所得税优惠税率。

②同时符合其他优惠条件。企业既符合财税〔2014〕26号文件规定的优惠政策，又符合《企业所得税法》及其实施条例和国务院规定的其他各项税收优惠条件的，可以同时享受；其中符合其他税率优惠条件的，可以选择最优惠的税率执行；涉及定期减免税的减半优惠的，应按照25%的法定税率计算的应纳税额减半征收企业所得税。

9.2.5.3 进口税收

（1）免税。对从境外进入横琴、平潭与生产有关的下列货物实行备案管理，给予免税：

①横琴区内、平潭区内（以下简称区内）生产性的基础设施建设项目所需的机器、设备和建设生产厂房、仓储设施所需的基建物资。

②区内生产企业运营所需的机器、设备、模具及其维修用零配件。

③区内从事研发设计、检测维修、物流、服务外包等企业进口所需的机器、设备等货物。

（2）保税。对从境外进入横琴、平潭与生产有关的下列货物实行备案管理，给予保税：

①区内企业为加工出口产品所需的原材料、零部件、元器件、包装物料及消耗性材料。

②区内物流企业进口用于流转的货物。

9.2.6 海南自由贸易港鼓励类产业及高端人才税收优惠

海南自由贸易港的税收优惠政策主要关注点在于企业所得税和个人所得税。整个海南自由贸易港的发展分为2025年以前和2025～2035年两个重要时间阶段，税收优惠也是因这两个重要时间阶段有所不同（见表9.2）。

表 9.2　　　　　　　　　　　海南自由贸易港的税收优惠政策

阶段	优惠政策	享受主体
第一阶段	企业所得税减按 15% 征收	注册在海南自由贸易港并实质性运营的鼓励类产业企业
	2025 年以前新增境外直接投资取得的所得，免征企业所得税	在海南自由贸易港设立的旅游业、现代服务业、高新技术产业企业
	对企业符合条件的资本性支出，允许在支出发生当期一次性税前扣除或加速折旧和摊销	从方案字面理解并未作出行业限制，注册在海南自由贸易港的企业应均可享受
	个人所得税实际税负超过 15% 的部分，予以免征	在海南自由贸易港工作的高端人才和紧缺人才
第二阶段	企业所得税减按 15% 征收	注册在海南自由贸易港并实质性运营的企业（负面清单行业除外）
	个人取得来源于海南自由贸易港范围内的综合所得和经营所得，按照 3%、10%、15% 三档超额累进税率征收个人所得税	一个纳税年度内在海南自由贸易港累计居住满 183 天的个人

9.2.6.1　企业所得税

根据《财政部　税务总局关于海南自由贸易港企业所得税优惠政策的通知》（财税〔2020〕31 号）的规定：

对注册在海南自由贸易港并实质性运营的鼓励类产业企业，减按 15% 的税率征收企业所得税。海南自由贸易港鼓励类产业目录包括《产业结构调整指导目录（2019 年版）》《鼓励外商投资产业目录（2019 年版）》和海南自由贸易港新增鼓励类产业目录。上述目录在本通知执行期限内修订的，自修订版实施之日起按新版本执行。

对总机构设在海南自由贸易港的符合条件的企业，仅就其设在海南自由贸易港的总机构和分支机构的所得适用 15% 税率；对总机构设在海南自由贸易港以外的企业，仅就其设在海南自由贸易港内的符合条件的分支机构的所得适用 15% 税率。具体征管办法按照税务总局有关规定执行。

对在海南自由贸易港设立的旅游业、现代服务业、高新技术产业企业新增境外直接投资取得的所得，免征企业所得税。

本条所称新增境外直接投资所得应当符合以下条件：

①从境外新设分支机构取得的营业利润，或从持股比例超过 20%（含）的境外子公司分回的，与新增境外直接投资相对应的股息所得。

②被投资国（地区）的企业所得税法定税率不低于 5%。

本条所称旅游业、现代服务业、高新技术产业，按照海南自由贸易港鼓励类产业目录执行。

对在海南自由贸易港设立的企业，新购置（含自建、自行开发）固定资产或无形资产，单位价值不超过500万元（含）的，允许一次性计入当期成本费用在计算应纳税所得额时扣除，不再分年度计算折旧和摊销；新购置（含自建、自行开发）固定资产或无形资产，单位价值超过500万元的，可以缩短折旧、摊销年限或采取加速折旧、摊销的方法。

财税〔2020〕31号文件自2020年1月1日起执行至2024年12月31日。

9.2.6.2 个人所得税

根据《财政部 税务总局关于海南自由贸易港高端紧缺人才个人所得税政策的通知》（财税〔2020〕32号）的规定：

对在海南自由贸易港工作的高端人才和紧缺人才，其个人所得税实际税负超过15%的部分，予以免征。

享受上述优惠政策的所得包括来源于海南自由贸易港的综合所得（包括工资薪金、劳务报酬、稿酬、特许权使用费四项所得）、经营所得以及经海南省认定的人才补贴性所得。

纳税人在海南省办理个人所得税年度汇算清缴时享受上述优惠政策。

对享受上述优惠政策的高端人才和紧缺人才实行清单管理，由海南省商财政部、税务总局制定具体管理办法。

财税〔2020〕32号文件自2020年1月1日起执行至2024年12月31日。

9.2.7 中国（上海）自贸试验区临港新片区鼓励类产业税收优惠

中国（上海）自贸试验区临港新片区的税收优惠政策主要关注点为企业所得税。

自2020年1月1日起，对新片区内从事集成电路、人工智能、生物医药、民用航空等关键领域核心环节相关产品（技术）业务，并开展实质性生产或研发活动的符合条件的法人企业，自设立之日起5年内减按15%的税率征收企业所得税。

其中，符合条件的法人企业必须同时满足以下第①项、第②项条件，以及第③项或第④项条件中任一子条件：

①自2020年1月1日起在新片区内注册登记（不包括从外区域迁入新片区的企业），主营业务为从事《新片区集成电路、人工智能、生物医药、民用航空关键领域核心环节目录》（以下简称《目录》）中相关领域环节实质性生产或研发活动的法人企业。

实质性生产或研发活动，是指企业拥有固定生产经营场所、固定工作人员，具备与生产或研发活动相匹配的软硬件支撑条件，并在此基础上开展相关业务。

②企业主要研发或销售产品中至少包含1项关键产品（技术）。关键产品（技术），是指在集成电路、人工智能、生物医药、民用航空等重点领域产业链中起到重要作用或不可或缺的产品（技术）。

③企业投资主体条件包括：
- 企业投资主体在国际细分市场影响力排名前列，技术实力居于业内前列；
- 企业投资主体在国内细分市场居于领先地位，技术实力在业内领先。

④企业研发生产条件包括：
- 企业拥有领军人才及核心团队骨干，在国内外相关领域长期从事科研生产工作；
- 企业拥有核心关键技术，对其主要产品具备建立自主知识产权体系的能力；
- 企业具备推进产业链核心供应商多元化，牵引国内产业升级能力；
- 企业具备高端供给能力，核心技术指标达到国际前列或国内领先；
- 企业研发成果（技术或产品）已被国际国内一线终端设备制造商采用或已经开展紧密实质性合作（包括资本、科研、项目等领域）；
- 企业获得国家或省级政府科技或产业化专项资金、政府性投资基金或取得知名投融资机构投资。

第 10 章
建筑企业融资的税务管理

10.1 应收账款保理、资产证券化的税务管理

10.1.1 保理、证券化业务概述

随着我国金融市场不断发展，资产的证券化不断深入，建筑施工企业逐渐采用保理、资产证券化等方式进行资产管理。

10.1.1.1 保理

保理（Factoring）又称托收保付，卖方将其现在或将来的基于其与买方订立的货物销售/服务合同产生的应收账款转让给保理商（提供保理服务的金融机构），由保理商向其提供资金融通、买方资信评估、销售账户管理、信用风险担保、账款催收等一系列服务的综合金融服务方式。

10.1.1.2 资产证券化

资产证券化（Asset Backed Securitization，ABS）是指将缺乏流动性，但具有可预期收入的资产，通过在资本市场上发行证券的方式予以出售，以获取融资，以最大化提高资产的流动性。

（1）广义的资产证券化。广义的资产证券化是指某一资产或资产组合采取证券资产这一价值形态的资产运营方式，其包括以下四类：

①实体资产证券化即实体资产向证券资产的转换，是以实物资产和无形资产为基础发行证券并上市的过程。

②信贷资产证券化是指把缺乏流动性但有未来现金流的信贷资产（如银行的贷款、企业的应收账款等）经过重组形成资产池，并以此为基础发行证券。

③证券资产证券化即证券资产的再证券化过程，就是将证券或证券组合作为基础资产，再以其产生的现金流或与现金流相关的变量为基础发行证券。

④现金资产证券化是指现金的持有者通过投资将现金转化成证券的过程。

（2）狭义的资产证券化。狭义的资产证券化是指信贷资产证券化。具体而言，它是指将缺乏流动性但能够产生可预见的稳定现金流的资产，通过一定的结构安排，对资产中风险与收益要素进行分离与重组，进而转换成为在金融市场上可以出售的流通的证券的过程。简而言之，就是将能够产生稳定现金流的资产出售给一个独立的专门从事资产证券化业务的特殊目的公司（Special Purpose Vehicle，SPV），SPV 以资产为支撑发行证券，并用发行证券募集的资金支付购买资产的价格。其中，最先持有并转让资产的一方为需要融资的机构，整个资产证券化的过程都是由其发起的，称为发起人（originator），购买资产支撑证券的人称为投资者。在资产证券化的过程中，为减少融资成本，很多情形下，发起人会聘请信用评级机构（rating agency）对证券信用进行评级。同时，为加强发行证券的信用等级，会采取一些信用加强的手段，提供信用加强手段的人被称为信用加强者（credit enhancement）。在证券发行完毕之后，往往还需要一个专门的服务机构负责收取资产的收益，并将资产收益按照有关契约的约定支付给投资者，这类机构称为服务者（servicer）。

10.1.1.3 建筑施工企业常见采用的资产的证券化模式

建筑施工企业为办理保理业务，作为应收账款债权人（非上市公司）会与保理方发生以应收账款债权为标的的买卖交易。

（1）第一种方式（见图10.1）：将其应收账款打包转让至保理公司/资本公司，即采用了卖断方式，保理公司/资本公司再将其收到的应收账款转让至基金公司（券商），由该基金公司进行资产证券化。

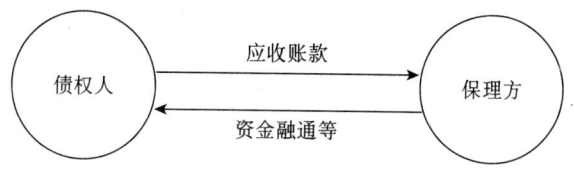

图 10.1 资产的证券化模式

（2）第二种方式（见图10.2）：保理公司/资本公司作为应收账款债权人的代理方，将被代理方所属的应收账款转让至基金公司，保理公司/资本公司收取代理费并开具相应发票。

无论采取以上哪种方式，基金公司均要按3%的征收率按卖出价与买入价的差额缴纳增值税。

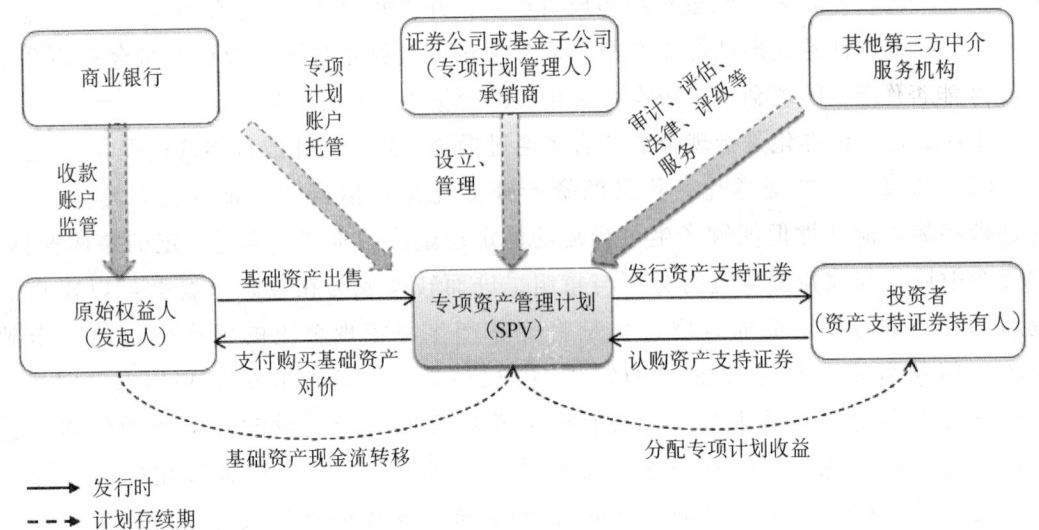

图10.2 资产证券化（ABS）业务模式

简单说来，应收账款保理及资产证券化的关系即为债权人将应收账款转让至保理方，保理方又通过资产证券化的形式融通资金。

10.1.2 保理、证券化税务管理

实务中，企业对ABS的会计处理通常有如下几种方式：

第一，债权人在出售应收账款时，按照《企业会计准则第22号——金融工具确认和计量》（以下简称第22号准则），将实际收到价款与应收账款账面价值的差值计入投资收益，同时将相关业务手续费冲减投资收益。

第二，穿透保理业务的实质，将进行保理业务的应收账款账面与实际收到账款差额作为利息支出或手续费，收到的发票内容为"金融服务*商业保理利息"或"金融服务*服务费"。

鉴于不用的会计处理方式，在进行企业所得税汇算时，实际发生的支出能否作为税前扣除项，应从不同角度考虑：

（1）作为资产损失的涉税处理。

①能否作为应收账款坏账损失在税前申报扣除？

如果以出售应收账款的账面金额与收到款项的差额作为应收账款坏账损失，根据国家税务总局公告2011年第25号第二十二条、第二十三条、第二十四条的规定，需要提供第二十二条、第二十三条、第二十四要求的证据资料。事实上，笔者服务的企

业中作为保理的应收账款,通常是有着稳定的现金流,属于企业的优质资产,无法提供可以税前扣除要求的坏账损失的相关资料。

②能否作为债权投资损失在税前申报扣除?

如果以出售应收账款的账面价值与收到款项的差额作为债权投资损失,根据国家税务总局公告 2011 年第 25 号第四十条的规定,需提供该条款要求的证据资料。

③能否作为资产捆绑(打包)的资产损失在税前申报扣除?

根据国家税务总局公告 2011 年第 25 号第四十七条的规定,企业将不同类别的资产捆绑(打包),以拍卖、询价、竞争性谈判、招标等市场方式出售,其出售价格低于计税成本的差额,可以作为资产损失并准予在税前申报扣除。这也是在税审过程中经常作为支持税前扣除的依据,但在这一点上税企也存在着比较大的分歧。税务机关认为,如果是应收账款同无形资产、固定资产等不同类的资产打包,是真正意义上的打包,但只有应收账款出售,无论涉及几家的应收账款,均属同一类资产,因此作为打包出售的前提条件不存在,不能适用该条款。

④能否按国家税务总局公告 2011 年第 25 号第五十条的要求进行税前扣除?

在实际工作中,企业也会引用国家税务总局公告 2011 年第 25 号第五十条作为支持投资收益(负值)税前扣除的依据。即,《企业资产损失所得税税前扣除管理办法》没有涉及的资产损失事项,只要符合《企业所得税法》及其实施条例等法律、法规规定的,需经税务机关认可方可申报扣除。该条款类似于一个兜底条款,根据该条款,将负的投资收益作为资产损失,存在不被税务机关认可的风险。

根据以上规定及分析,税务机关认为应收账款账面金额与转让价款的差额,如果作为资产损失,无法满足作为资产损失税前扣除的相关规定,应予以纳税调增。

(2)作为利息支出的涉税处理。从本质上看,应收账款保理就是将应收账款出售,以获得资金融通,即是一项融资活动,所得资金与应收账款账面价值的差额可以看作是利息支出。

①作为利息支出,如果未取得发票,则根据国家税务总局公告 2018 年第 28 号的规定,不得税前扣除。

②应收账款账面金额与转让价款的差额如果作为利息支出,同时取得了对应的发票,需要根据不同的情况进行处理:

● 非金融企业将应收账款转让给非关联方保理公司,差额作为利息支出,需满足《企业所得税法实施条例》第三十八条第二款、国家税务总局公告 2011 年第 34 号第一条的规定:非金融企业向非金融企业借款的利息支出,不超过按照金融企业同期同类贷款利率计算的数额的部分准予税前扣除,且企业在按照合同要求首次支付利息并进行税前扣除时,应提供"金融企业的同期同类贷款利率情况说明",以证明其利息支出的合理性。

● 非金融企业将应收账款转让给具有关联关系的保理公司,差额作为利息支出,需满足财税〔2008〕121号文件第一条规定的债权性投资与其权益投资的比例,或者第二条规定的独立交易原则或实际税负不高于境内关联方,其实际支付给境内关联方的利息支出,在计算应纳税所得额时准予扣除。

● 如果存在投资者资本金未到位而发生的利息支出问题,依据国税函〔2009〕312号文件的规定,凡企业投资者在规定期限内未缴足其应缴资本额的,该企业对外借款所发生的利息,相当于投资者实缴资本额与在规定期限内应缴资本额的差额应计付的利息,其不属于企业合理的支出,应由企业投资者负担,不得在计算企业应纳税所得额时扣除。

具体计算不得扣除的利息,应以企业一个年度内每一账面实收资本与借款余额保持不变的期间作为一个计算期,每一计算期内不得扣除的借款利息按该期间借款利息发生额乘以该期间企业未缴足的注册资本占借款总额的比例计算,公式为:

企业每一计算期不得扣除的借款利息 = 该期间借款利息额 × 该期间未缴足注册资本额 ÷ 该期间借款额

企业一个年度内不得扣除的借款利息总额为该年度内每一计算期不得扣除的借款利息额之和。

10.2 永续债的税务管理

10.2.1 永续债的概念、特征及监管

10.2.1.1 永续债的概念

永续债券,又称无期债券,是指没有明确的到期时间或者期限非常长(一般超过30年)的债券。永续债券一般以3年或5年为一个计价周期,在一个计价周期内该债券的利率锁定为一固定水平,发行人按该利率水平向投资者支付利息,在债券的每个计价周期期末,发行人有权选择是否将债券赎回。即,通过无固定期限实现"永续"效果,通过约定还本付息义务成为"债券"产品。

10.2.1.2 永续债的主要特征

(1)清偿顺序。永续债的清偿顺序一般为次级债务优先于普通股与优先股,也有一些设置为与普通债券清偿顺序一致。但目前国内发行的永续债多数无次级属性,即在发行时约定永续债券在破产清算时的清偿顺序等同于发行人所有其他待偿还债务融

资工具（或负债），即在破产条件下并不具有次级属性。

（2）期限与赎回条款。永续债没有明确的到期时间或者期限非常长。实务中，永续债券一般都带有赎回条款，即发行人在条款约定的时间点或者时间段内拥有按某种价格赎回永续债券的权利。比如，发行结束3年、5年或10年以后开始设置发行人赎回权。不少永续债的赎回权不止一个，赎回价一般为面值，有的还规定了最后赎回日，这使得多数永续债的实际存续期并非"永久"，甚至在第一个赎回点就被全部赎回的永续债也不少见。

（3）票息和利率重置条款。永续债的票息水平一般高于同级别的信用债，而且多数永续债设置了所谓的"利率调升条款"，即对永续债在进入赎回期之前和赎回期设置不同的票面利率，后者一般高于前者，这样的安排实际上达到了刺激发行人赎回债券的效果。

（4）利息延迟支付永续债的发行人可自主决定延迟支付利息或在一定条件下强制延迟支付利息，且一般还约定相关"延息累计/免除"条款：延迟的利息可约定累计（复利/单利），也可约定免除（有条件/无条件）。

（5）股息推动和停发机制永续债的发行人向清偿顺序相同或靠后的证券派息时，必须向永续债券付息。永续债券利息未获全额清偿前，清偿顺序相同或靠后的证券亦不得派息。

（6）无违约/交叉违约事项除有明确期限产品的到期偿付外，无任何事项（如票息推迟等）可构成发行人在永续债券项下的违约/交叉违约。

（7）具备权益属性。符合《企业会计准则第37号——金融工具列报》（财会〔2014〕23号文件印发，以下简称第37号准则）和《关于印发〈金融负债与权益工具的区分及相关会计处理规定〉的通知》（财会〔2014〕13号）的企业发行永续债券，可以计入公司权益。

10.2.1.3 永续债的分类与监管

（1）我国永续债发行的主要债券类型有可续期企业债、永续中票、可续期定向融资工具、永续次级债、可续期公司债，其中以可续期企业债和永续中票为主。

（2）就国内的监管而言，从已经发行的永续工具看，其监管情况如下：

①可续期企业债由国家发展和改革委监管。

②永续中票（长期含权中期票据）、可续期定向融资工具、永续次级债由人民银行/银行间交易商协会监管。

③可续期公司债券则由证监会/交易所监管。

从交易场所来看，可续期企业债、永续中票、可续期定向融资工具、永续次级债等主要在银行间市场发行和交易，而可续期公司债则在交易所市场发行和交易。

10.2.1.4 永续债、普通债券和优先股的比较（见表10.1）

表 10.1 永续债、普通债券和优先股的对比

特点	永续债	普通债券	优先股
类型	债券	债券	股票
期限	没有明确到期期限，实际期限要短于优先股	固定期限	没明确到期时间
票息	高于普通债券，多含跳息条款	一般较低，且固定	收益率固定
清偿顺序	优于普通股和优先股	优于永续债和优先股	低于各类债券
违约事件	可自主决定延迟付息或强制付息	延期付息即违约	可自主决定支付，不构成违约
融资成本	比优先股低，比普通债券高，可税前抵扣	成本低，可税前抵扣	成本高，不可税前抵扣
会计处理	可计入权益	计入负债	计入权益

10.2.2 永续债发行方税务管理

10.2.2.1 判断永续债的类型

永续债发行方在确定永续债的会计分类是权益工具还是金融负债（以下简称会计分类）时，应当根据第37号准则的规定同时考虑下列因素：

（1）到期日。永续债发行方在确定永续债会计分类时，应当以合同到期日等条款内含的经济实质为基础，谨慎判断是否能无条件地避免交付现金或其他金融资产的合同义务。当永续债合同其他条款未导致发行方承担交付现金或其他金融资产的合同义务时，发行方应当区分下列情况处理：

①永续债合同明确规定无固定到期日且持有方在任何情况下均无权要求发行方赎回该永续债或清算的，通常表明发行方没有交付现金或其他金融资产的合同义务。

②永续债合同未规定固定到期日且同时规定了未来赎回时间（初始期限）的：

一是当该初始期限仅约定为发行方清算日时，通常表明发行方没有交付现金或其他金融资产的合同义务。但清算确定将会发生且不受发行方控制，或者清算发生与否取决于该永续债持有方的，发行方仍具有交付现金或其他金融资产的合同义务。

二是当该初始期限不是发行方清算日且发行方能自主决定是否赎回永续债时，发行方应当谨慎分析自身是否能无条件地自主决定不行使赎回权。如不能，通常表明发行方有交付现金或其他金融资产的合同义务。

（2）清偿顺序。永续债发行方在确定永续债会计分类时，应当考虑合同中关于清偿顺序的条款。当永续债合同其他条款未导致发行方承担交付现金或其他金融资产的合同义务时，发行方应当区分下列情况处理：

①合同规定发行方清算时永续债落后于发行方发行的普通债券和其他债务的，通常表明发行方没有交付现金或其他金融资产的合同义务。

②合同规定发行方清算时永续债与发行方发行的普通债券和其他债务处于相同清

偿顺序的，应当审慎考虑此清偿顺序是否会导致持有方对发行方承担交付现金或其他金融资产合同义务的预期，并据此确定其会计分类。

（3）利率跳升和间接义务。永续债发行方在确定永续债会计分类时，应当考虑第37号准则第十条规定的"间接义务"。永续债合同规定没有固定到期日同时规定了未来赎回时间、发行方有权自主决定未来是否赎回且如果发行方决定不赎回则永续债票息率上浮（利率跳升或票息递增）的，发行方应当结合所处实际环境考虑该利率跳升条款是否构成交付现金或其他金融资产的合同义务。如果跳升次数有限、有最高票息限制（封顶）且封顶利率未超过同期同行业同类型工具平均的利率水平，或者跳升总幅度较小且封顶利率未超过同期同行业同类型工具平均的利率水平，可能不构成间接义务；如果永续债合同条款虽然规定了票息封顶，但该封顶票息水平超过同期同行业同类型工具平均的利率水平，通常构成间接义务。

10.2.2.2 永续债利息处理

（1）分类为权益性工具：企业发行的永续债，可以适用股息、红利企业所得税政策，发行方支付的永续债利息支出不得在企业所得税税前扣除。

（2）分类为金融负债：企业发行符合规定条件的永续债，也可以按照债券利息适用企业所得税政策，发行方支付的永续债利息支出准予在其企业所得税税前扣除。

10.2.3 永续债投资方税务管理

10.2.3.1 判断永续债的类型

除符合《企业会计准则第2号——长期股权投资》（财会〔2014〕14号文件印发）规定适用该准则的外，永续债持有方应当区分下列情况对永续债进行会计处理：

（1）持有方已执行新金融工具准则。持有方在判断持有的永续债是否属于权益工具投资时，应当遵循第22号准则和第37号准则的相关规定。对于属于权益工具投资的永续债，持有方应当按照第22号准则的规定将其分类为以公允价值计量且其变动计入当期损益的金融资产，或在符合条件时对非交易性权益工具投资初始指定为以公允价值计量且其变动计入其他综合收益。对于不属于权益工具投资的永续债，持有方应当按照该准则规定将其分类为以摊余成本计量的金融资产，以公允价值计量且其变动计入其他综合收益的金融资产，或以公允价值计量且其变动计入当期损益的金融资产。在判断永续债的合同现金流量特征时，持有方必须严格遵循第22号准则第十六条至第十九条的规定，谨慎考虑永续债中包含的选择权。

（2）持有方暂未执行新金融工具准则。持有方在判断持有的永续债属于权益工具投资还是债务工具投资时，应当遵循第22号准则和第37号准则的相关规定，通常应当与发行方对该永续债的会计分类原则保持一致。对于属于权益工具投资的永续债，持有方应当按照第22号准则的规定将其分类为以公允价值计量且其变动计入当期损益的金融资产，或可供出售金融资产（权益工具投资）等，符合第22号准则有关规定的还应当分拆相关的嵌入衍生工具。对于属于债务工具投资的永续债，持有方应当按照第22号准则规定将其分类为以公允价值计量且其变动计入当期损益的金融资产，或可供出售金融资产（债务工具投资）。

10.2.3.2 永续债利息处理

（1）分类为权益性工具：企业发行的永续债，可以适用股息、红利企业所得税政策，投资方取得的永续债利息收入属于股息、红利性质，按照现行企业所得税政策相关规定进行处理。其中，发行方和投资方均为居民企业的，永续债利息收入可以适用《企业所得税法》规定的居民企业之间的股息、红利等权益性投资收益免征企业所得税的规定。

（2）分类为金融负债：企业发行符合规定条件的永续债，也可以按照债券利息适用企业所得税政策，投资方取得的永续债利息收入应当依法纳税。

10.3 关联方借款利息的税务管理

在日常工作中，关联企业间互相借款的行为时有发生，对相关利息费用进行列支，虽然国家的法律、法规有明确规定，但是由于经营业务的复杂性，经常会成为企业重大的税务风险点。

第一，业务事项介绍。关联企业之间常见的一种业务就是关联企业之间借款、占用资金等。不管是外部融资，还是关联期间借贷，都会产生相应的资金成本，即贷款利息。贷款利息是指贷款人因为发出货币资金而从借款人手中获得的报酬，也是借款人使用资金必须支付的代价。贷款利率是指借款期限内利息数额与本金额的比例。贷款利率高，借款方需要支付的利息金额高，反之，则低。决定贷款利息的三大因素为贷款金额、贷款期限和贷款利率。

第二，企业管理现状。在实务操作过程中，关联企业直接发生借款利息时，企业根据相关政策要求，按照合同约定利息开具发票，开出发票收取利息方进行增值税、所得税的缴纳，取得发票支付利息方根据税收相关条款进行所得税税前扣除。交易双方按照会计准则进行账务处理。

但是，企业在实务操作中存在更多的情况是不收取利息、不收取资金占用费或者是收取资金占用费后不开具相关发票，凭利息结算单、利息分割单进行账务处理，将支付的利息计入相应的成本或费用中，并且在所得税汇算清缴时进行了税前扣除，这就给企业带来了较大的税务风险。

10.3.1 收取利息税务管理

10.3.1.1 增值税管理

（1）关联企业间的借款需要缴纳增值税。根据《财政部 国家税务总局关于全面推开营业税改征增值税试点的通知》（财税〔2016〕36号）第一条规定，在中华人民共和国境内销售服务、无形资产或者不动产的单位和个人，为增值税纳税人，应当按照本办法缴纳增值税，不缴纳营业税。根据附件《销售服务、无形资产、不动产注释》第一条的注释，销售服务是指提供交通运输服务、邮政服务、电信服务、建筑服务、金融服务、现代服务、生活服务。金融服务包含借款服务。

经对上述政策分析，关联企业间的资金占用或借款，出借方需要根据双方约定条款和利率计算出借方的利息收入缴纳增值税。

（2）符合条件的统借统还利息收入免征增值税。企业集团是指以资本为主要联结纽带的母子公司为主体，以集团章程为共同行为规范的母公司、子公司、参股公司及其他成员企业或机构共同组成的具有一定规模的企业法人联合体。企业集团不具有企业法人资格。根据《财政部 国家税务总局关于全面推开营业税改征增值税试点的通知》（财税〔2016〕36号）规定，支付利息不高于支付给金融机构的借款利率水平或者支付的债券票面利率水平，向企业集团或者集团内下属单位收取的利息的统借统贷业务免征增值税。若支付利息高于支付给金融机构借款利率水平或者支付的债券票面利率水平的，应全额缴纳增值税。

统借统还利息收入免征增值税应开具增值税普通发票：《财政部 国家税务总局关于全面推开营业税改征增值税试点的通知》（财税〔2016〕36号）附件3《营业税改征增值税试点过渡政策的规定》将"统借统还"归属于免征增值税项目。"免税"，即属于增值税应税范围，借出方应该开具增值税普通发票。开具增值税普通发票时，增值税普通发票中的"税率栏"和"税额栏"为"＊＊＊"；"税率栏"也可以填写"免税"、"0%"，"税额栏"为"＊＊＊"。

10.3.1.2 企业所得税管理

关联企业中的贷款方收取的利息收入需要缴纳所得税，关联企业中的借款方的借款利息应当取得利息相关发票，符合利率标准且符合关联方债权性投资与其权益性投资比例的利息支出为符合规定的利息支出，允许在税前扣除。

（1）关联企业之间的借款和资金占用需要符合独立交易原则。《企业所得税法实施条例》第一百一十条规定，《企业所得税法》第四十一条所称独立交易原则，是指没有关联关系的交易各方，按照公平成交价格和营业常规进行业务往来遵循的原则。

那么，如何证明企业债资比例及其变动符合独立交易原则、具有合理商业目的，主要应关注以下几点：

①借款人的偿还能力、举债能力状况。如果借款方向关联方借入款项后无限期挂账,其本质已与获得权益性投资无异,这种情况下所付利息在税前扣除时自然应受到质疑。

②借款用途。企业向关联方借款后应用于经营活动,如果借入后作为货币资金闲置,或又转与其他关联企业使用且不收取利息,则这种融资行为不具有合理商业目的。

③关联融资与非关联融资条件及利率水平的可比性分析。税率是使用资金的价格,在同等条件下,关联方融资的利率应小于等于非关联融资时的利率水平。

④注册资本变动情况。如果在发生债权性投资之前,借款方办理了减资手续,则具有"弱化资本"的明显痕迹。

⑤债权转换为股权的合理性、可比性。如果企业通过发行可转换债券进行融资,而关联企业恰恰认购了这种金融资产,以及关联企业之间也可能发生"债转股"的重组行为,在此之前存在利息费用的结算,那么企业应能说明这种重组行为的合理性、重组条件的可比性等。

(2) 符合条件的借款利息可税前扣除。

①《企业所得税法实施条例》第三十八条规定,非金融企业向非金融企业借款的利息支出,不超过按照金融企业同期同类贷款利率计算的数额的部分可以凭发票在企业所得税税前扣除,超出部分不得扣除。《财政部 国家税务总局关于企业关联方利息支出税前扣除标准有关税收政策问题的通知》(财税〔2008〕121号)规定,企业从其关联方接受的债权性投资与权益性投资的比例不能超过规定标准(具体标准为金融企业5∶1,一般企业2∶1),超过标准发生的利息支出,不得在计算应纳税所得额时扣除。

②《国家税务总局关于企业投资者投资未到位而发生的利息支出企业所得税前扣除问题的批复》(国税函〔2009〕312号)规定,关于企业由于投资者投资未到位而发生的利息支出扣除问题,根据《企业所得税法实施条例》第二十七条规定,凡企业投资者在规定期限内未缴足其应缴资本额的,该企业对外借款所发生的利息,相当于投资者实缴资本额与在规定期限内应缴资本额的差额应计付的利息,其不属于企业合理的支出,应由企业投资者负担,不得在计算企业应纳税所得额时扣除。具体计算不得扣除的利息,应以企业一个年度内每一账面实收资本与借款余额保持不变的期间作为一个计算期,每一计算期内不得扣除的借款利息按该期间借款利息发生额乘以该期间企业未缴足的注册资本占借款总额的比例计算,公式为:

企业每一计算期不得扣除的借款利息 = 该期间借款利息额 × 该期间未缴足注册资本额 ÷ 该期间借款额

企业一个年度内不得扣除的借款利息总额为该年度内每一计算期不得扣除的借款利息额之和。

(3) 所得税特别纳税调整。企业将资金借给关联方使用收取费用，支付利息应符合法律、法规要求的利息范围。否则，根据《税收征收管理法》第三十六条、《企业所得税法》第四十一条和《企业所得税法实施条例》第一百二十三条规定，税务机关有权在该业务发生的纳税年度起10年内，进行纳税调整。另外，如果企业与主管税务部门做了预约定价安排，则可防范纳税调整的风险。因此，需要企业与税务机关加强沟通，同时尽量完备相关资料。

10.3.2 不收利息税务管理

10.3.2.1 增值税

根据《财政部 税务总局关于明确养老机构免征增值税等政策的通知》（财税〔2019〕20号）第三条规定，自2019年2月1日至2020年12月31日，对企业集团内单位（含企业集团）之间的资金无偿借贷行为，免征增值税。财税〔2019〕20号文件中企业集团内单位（含企业集团）无偿借贷资金和统借统还的区别如下：

（1）利息无偿：统借方向资金使用单位收取的利息，高于支付给金融机构借款利率水平或者支付的债券票面利率水平的，应全额缴纳增值税。有一点是明确的，统借方将借入或是发行债券取得资金再出借给企业集团成员不是无偿的，这点和财税〔2019〕20号文件中企业集团内单位（含企业集团）之间的无偿借贷资金有很大区别。

（2）资金来源：统借统还是企业集团或者企业集团中的核心企业向金融机构借款或对外发行债券取得资金后，将所借资金分拨给下属单位（包括独立核算单位和非独立核算单位，下同），并向下属单位收取用于归还金融机构或债券购买方本息的业务。统借统还借入资金来源于金融机构或发行债券。而财税〔2019〕20号文件中企业集团内单位（含企业集团）之间的资金无偿借贷对此无要求，其成员之间资金借贷不问借入来源。

（3）资金流向：统借统还的企业集团向金融机构借款或对外发行债券取得资金后，由集团所属财务公司与企业集团或者集团内下属单位签订统借统还贷款合同并分拨资金，并向企业集团或者集团内下属单位收取本息，再转付企业集团，由企业集团统一归还金融机构或债券购买方的业务。统借统还有严格的资金借入、分拨使用、利息收取、利息偿还等管理程序和流程要求。而财税〔2019〕20号文件中企业集团内单位（含企业集团）之间的资金无偿借贷没有这样严格规定，企业集团内单位（含企业集团）之间无偿资金借贷即可免增值税。

10.3.2.2 企业所得税管理

《税收征收管理法》第三十六条规定，企业或者外国企业在中国境内设立的从事生产、经营的机构、场所与其关联企业之间的业务往来，应当按照独立企业之间的业务往来收取或者支付价款、费用；不按照独立企业之间的业务往来收取或者支付价款、费用，而减少其应纳税的收入或者所得额的，税务机关有权进行合理调整。

实务中，如果关联方同属中国境内企业，所得税之间又无税率落差，不会因为不收取利息而减少双方应纳税所得额的，则一般不涉及调整。《国家税务总局关于印发〈特别纳税调整实施办法（试行）〉的通知》（国税发〔2009〕2号）第三十条也进一步对这个思路进行阐述："实际税负相同的境内关联方之间的交易，只要该交易没有直接或间接导致国家总体税收收入的减少，原则上不做转让定价调查、调整。"

关联企业之间的无偿借款，如果借贷双方企业所得税实际税负一致，一般无须纳税调整，否则应按独立交易原则进行调整。